미국인의 풍요와 고독

미국사 산책 8

미국사 산책 8 : 미국인의 풍요와 고독

ⓒ강준만, 2010

1판 1쇄 2010년 7월 5일 펴냄   1판 2쇄 2020년 7월 1일 펴냄

지은이 | 강준만   펴낸이 | 강준우   기획편집 | 박상문, 박효주, 김환표
디자인 | 최진영, 홍성권   마케팅 | 이태준   관리 | 최수향   펴낸곳 | 인물과사상사
출판등록 | 제17-204호 1998년 3월 11일   주소 | (04037) 서울시 마포구 양화로7길 4(서교동) 2층
전화 | 02-325-6364   팩스 | 02-474-1413   홈페이지 | www.inmul.co.kr | insa@inmul.co.kr
ISBN 978-89-5906-151-8 04900   ISBN 978-89-5906-139-6 (세트)
값 14,000원

이 저작물의 내용을 쓰고자 할 때는 저작자와 인물과사상사의 허락을 받아야 합니다.
파손된 책은 바꾸어 드립니다.

미국인의 풍요와 고독

미국사 산책 8

강준만 지음

인물과
사상사

제1장 아이젠하워 시대의 개막
고독한 군중 '중산층 표준화' 경쟁 •9
1952년 대선 제34대 대통령 드와이트 아이젠하워 •33
텔레비전의 '해빙' 앵커맨과 시트콤의 탄생 •51
'청교도 윤리관과의 전쟁' 휴 헤프너와 메릴린 먼로 •62

제2장 한국전쟁 휴전과 한미상호방위조약
'백만학도에게 북진 명령을!' 아이젠하워의 한국 방문 •81
'통일이 아니면 죽음을 달라' 한국의 휴전 반대 운동 •92
세계를 경악시킨 반공포로 석방 한미상호방위조약 체결 합의 •100
전 인구의 10분의 1을 죽인 전쟁 한국전쟁 정전협정 조인 •108
이승만의 '반공 선민주의' 한미상호방위조약 체결 •124
샌프란시스코 동경과 숭배의 대상으로서 미국 •131

제3장 '아메리칸 드림'의 갈등
"소련인은 아메리칸 드림을 꿈꾼다" 미국 공보원 창설 •145
매카시의 몰락 매카시와 머로의 대결 •154
"분리는 불평등하다" '브라운 대 토피카' 사건 •182

'버스의 흑백분리'에 대한 투쟁 로사 파크스와 마틴 루서 킹 •190
"중립은 비도덕적"? 아시아·아프리카 반둥회의 •203

제4장 디즈니랜드와 맥도널드

"미국 전체가 디즈니랜드" 디즈니랜드의 탄생 •217
"미국의 맥도널드화" 맥도널드의 탄생 •227
새로운 우상 숭배 제임스 딘과 엘비스 프레슬리 •237
소비 종교의 번성 쇼핑몰의 등장 •258

제5장 풍요한 사회

'팍스 브리태니커'의 2차 종언 수에즈운하 사건 •269
미국의 공포와 히스테리 스푸트니크 충격 •279
신분을 좇는 사람들 풍요한 사회 •294
"텔레비전은 물건을 팔아먹기 위한 매춘부" 퀴즈쇼 스캔들 •307
얼어붙은 미소관계 쿠바 혁명과 U-2기 격추사건 •317

참고문헌 •330   찾아보기 •349

• **일러두기**

외국인의 인명은 생존한 경우 괄호 안에 본래 이름만 넣었고, 사망한 경우 본래 이름과 생몰연도를 함께 실었다. 그 외에 인명과 연도를 괄호 안에 함께 묶은 것은 책의 끝에 있는 참고문헌의 길라잡이로 밝히고자 함이다.

제1장
아이젠하워 시대의 개막

고독한 군중
'중산층 표준화' 경쟁

코카콜라와 레빗타운

1950년대는 미국의 국가적 풍요의 과시와 함께 막이 올랐다. 2차 세계대전 덕분에 항공 기술이 비약적으로 발전하면서 1950년에 2000만 명의 승객이 민간 항공기를 이용했다. 1950년 미국 시장은 세계 두 번째 시장인 영국 시장의 9배 이상이었으며, 미국의 1인당 GNP는 캐나다의 2배, 영국의 3배, 독일의 4배, 일본의 15배였다. 미국이 기술적 선두와 지도력을 갖지 못한 산업분야는 거의 없거나 전혀 없었다. 그런 국력을 업고 미국 상품들은 세계시장을 누비고 다녔다.

앞서(4권 1장) 살펴보았듯이, 『타임』은 1950년 5월 15일자 표지에 코카콜라를 등장시켰다. 목마른 지구가 코카콜라를 마실 수 있게 뒤에서 가느다란 팔로 병을 들어주고 있는 미소 띤 코카콜라의 원형 상표를 그린 캐리커처였다. 코카콜라는 세계인에게 "미국식 생활방식을 즐겨라"라고 속삭이는 '세계의 친구'라는 것이 이 기사의 요지였다.

언론인 윌리엄 앨런 화이트(William A. White, 1868~1944)는 "코카콜라는 미국이 상징하는 모든 것이 승화된 결정체"라고 했다. 그리고 그것은 종교에 근접하고 있었다.

1948년 애틀랜틱시티에서 열린 코카콜라사 최초의 국제회의는 거의 종교적인 분위기 속에서 열렸는데, 한 임원은 이렇게 기도했다. "우리에게 신앙을 주소서. 우리 제품을 가져다주기만 기다리는 20억의 고객에게 봉사하기 위해." 회의장에 전시된 팻말에는 이렇게 적혀 있었다. "우리는 공산주의자들을 생각하면 철의 장막을 떠올린다. 그러나 그들은 민주주의를 생각할 때 코카콜라를 떠올린다."(Means 2002)

코카콜라로 상징되고 구현되는 미국인! 여기에 '베이비붐(baby boom)'으로 인해 형성된 조립 주택단지인 '레빗타운(Levittown)'이 또 하나의 표준화된 미국적 풍경이 되었다. 1940년 한 해에 250만 명이던 신생아는 1950년 350만 명에 달했고, 1946년에서 1961년 사이에 출생한 신생아 수는 6350만 명이었다. 그 결과 미국 인구도 1950년 1억 5000만 명에서 1960년에는 1억 8000만 명으로 10년 사이에 거의 20퍼센트나 증가한다. 레빗타운은 이렇게 급격히 증가한 주택 수요를 맞추는 데 제격이었다. 1940년대 후반 레빗타운이 등장한 지 10년 만에 지난 150년간 세워진 집보다 더 많은 집이 생겨났다. 그래서 미국 조사국은 1951년 레빗타운 주민들을 '평균 미국인'이라고 불렀다.

레빗타운에 빠지지 않고 등장하는 것이 잔디밭이었다. 훗날 저널리스트 마이클 폴란(Michael Pollan)에 따르면, "오늘날 미국에는 12만 제곱킬로미터 이상의 잔디밭이 가꾸어져 있다. 주간 고속도로망이나 패스트푸드 체인점, 또는 텔레비전만큼이나 잔디밭은 미국적 풍경의 전

베이비붐에 의해 새롭게 형성된 주택단지 '레빗타운'은 표준화된 미국적 풍경이 되었다.

형을 만들어냈다. 잔디밭은 미국의 모든 교외지역을 엇비슷한 풍경으로 만들어놓았다."(Panati 1997)

그런 표준화를 촉진한 것은 미국의 풍요 덕분에 가능했던, 2차 대전 참전용사들에 대한 연방정부의 지원이었다. 부동산 거래의 50퍼센트 이상이 '재향군인국'과 '연방주택관리국'의 담보로 이루어질 만큼 참전용사들에 대한 배려는 극진했다. 그래서 "퇴역군인에게는 계약금을 받지 않습니다"라는 광고 문구 또한 모든 주택업자들 사이에 표준화된 방침이었다.

표준화 열풍의 기본 원리는 '남들이 하면 따라서 하라'는 것이었다. 이 원리에 따라 말도 안 되는 '장난 유행'이 대학가마저 휩쓸었다.

1939년 미국 대학가를 휩쓴 금붕어 삼키기 열풍에 필적할 만큼 엽기적인 '여학생 속옷 뺏기' 놀이는 1952년 늦은 봄 미시간대학에서 느닷없이 '여학생 기숙사로!' 라는 구호가 터져나오면서 시작됐다. 여학생들은 즐거운 표정으로 소리를 지르면서 쳐들어온 남학생들에게 자발적으로 스타킹, 팬티, 브래지어 등을 던져줬다. 이 놀이는 전 대학으로 확산되었는데, 늘 평화적인 것은 아니었다. 캘리포니아대학 버클리 분교에서는 3000여 명의 남학생이 여학생 클럽들을 공격해 난잡하고 파괴적인 일대 소동으로 번지기도 했다. 언론은 남학생들이 남아도는 정력을 한국전쟁에 사용하는 것이 더 나을 것이라고 주장했지만, 이 속옷 약탈 놀이는 날로 인기를 더해가 1960년대 초까지 봄이면 나타나는 연례행사로 자리 잡는다.(Panati 1997)

데이비드 리스먼의 '고독한 군중'

1950년에 출간된 데이비드 리스먼(David Riesman, 1909~2002) 등의 『고독한 군중(The Lonely Crowd)』은 그렇게 표준화·획일화된 미국인의 정체를 파헤쳤다. 이 책은 심각한 학술서임에도 초판이 7만 부나 나갔고, 1954년 보급판이 나오자 순식간에 50만 부가 팔려나갔다. 리스먼도 이 책의 인기에 깜짝 놀라 다음과 같이 말했다.

"우리는 그렇게 많은 독자들이 있으리라고 예상치 못했었다. 대학 출판부에서 처음 출판될 때도 그랬거니와 후에 그 책이 1급 표지의 책이 되었을 때에도 그랬다. 우리 간행자들은 모두 다 사회과학 학부 과정에서 읽힐 용도로 몇 천 부 정도 팔릴지 모른다고 생각했었다."
(Cuzzort & King 1991)

왜 그렇게 책이 많이 팔린 걸까? 미국인들이 실제로 고독에 몸부림치고 있었기 때문일까? 그 답은 이 책 속에 있는 것 같다. 리스먼은 1948년 『레이디스 홈 저널(Ladies Home Journal)』『아메리칸(American)』『굿 하우스키핑(Good Housekeeping)』『마드무아젤(Mademoiselle)』 등의 여성잡지 10월호를 조사한 결과, 기사와 광고물이 대부분 다른 사람을 조종하기 위해 나자신을 어떻게 만들어갈 것인가를 가

1954년에 출간된 『고독한 군중』 보급판.

르치는 내용이었고, 그 목적은 애정을 획득하기 위한 것이 전부였다고 말한다. 또 『뉴욕타임스』 1949년 4월 14일자 광고란에 실린 『마음의 평화를 얻는 법』과 『독신생활을 행복하게 지내는 법』 같은 책의 광고 역시 비슷한 주제를 다루고 있다는 것이다.

1950년 12월 미국 작가 윌리엄 포크너(William Faulkner, 1897~1962)는 노벨문학상 수상 연설에서 현대 정신의 비극에 대해 "인간의 마음이 그 자체와의 갈등으로 인해 생기는 문제들"이라고 지적했다. 그는 문학이 인간의 정신적 지주가 되기 위해 다루어져야 할 주제들은 바로 "인간의 마음속에 오랫동안 지속되어온 진리들, 그 보편적인 진리들 …… 즉 사랑과 명예와 동정과 긍지와 연민과 희생"이라고 말했다.(강희 1994)

이는 현실이 전혀 그렇지 못함을 역설한 셈인데, 그런 현실을 그려

낸 작품이 바로 『고독한 군중』이다. 이 책은 그간 미국인들이 자랑스럽게 생각해온 '미국식 개인주의'가 허구라는 것을 지적하는, 의미심장한 주장을 담고 있다. 너무도 고독한 나머지 타인의 관심과 호의를 얻기 위해 몸부림치는 사람들이 어찌 개인주의자일 수 있단 말인가.

이 책은 역사적으로 잇달아 등장한 세 가지의 사회 유형을 제시했다. 전통에 의해 움직이는 사회, 내적인 것에 의해 움직이는 사회, 외적인 것에 의해 움직이는 사회가 바로 그것이다. 미국엔 첫 번째 유형이 없고 두 번째 유형은 시골과 소도시에 있으며 대도시는 세 번째 유형에 해당된다.

이 책은 대중사회 속의 자동화와 순응주의에 대한 전후의 일반적 관심을 반영하면서, 중산층 미국인의 특성과 가치가 부모의 교육이나 모범에 의해 주입되는 '내향적(inner-directed)' 유형과 동료 그룹의 영향을 받아 형성되는 '타향적(other-directed)' 유형으로 변화했음을 설명하고자 했다. 심지어 야망조차도 그들 자신의 욕망이나 신념이 아니라 주위 사람들이 갖고 있는 가치체계에 의해 받아들이며, 죄책감마저 집단 합의(group consensus) 의식으로부터 벗어났을 때에야 느끼게 된다는 것이다.

개성(個性)은 결코 미덕이 아니었다. 그것은 원활한 대인관계를 위해 죽이거나 누그러뜨려야 할 거추장스러운 것이 되었다. 대인관계를 위해 사교와 접대가 무엇보다도 중요해졌다. 1950년 5월 작가 존 오하라(John O' Hara, 1905~1970)는 『플레어(Flair)』란 책에서 '새로운 접대비 사회'라는 표현을 사용하여 미국 사회에 만연한 접대문화를 기술했다. 회사의 판공비를 흥청망청 쓰는 가운데 파티, 고급 레스토랑, 골프

등이 잘나가는 사람들의 표준이 되었다.(Allen 2008)

『고독한 군중』은 "매스미디어 비판자들은 일반적으로 미디어가 정치적 무관심을 조장한다고 생각하고 있는 것 같다. 어떻게 워싱턴이 할리우드 및 브로드웨이와 경쟁할 수 있겠느냐는 질문이 제기되곤 한다"고 했는데, 이런 우려는 시간이 흐를수록 점점 더 커진다.

소비와 오락적 가치에 길든 사람들은 소비 · 오락이 여의치 않을 때에 불안과 고독을 느꼈다. 전국의 전화 교환수들은 토요일 밤이면 있지도 않은 짝을 찾아 말을 걸고 싶어 하는 외로운 사람들의 전화에 시달려야 했다. 상품광고용 무료 전화번호 800에서는 토요일 밤 수많은 사람들이 전화를 걸어 상품에 대한 약간의 관심을 내비치고는 판매원과 시시한 대화를 나누고 싶어 했다.

이들의 고독을 어떻게 위로할 것인가? 대중매체, 특히 잡지가 그런 문제를 해소하기 위한 대중교육을 맡고 나섰다. 좀 더 나은 삶을 영위하기 위한 기사들이 잡지의 주요 메뉴가 되었다. 20세기가 시작될 무렵엔 100만 부 가까이 발행하는 잡지가 없었지만, 1947년경엔 100만 부 이상 발행하는 잡지가 38종이 되었다. '풍요의 행복학' 강의에 주력한 『리더스 다이제스트(Reader's Digest)』의 경우엔 1951년 미국 내 발행부수만 950만 부를 넘어섰다.

여기에 단행본까지 가세했다. 목사인 노먼 빈센트 필(Norman V. Peale, 1898~1993)은 '긍정적 사고의 힘'을 역설했다. 그가 1952년에 출간한 『적극적 사고방식(The Power of Positive Thinking)』은 베스트셀러가 되었고, 4년간 계속 인기를 끌면서 총 200만 권이 팔려나갔다. 필은 이 책에서 "의심하지 말라. 의심은 힘이 솟는 것을 막는다"고 주장했다.

미국인은 누구인가?

『고독한 군중』은 "미국인은 누구인가?"를 묻는 일종의 '국민성' 연구다. 미국인의 국민성 연구의 원조는 알렉시 드 토크빌(Alexis de Tocqueville, 1805~1859)을 들 수 있겠지만, 미국인으로서 미국 국민성을 합당한 연구주제로 인식한 최초의 전문 역사가는 헨리 애덤스(Henry Adams, 1838~1918)였다. 1893년 프레더릭 잭슨 터너(Frederick J. Turner, 1861~1932)가 발표한「미국 역사에서 프런티어의 의미(The Significance of the Frontier in American History)」라는 논문도 국민성 연구에 한 획을 그었다고 볼 수 있다.

그렇지만 본격적인 국민성 연구는『고독한 군중』의 탄생을 전후로 한 시기부터 이루어졌다. 1949년 창간된『아메리칸 헤리티지(American Heritage)』와『아메리칸 쿼터리(American Quarterly)』는 바로 그런 국민성 연구의 마당이 되었으며, 미국적 경험의 통일된 이해에 몰두하던 학자들은 1951년 미국학회를 구성했다. 한스 콘(Hans Kohn, 1891~1971)은『미국 내셔널리즘(American Nationalism: An Interpretive Essay)』(1951)에서 미국민을 통합하고 그들에게 특징적 스타일을 부여하는 힘을 고찰하면서 교육과 대중문화를 가장 강력한 통합 요소로 보았다.

그러나 1952년에 제정된 매캐런-월터법(McCarran-Walter Act)은 과연 '국민'이 누구인가 하는 뿌리 깊은 의문을 다시 제기하였다. 이 법은 연간 전체 이민자 중 70퍼센트를 영국, 아일랜드, 독일 이민자에게 허가하는 반면, 아시아에는 각 나라당 100명의 이민자만을 할당했기 때문이다. 또한 이 법은 '공공의 이익에 손해를 끼치는' 혹은 '국가안보를 위협하는' 행동을 한 모든 외국인 거주자를 추방하거나 이민을 제한할 수 있도록 하는 근거를 만들었다.

그런 백인 중심의 한계에도 불구하고 1950년대의 국민성 연구는 C. 라이트 밀스의 『화이트칼라』 『파워 엘리트』, 데이비드 포터의 『풍요의 국민』, 슬론 윌슨의 『회색 플란넬 양복을 입은 남자』, 윌리엄 화이트의 『조직인간』 등에 의해 발전되었다.

데이비드 포터(David M. Potter, 1910~1971)는 『풍요의 국민(People of Plenty: Economic Abundance and the American Character)』(1954)에서 풍요로움에 의해 자극받은 정신이 미국 국민성의 핵심이라고 주장했다. 미국에서 '자유'란 기회를 잡을 수 있는 자유를 의미하며, '평등'이라는 단어 역시 기회를 잡을 수 있는 자유를 의미한다는 것이다. 그는 "유럽은 계급투쟁을 생각하지 않고는 사회의 다양한 계층 간 관계를 변화시킬 수 없다고 생각한 반면 미국은 어느 한 계급을 희생자로 취급한다든지, 혹은 궁극적인 의미에서, 다른 계급의 적대자로 취급하지 않고도 이러한 관계를 변화시켰고 또한 변화시킬 수 있다고 생각했다"고 주장했다. 대다수 미국인은 "부자의 부를 빨아내자(Soak the Rich)"는 구호를 역겨워했으며 "내게도 기회를 달라(Deal me in)"와 같은 구호가 훨씬 "자발적이고 즐겁게 미국인들의 입에서 터져나왔다"는 것이다.(김봉중 2001)

그러나 달리 볼 수도 있다. 혹 과도한 타자지향성 때문은 아닐까? 1955년에 출간되자마자 최고의 베스트셀러가 된 슬론 윌슨(Sloan Wilson, 1920~2003)의 소설 『회색 플란넬 양복을 입은 남자(The Man in the Grey Flannel Suit)』는 개성과 성공 사이에서 성공을 위해 관료제적 복종을 택하는 미국인을 그렸다. 이 소설은 저자의 개인적 경험에서 출발했다. 윌슨은 풋내기 기자 시절 상사에게 "나는 도대체 왜, 다른 기자가 나보다 글을 덜 쓰고도 월급도 더 받고 승진도 먼저 하는지 까닭을 모르겠다"고 항의했다가 이런 말을 듣는다.

"당신의 문제는 글의 스타일이 현대 감각과 맞지 않기 때문일 거야. 예를 들면 우선 당신이 지금 입고 있는 옷도 위아래의 색이 조화롭지 않거든. 당장 양복점에 가서 버튼 세 개 달린 회색 플란넬 양복을 맞춰 입고 시대감각에 뒤떨어지지 않게 해보게나."

이 충고로 좋은 효과를 본 윌슨이 이 소설을 쓰게 된 것이다. 소설은 그레고리 펙(Gregory Peck, 1916~2003)이 출연한 영화로도 만들어졌는데, 주인공은 체면과 도덕 사이에서 동요하면서 결국엔 자기의 개성을 희생하여 새로운 얼굴 없는 중산층의 일원이 되려고 애쓴다.(진인숙 1997)

로버트 허친스(Robert M. Hutchins, 1899~1977)는 회색 플란넬 양복을 입은 사람들은 모두 획일적이라 상호 교체를 해도 무방할 정도가 되었다면서, 진정한 개인주의의 상실을 개탄했다. 윌슨이나 허친스뿐만 아니라 대부분의 지식인들이 미국인의 새로운 순응주의(conformism)를 비판하거나 개탄하고 나섰다.

C. 라이트 밀스의 '파워엘리트'

이런 문제를 본격적으로 다룬 사회과학자가 컬럼비아대학의 C. 라이트 밀스(C. Wright Mills, 1916~1962)다. 밀스는 글뿐만 아니라 온몸으로 '중산층 표준화' 경쟁에 저항한 독특한 인물이다. 당시 교수들은 대부분 트위드 재킷과 플란넬 바지, 나비넥타이를 선호했지만, 그는 카

C. 라이트 밀스의 1958년 모습. '중산층 표준화' 경쟁에 저항한 밀스는 다른 교수들과 다르게 카고 바지와 플란넬 셔츠 차림에 군화를 신고 오토바이로 출퇴근을 했다. ⓒ Nik Mills

고 바지와 플란넬 셔츠에 군화를 신고, 자기가 직접 지은 시골집에서 BMW 오토바이를 타고 출퇴근을 했다.

밀스는 1939년 위스콘신대학 사회학과 박사과정에 입학한 때부터 줄곧 "한 손에는 소스타인 베블런(Thorstein B. Veblen, 1857~1929)을, 다른 한 손에는 존 듀이(John Dewey, 1859~1952)를 들고 있는 사람"으로 기억되었다. 그는 1951년 『화이트칼라(White Collar)』를 출간해 이른바 '지위 공포(status panic)'에 시달리는 신흥 중산층을 풍요롭지만 목표가 없는 사람들, 장인 정신을 자랑으로 여기던 과거의 칼뱅주의자들로부터 단절된 계층으로 보았다.

밀스는 1956년에 출간한 『파워 엘리트(The Power Elite)』에서 "만일, 오늘날 미국 사회에서의 최고 권력자 100명과 부유한 사람 100명, 그리고 유명인사 100명을, 현재 그들이 차지하고 있는 제도적인 위치에서 또는 인간이나 돈과 같은 자원으로부터 그리고 그들에게 항시 초

점을 맞추고 있는 매스미디어로부터 이탈시킨다면, 그때는 이들도 별수 없이 하나의 무력하고 가난하고 평범한 인간이 되고 말 것이다"라며 다음과 같은 결론을 내렸다.

"상류층 집단의 사람들은 결코 미국 사회의 대표적 인물이 아니며 그들의 높은 지위는 도덕성 내지 덕성의 결과도 아니다. 또한 그들의 성공은 칭찬할 만한 가치가 있는 능력과 확실하게 결부되어 있지도 않다. …… 그들은 공중의 토론을 정책결정자의 의사와 결부시키는 자발적 결사체의 다원적 존재에 의해 견제를 받으면서 책임을 지는 사람들도 아니다. 그렇지만 그들은 인류사상 일찍이 찾아볼 수 없는 거대한 권력을 가지고 있는 사령관이며 미국의 무책임한 제도의 조직 내부에서 성공을 차지한 인물들이다."

밀스는 이 책에서 '파워 엘리트' 집단으로서 군부의 대두가 현저해졌다고 지적했다. 1951년 상원의원 해리 F. 버드(Harry F. Byrd, 1887~1966)는 군의 선전·광고·홍보 활동에 관계하고 있는 사람을 3022명으로 추정했다.(군 내부 2235명, 민간인 787명) 밀스는 "이 숫자로도 그들 활동의 규모를 모두 다 나타내주지는 못한다"며 다음과 같이 말했다.

"군적(軍籍)을 가진 수많은 사람들을 시간제로 선전·홍보 활동에 관여하게 하는 것쯤은 조금도 어렵지 않기 때문이다. 물론 유력한 군부 지도자들은 직접 자기 휘하에 선전·홍보 담당자를 두고 있다. 1948년에 맥아더 원수의 사령부는 35명의 군인, 44명의 민간인을 선전·홍보 활동에 근무케 하였다. 아이젠하워는 참모총장 시기에 44명의 군인과 113명의 민간인을 선전·홍보 활동에 일하게 했다."

밀스의 책들은 전후 자본주의의 놀랄 만한 성공 속에서 미국 사회에 던진 날카로운 비판이라며 공산권에서 환영받았지만, 그는 이런 환영을 냉소로 대했다. 그는 소련을 방문했을 때 한 만찬장에서 축배에 응답하며 "(숙청당한) 레온 트로츠키의 모든 작품들이 소련에서 출판될 그날을 위하여!"라고 외치기도 했다.(Halberstam 1996)

윌리엄 화이트의 '조직인간'

1955년 개정 염가판으로 나온 역사학자 리처드 호프스태터(Richard Hofstadter, 1916~1970)의 『미국사상사에 나타난 사회진화론(Social Darwinism in American Thought)』이 20만 권 넘게 팔려나가는 이변이 일어났다. 1944년에 출간한 학술서를 내용은 그대로 둔 채 짤막한 소개글을 덧붙이고 순전히 문장만 수백여 군데 손봤을 뿐인데, 이처럼 큰 호응을 얻은 이유는 무엇일까? 적자생존(適者生存)과 약육강식(弱肉强食)이 심화된 걸까? 아니면 그 어떤 변화가 일어난 걸까?

이에 답하겠다는 듯, 『포천(Fortune)』 편집장 윌리엄 화이트(William H. Whyte, 1917~1999)는 『조직인간(The Organization Man)』(1956)에서 조직의, 조직에 의한, 조직을 위한 삶을 사는 인간형을 선보였다. 그는 기업들이 명령을 잘 따르는 사람을 어떻게 선택하고 선호했는지 기술하면서, 그 결과가 '관료체제의 생성'이라고 말했다. 막스 베버(Max Weber, 1864~1920)가 미국을 여행하면서 '관료주의(bureaucracy)'에 주목한 건 1904년이었지만, 이제 문제는 공직사회에 만연해 있던 관료주의 속성이 민간 영역까지 지배하게 되었다는 점일 게다.

화이트는 "젊은 사람들은 조직의 '시스템'에 대해 전혀 냉소하는 일이 없으며, 회의해본 적도 없다"며 "그들은 조직이 회피할 대상이

윌리엄 화이트는 『조직인간』에서 조직의, 조직에 의한, 조직을 위한 삶을 사는 인간형을 선보였다.

아니라 협조할 대상이라고 생각한다"고 말했다. 그는 "어디를 가든 돈 얘기뿐이었으나 생각하는 데는 1센트도 할애하지 않았다"며 다음과 같이 말했다. "인간은 굴복을 요구하는 조직과 싸워야 한다. 조직의 요구는 강력하고 끊임없다. 조직생활에 빠져 있을수록 조직의 요구에 저항하거나 그 요구를 알아차리기가 힘들다. 조직에 굴복해야만 마음의 평화를 얻는 것이다."(Whitman 2001)

왜 그렇게 되었을까? 1952년 한 조사에 따르면, 고위급 중역의 3분의 2가 한 회사에 20년 넘게 근무하는 것으로 나타났다. 화이트가 인터뷰를 한 사무직 근로자들은 "회사에 충성하면 회사가 나를 돌볼 것이다"라고 말했다. 이에 화이트는 "일반적으로 젊은 사람들은 조직과 자신의 관계가 영원히 계속되는 것으로 생각한다"며, 이렇게 상호 간의 충성을 신뢰할 수 있는 것은 "개인의 목표와 조직의 목표가 결국에는 하나로 같은 것이기" 때문이라고 분석했다. 당시 경제구조가 그와 같은 영구적인 충성을 허용하고 권장했다. 이후 양상이 좀 달라지긴

하지만 기본 모델은 그대로 유지된다.(Reich 2008)

'조직인간'은 그간 미국 사회를 지배해온 프로테스탄트 윤리의 역사적 변형을 의미했다. 일과 근면, 절제된 만족과 같은 청교도 윤리가 '사회화'와 '순응주의'로 대치된 것이다. 마이클 루이스(Michael Lewis)에 따르면, "조직인간은 기본적으로 대단위 집단이 옳으며 개인은 틀리다고 생각했다. 그는 사람이 조직에 맞추어야 할 도덕적 의무가 있다고 굳게 믿었다. 화이트에게 이는 미국적 가치의 중요한, 그리고 어쩌면 영원한 변화를 의미했다. …… 미국인은 과거와 다르게 일하고 있을 뿐만 아니라 투표, 기도, 옷차림, 구매, 사랑 등 모든 방식이 달라졌다. 이 모든 것은 기업문화의 변화에서 나왔다. 돈 버는 방식이 바뀌면 다른 모든 것도 따라서 변화한다."(Beatty 2002)

1950년대엔 지식인도 '조직인간'으로 변모한다. 1954년 어빙 하우(Irving Howe, 1920~1993)는 『파르티잔 리뷰(Partisan Review)』에 쓴 「획일성의 시대(This Age of Conformity)」라는 글에서 미국의 지적 생활이 저급해지고 있다고 주장했다. "일부 지식인들은 자신을 '팔았다.' 우리는 그 사례를 얼마든지 제시할 수 있다. 하지만 그보다 훨씬 더 부정적인 것은 우리가 혼자서 확고하게 설 수 있는 능력을 조금씩 파괴하는 현상이다. 즉 개선된 삶의 질이라는 유혹이다."(Brooks 2008)

그 결과 사회 전반의 문제를 다루는 '공공 지식인(public intellectuals)'이 사라지고, 자기만의 전문 분야에 좁고 깊게 몰두하는 전문가형 지식인이 득세하기 시작했다. 그래서 '미국 지식인의 부르주아화(embourgeoisement of the American intelligentsia)'란 말도 나온다.(Jacoby 1989)

그런가 하면, 칼럼니스트 월터 리프먼(Walter Lippmann, 1889~1974)이 1955년에 출간한 『공중 철학(Essays in the Public Philosophy)』은 가족과 공동체(community)가 위축되면서 권위가 약화되는 것을 우려하였다. 그는 사회에서 고립된 개인의 몰도덕화 경향을 지적하면서 '자유로부터의 도피' 위험을 경고했다. 그는 무식한 공중이 책임감 있고 정보능력을 갖춘 관리들의 판단을 압도하고 있기 때문에 서구국가들의 정부가 위기에 처해 있다며, "국민은 행사할 수 없는 권력을 갖고 있고 국민이 선출한 정부는 통치에 필요한 권력을 잃어버렸다"고 개탄하였다.

왜 정체성이 중요한가?

국민성 연구는 초기엔 유전학적 혹은 인종주의적이라는 이유로 거부되었다. 나치 독일이 그러했듯이 국민성은 인종·민족 차별주의의 근거로 악용될 가능성이 있기 때문이다. 그럼에도 외국 여행을 다녀보면 특정 국민이나 민족의 유별난 특성이 포착되기 때문에 사람들은 국민성에 대해 말하길 즐겨 한다. 실제로 설득력이 높다는 점도 부인할 수 없다. 그래서 부작용에 유의하면서 국민성 연구를 조심스럽게 할 필요가 있다는 당위성이 널리 인식되기에 이르렀다. 전후 '미국의 세기'라고 하는 테제가 설득력을 더해가면서 미국인을 탐구의 대상으로 삼는 연구가 1950년대에 풍성하게 쏟아져 나온 것이 그런 변화상을 잘 말해준다.

한국이야 사회문화적으로 단일민족·단일언어 국가이기 때문에 국민성을 말하는 데에 별 무리가 없겠지만, 전 세계 모든 인종과 민족이 모여 사는 미국의 경우엔 어렵지 않을까? 그러나 흥미롭게도 미국은 국민성 연구가 가장 활발한 나라 중 하나다.

"나는 내가 이제까지 그 종복이었거나 시민이었던 외국의 모든 왕이나 군주, 국가 혹은 통치자에 대한 충성과 신임을 절대적으로 그리고 전적으로 버리고 포기할 것과, 미합중국의 헌법과 법률을 지지하고 대내외의 모든 적들로부터 보호하고 진정한 신뢰와 신의를 변함없이 간직하며 법이 요구할 때 미합중국을 위하여 무기를 들 것을 맹세한다. …… 신이여 도우소서."

미국에서 시민권을 받을 때 하는 선서 내용이다. 바로 얼마 전까지 한국에서 살던 한국인이 그런 선서를 한다고 해서 미국인이라는 정체성을 갖게 될까? 물론 그럴 리는 없을 것이다. 시간이 좀 걸리는 일이다. 그러나 2세들의 경우엔 처음부터 미국의 교육체계와 대중문화의 세례를 받고 자라기 때문에 미국의 국민성이라고 할 수 있는 가치들을 온몸으로 흡수하면서 자라난다. "신속한 전국적 통신체제, 끊임없는 유동성, 동질화하는 대중문화 그리고 대량생산과 고도로 기술화된 문화에 의한 표준화"에 의해 새로운 미국인이 탄생하는 것이다. (Luedtke 1989)

오늘날 흔히 쓰이는 '정체성 위기(identity crisis)'라는 말을 만들어낸 에릭 에릭슨(Erik Erikson, 1902~1994)은 1950년부터 각종 토론회에 참여하면서 정체성 개념의 중요성을 역설했다. 에릭슨 자신이 심각한 정체성 위기를 겪었다는 점이 흥미롭다. 그는 유대인으로서 덴마크 국적을 갖고 태어났다. 나중에 독일에 살면서 스스로를 독일인으로 생각했지만 학교 친구들은 그를 유대인이라고 멸시했다. 그는 유대인들

사이에서도 북유럽인처럼 생긴 얼굴 때문에 이교도로 간주되었다. 또 그가 태어나기도 전에 이혼한 어머니가 에릭슨이 세 살 되던 해에 다른 남자와 결혼하면서 한동안 계부의 성으로 살았으며 아버지가 계부라는 사실을 뒤늦게야 알았다. 그런 개인적인 이유로 에릭슨은 정체성에 큰 관심을 갖게 되었다.

개인의 정체성 못지않게 집단 정체성도 중요한 의미를 갖는다. 왜 그럴까? 새뮤얼 헌팅턴(Samuel P. Huntington, 1927~2008)의 지적이 답이 될 듯하다. "사람은 이성만으로 살지 않는다. 자아를 규정하기 전까지는 자기 이익을 추구하면서 합리적으로 계산하고 행동할 수 없다. 이익 추구 정치는 정체성을 전제로 한다."(Huntington 1996)

미국인의 개인주의와 순응주의

집단 정체성을 밝히고자 하는 국민성 연구의 가장 큰 난점은 상호 상충되는 가치들이 너무 많다는 데에 있다. 그래서 사회학자 다니엘 벨(Daniel Bell)은 『자본주의의 문화적 모순(The Cultural Contradictions of Capitalism)』(1976)에서 미국을 정신분열증적 나라로 규정한다. 사회적 구조는 검약, 노동, 극기, 능률 등과 같은 오랜 미덕 위에 서 있음에도 불구하고 쾌락주의와 소비주의를 향해 표류하고 있다는 것이다.

랜스 모로(Lance Morrow)는 1980년 『타임』에 게재한 「돌아온 애국심(The Return of Patriotism)」이라는 글에서, 애국주의는 최악의 경우 국민적 자축(自祝)이라는 조잡한 형태로 타락하게 되지만, 최선의 경우 "정치사회적 식견과 자유에 대한 약속, 이상 등에 대한 헌신"을 의미한다고 주장한다. 미국에서의 애국주의 정당화 논리인 셈이다.

새뮤얼 헌팅턴은 『미국정치론: 부조화의 패러다임(American Politics: The Promise of Disharmony)』(1981)에서 미국은 간헐적인 정치적 열정의 시대들과 함께 부조화의 운명을 지닌 나라라고 주장한다. 개인주의와 순응주의, 개인주의와 물질주의(각 개인의 가치를 물질로 평가하는) 등과 같은 대립적 요소들을 화해시킬 수 있는 열쇠는 평등주의인데, "너도 하면 나도 한다" 는 식의 경쟁이 그런 결과를 초래한다는 것이다.

국민성은 여러 요인에 의해 시간이 지나면서 저절로 형성되지만, 의도적인 형성 과정도 있다. 정부·언론·지식인 등이 자국의 긍정적인 가치를 세뇌에 가까울 만큼 반복적으로 역설한다면, 대부분의 사람들은 설사 자신이 그렇지 않더라도 그런 가치를 존중하는 태도를 보이는 것이 그 사회에서 무난하게 살아가는 방법이 될 것이다. 이것이 바로 국민성을 형성하는 주요 요소가 된다. 미국인들이 개인주의와 순응주의라는 일견 상반되는 가치를 동시에 지니고 있는 것은 바로 그런 이치로 설명할 수 있다.

비트세대의 등장

모든 미국인이 다 '중산층 표준화' 경쟁에 뛰어든 것은 아니었다. 일부 젊은이들은 그런 흐름에 반발하여 오히려 정반대의 방향으로 나아갔다. 이른바 '비트세대(beat generation)' 의 등장이다. 비트세대는 두 차례 세계대전을 통해 경제성장의 과실을 맛보았던 1950년대 풍요로운 미국의 물질중심적 가치관, 체제순응적 가치관에 반기를 든 일군의 '랭보적 젊은이들' 을 가리킨다. 이들은 도시문명에 반감을 품고 있었으며, 개인적인 각성을 통해 새로운 자유와 진리를 찾겠다는 구도적인 삶의 태도를 지향했다. 이들은 마약, 섹스, 무모한 유랑 등을 서슴지 않으며 동양의 선불교에서 깊은 진리를 찾으려고 했다. 비트세대는 그런 식으로 당대의 사회적 제약을 무너뜨리며 안정과 평상(normality)을 최고의 가치로 여기는 나라에서 스스로 추방자가 되었다. 사회에서 '패배한(beaten)' 것처럼 느낀다고 해서, 또 재즈 리듬의 강한 '박자(beat)'를 좋아한다고 해서 비트족이라 불렸다.

'랭보적 젊은이들'을 가리키는 신조어 '비트(beat)'를 처음 만든 잭 케루악. ⓒ Tom Palumbo

비트는 1948년 캐나다 태생의 미국인 잭 케루악(Jean L. Kerouac, 1922~1969)이 만들어낸 신조어지만, 그 역사는 4년 전으로 거슬러 올라간다. 1944년 잭 케루악, 앨런 긴즈버그(Irwin Allen Ginsberg, 1926~1997), 윌리엄 버로스(William S. Burroughs, 1914~1997) 등은 뉴욕 타임스퀘어에서 만나 현대 산업사회의 획일화한 문화를 거부하고 재즈나 마약, 섹스 등을 통해 정신적·예술적 해방을 추구하는 운동을 벌이기로 했다. 1952년 소설가 존 클레론 홈스(John C. Holmes, 1926~1988)가 「이것이 바로 비트세대」라는 제목으로 『뉴욕타임스』에 낸 기사가 계기가 되어 '비트세대'라는 말이 널리 쓰이게 되었다.(Currid 2009)

1951년 소설가 J. D. 샐린저(J. D. Salinger, 1919~2010)는 『호밀밭의 파

수꾼(The Catcher in the Rye)』을 써서 전후 소비주의와 과학기술의 가속화 속에서 생겨난 젊음의 영원한 소외를 그렸다. 뉴욕에서 유대계 아버지와 아일랜드계 어머니 사이에 태어난 작가의 체험을 바탕으로, 퇴학당한 소년이 허위와 위선으로 가득 찬 세상에 눈떠가는 과정을 그린 이 작품은 보수주의에 반기를 들고 기성세대의 허위와 가식을 비판해 젊은이들로부터 큰 인기를 끌었다. 샐린저는 완전한 은둔의 삶을 산 것으로 유명하다. 엘리아 카잔(Elia Kazan, 1909~2003) 감독의 영화화 제의를 거부하며 "홀든(Holden, 주인공)이 싫어할까 봐 두렵다"란 말을 남겼고, 스티븐 스필버그 감독을 그대로 되돌려 보내기도 했다.

이 책은 1954년 캘리포니아 주의 마틴 카운티와 로스앤젤레스 카운티가 신을 부정하는 불경(不敬)과 성적 묘사를 이유로 들어 금서로 지정하겠다고 나선 것을 시작으로, 1980년대까지 미국의 가장 많은 학교에서 금서(禁書)로 지정된 동시에 미국 학교에서 두 번째로 자주 가르치는 책으로 기록돼 있다. 제임스 딘(James B. Dean, 1931~1955)의 영화 〈이유 없는 반항(Rebel Without a Cause)〉(1955년, 감독 니콜라스 레이)의 기본 정서 또한 이 소설에서 빌려왔고, 사이먼 앤 가펑클(Simon and Garfunkel)의 노래, 우디 앨런(Woody Allen)의 영화를 통해 주인공 홀든의 오마주가 여러 번 반복되거나 패러디됐다. '비틀스'의 멤버 존 레넌(John Lennon, 1940~1980)을 암살한 마크 채프먼(Mark D. Chapman)이 『호밀밭의 파수꾼』에서 영감을 얻었다고 한 일화는 유명하다. 전 세계적으로 6500만 부 이상 팔린 이 소설은 지금도 매년 30만 부씩 판매되고 있다.(박은주 2010, 이영경 2010)

1953년 솔 벨로(Saul Bellow, 1915~2005)는 『오기 마치의 모험(The

Adventures of Augie March)』을 비롯한 여러 작품을 통해 시대의 고뇌를 이야기했다.(Campbell & Kean 2002, Davis 2004) 교외의 개방적인 유대인 집안에서 태어난 긴즈버그는 『아우성(Howl)』(1956)이라는 시집에서 "로보트의 아파트! 무적의 교외 지역들! 해골의 보고! 맹목적 자본들! 악마 같은 산업들!"에 대해 비난을 퍼부었다.

지금은 고전이 되어버린 케루악의 『길 위에서(On the Road)』(1957)는 기존 규범과 관습에 도전하는 보헤미안 라이프스타일을 그려 인기를 얻었다. 그는 각성제에 의지해 불과 3주 만에 이 장편을 완성했으나 정작 출판사를 구하지 못해 7년 뒤에야 출간됐다. 이 소설은 32개국에서 번역됐으며 지금도 미국과 캐나다에서 매년 10만 부 이상 팔리고 있다. 이 작품은 정신적 자유를 찾아 구속적인 도시를 떠나는 여정을 모티프로 청교도의 영국에서의 도피, 서부로의 도피 등과 같이 미국 역사의 특징 중 하나인 '도피'를 껴안았다. 비트세대는 비록 소수파에 머물렀지만 그런 도피 계보의 연장선상에 있었다.(Kerouac 2009)

1959년 11월 미국 『라이프(Life)』는 '비트' 운동에 관련된 표지 기사를 내보내며 비트니크(beatnik; 비트족 사람)라는 말을 만들어냈다. 기사에 따르면, 비트니크는 불교의 '지복(beatitude)'에서 비롯된 용어로 비트족은 서양의 문명 대신 동양의 요가와 선불교를 선호했으며 섹스·알코올·마약에의 탐닉을 선(禪)적 경지를 깨닫기 위한 예식으로 여기면서 '빨리 살고 일찍 죽는다'는 슬로건을 내걸었다. 비트니크는 중산계급 출신 비트이며, 프롤레타리아 출신의 비트는 '힙스터(hipsters)'라 부르기도 한다.

1994년 5월 뉴욕에서는 비트 운동 50주년을 맞아 다양한 행사가 개

비트세대의 제왕이라 불린 에릭 노드(오른쪽). 시인이자 배우이자 힙스터인 그가 캘리포니아 베니스 비치의 클럽에서 노래를 부르고 있다. ⓒ Los Angeles Times(1959년 9월 3일자)

최되었다. 비트문화의 성전(聖典)이 된 『길 위에서』를 함께 읽으며 시작된 기념회의에서 긴즈버그는 "우리는 세계를 다시 창조하려는 마음으로 예술과 삶에 대해 진지하게 탐구했다. 서유럽의 아방가르드 예술과 동유럽의 신비주의를 공부했고 마약과 섹스를 통해 새로운 예술을 체험하기도 했다"고 회고했다. 비트세대는 도시문명을 거부하고 자연으로 돌아가자고 외치는 1960년대 히피들의 원형이다.

1950년대 내내 순응주의는 비판의 대상이 되었지만, 드물게나마 이를 옹호하는 목소리도 있었다. 모리스 프리드먼(Morris Freedman 1961)은 순응주의와 반(反)순응주의의 변증법을 주장했다. 둘은 상호공생 관계라는 것이다. 이단자나 선구자가 반순응주의의 목소리를 내면 얼마 후 그건 모든 사람들이 순응하는 '표준'이 되고, 또 그런 상황이 지속되면 새로운 반순응주의 목소리가 나오는 패턴이 반복된다는 주장이다. 하긴 박수를 쳐주는 사람들이 있어야 영웅도 있는 법 아닌가. 순응주의가 있어야 도전과 혁신도 가능할 것이다.

참고문헌 Allen 2008, Beatty 2002, Bell 1976 · 1990, Boorstin 1986a, Brinkley 1998, Brooks 2001 · 2008, Chafe 1986, Current Biography 1971, Currid 2009, Cuzzort & King 1991, Davis 2004, Florida 2002, Foner 2006, Freedman 1961, Gelfert 2003, Graebner 1980, Halberstam 1996, Huntington 1996 · 1999, Jacoby 1989, Kerouac 2009, Knoke 1996, Luedtke 1989, McWilliams 1982, Means 2002, Mills 1979, O'Connor 1983, Panati 1997, Reich 2008, Riesman 외 1994, Steel 1980, Thurow 1992, Traub 2007, Turner 1962, Whitman 2001, Wills 1969, Zinn 2008, 강희 1994, 김봉중 2001, 박은주 2010, 손세호 2007, 이동연 2005, 이미숙 1994, 이영경 2010, 이영옥 2003, 이왕구 2009, 이주영 1995, 조지형 2001, 진인숙 1997, 한겨레신문 문화부 1995

1952년 대선
제34대 대통령 드와이트 아이젠하워

1952년 대선

대통령직의 3선을 금지한 수정헌법 제22조에 따르면, 대통령 유고 시 부통령에서 대통령직을 승계한 경우엔 4년 임기의 절반 이하로 대통령직을 수행해야만 이후 2번 더 대통령을 할 수 있다. 해리 트루먼(Harry S. Truman, 1884~1972)의 경우엔 4년 임기의 절반 이상을 이어받았기 때문에 1952년에는 법적으로 출마가 불가능했다.

민주당의 유력 대선 주자는 12개 주의 예비선거에서 단 한 곳을 제외하고 모두 승리를 거둔 에스테스 케포버(C. Estes Kefauver, 1903~1963) 상원의원이었다. 그는 민주당 전당대회 직전에 실시한 최종 갤럽 여론조사에서도 민주당 평당원들의 강력한 지지를 받았다. 그러나 민주당 지도자들은 남부 출신의 민중주의자로 이단자 기질이 강한 케포버를 거부하고 뉴딜정책의 자유주의자인 일리노이 주지사 애들라이 스티븐슨(Adlai E. Stevenson II, 1900~1965)을 선택했다. 그래서 1952년 대선은 스티븐슨과 2차 세계대전의 영웅이자 컬럼비아대학 총장인 공화당 후보 드와이트 아이젠하워(Dwight D. Eisenhower, 1890~1969)의 대결로 치러졌다.

대통령 후보를 제외하고 당시 대선에 등장하는 주요 인물 중의 하나가 바로 캘리포니아 출신의 리처드 닉슨(Richard M. Nixon, 1913~1994)이다. 휘티어대학과 듀크대학 법대를 졸업하고 1937년 휘티어에서 개인법률사무소를 개설해 활동하던 닉슨은 2차 세계대전 중에는 해군에 입대하여 태평양지역에서 해군장교로 복무했으며, 제대 후에는 1947년과 1949년 두 번에 걸쳐 하원의원에 당선되었다.

1950년 닉슨은 앨저 히스(Alger Hiss, 1904~1996) 청문회로 얻은 전국적 명성을 업고 당에서 캘리포니아 상원의원 선거의 후보 지명을 받았다. 그의 적수는 진보적 민주당원이었던 하원의원 헬런 더글러스(Helen G. Douglas, 1900~1980)였다. 닉슨은 승리했지만 선거 과정에서 더글러스를 "속옷까지 불그스름하다(pink down to her underwear)"고 주장함으로써 "교활한 딕(Tricky Dick)", "하얀 셔츠를 입은 조 매카시"란 별명을 얻었다.(Greenstein 2000)

1952년 5월 닉슨 상원의원은 뉴욕 주 공화당 후원금 만찬에 참석했다. 킹메이커인 토머스 듀이(Thomas E. Dewey, 1902~1971) 뉴욕 주지사가 마련한 부통령 면접시험이었다. 그 만찬에서 닉슨의 연설은 힘이 넘쳤고 원고에 의존하지 않았다. 그는 공화당이 11월 선거에서 승리하려면 민주당 지지자 수백만 명과 어느 정당에도 속하지 않은 유권자들을 끌어들여야 할 필요가 있다고 주장했다. 듀이는 연설을 끝내고 돌아온 닉슨에게 "약속합시다. 살찌지 말 것, 열정을 잃지 말 것! 그

럼 언젠가는 대통령이 될 것입니다"라고 말했다. 합격판정을 받은 것이다.(Dole 2007)

아이젠하워는 39세의 젊은 닉슨을 러닝메이트로 택함으로써 62세의 상대적으로 고령이던 자신의 나이에 대한 국민들의 우려를 불식시키고자 했다. 또 동부 출신으로 서부 출신 닉슨을 택함으로써 지역적 균형을 취하는 동시에 시대적 분위기상 닉슨의 '반공 투사' 이미지를 활용하면 이득이 되

1950년 상원의원 선거 유세 중인 닉슨. 그는 앨저 히스 청문회로 전국적 명성을 얻었다.

리라는 속내도 있었다. 그러나 문제는 아이젠하워가 그런 전술적 필요에도 불구하고 개인적으로 닉슨을 영 마땅치 않게 생각했다는 점이다. 이는 나중에 닉슨의 장래에 큰 걸림돌이 된다.(Schoenbrun 1984)

선거 쟁점이 된 한국전쟁

미국의 한국전 개입이 민주당 정권하에서 이뤄진 일이었기에, 공화당 후보인 아이젠하워가 한국전 휴전을 대표적인 선거 공약으로 내걸고 유세전을 펼치는 데에 유리한 고지를 점령하고 있었다. 공화당은 이 선거에서 한국전쟁을 "16년간의 민주당의 백악관 통치를 끝내버리기 위한 공격수단으로 이용하였다."(Goulden 1982)

전황도 좋지 않았다. 1952년까지 미군 내에서 전선으로 배치되는

도중에 탈주한 병사의 숫자가 전쟁 초에 비해 5배나 증가했다. 많은 병사들이 자해까지 감행하며 현역에서 빠져나가고 있었다. 영국 정부의 내부기록에 따르면, 병원으로 후송되는 병사의 70퍼센트가 자해 때문인 것으로 밝혀졌다. 국내외 여론도 날로 악화돼 미국으로선 한국전쟁을 더 이상 수행하기가 어려웠다. 미국 내에선 반전(反戰) 무드가 조성되었으며, 미국의 요청에 따라 거제도 반란을 진압하기 위해 군병력을 투입한 캐나다에서는 격렬한 반대 데모가 일어났다.

유럽지역에서는 미국을 규탄하는 데모가 연일 발생하였다. 1952년 5월 12일에는 나토(NATO) 사령관으로 임명돼 유럽에 도착한 리지웨이(Matthew B. Ridgway, 1895~1993)를 반대하는 대규모 시위가 일어났다. 파리의 벽에는 "돌아가라, 리지웨이!"라고 쓴 구호와 세균전에 대해 그를 비난하는 낙서가 가득 차 있었다. 또 이란의 테헤란에서는 한국전쟁에 반대하는 폭동까지 일어나 12명이 사망하고 250명이 부상하였다. 또한 리지웨이의 나토 사령관 부임은 한국전쟁으로 인해 촉발된 프랑스 지식인 사르트르(Jean Paul Sartre, 1905~1980)와 메를로퐁티(Maurice Merleau-Ponty, 1908~1961) 사이에 멀어진 간극을 더 벌어지게 만드는 계기가 되었다. 사르트르는 리지웨이의 부임에 항의하는 의미로 1952년 7월 「공산주의자들과 평화」라는 글을 써서 공산주의를 옹호하였다. 그러자 메를로퐁티는 「사르트르와 과격 볼셰비즘」이라는 글로 이를 비판했다. 이에 보부아르(Simone de Beauvoir, 1908~1986)가 「메를로퐁티와 의사 사르트르주의」라는 글로 응수했다. 결국 1953년 메를로퐁티는 『현대(Les Temps modernes)』지를 이탈함으로써 사르트르 일행과 결별한다.(정명환 외 2004)

아이젠하워는 대통령에 당선되면 곧장 한국에 다녀오겠다는 공약과 더불어 "아시아인으로 하여금 아시아인을 대항케 하라"는 슬로건으로 유권자들의 지지를 받았다. 아이젠하워의 러닝메이트인 부통령 후보 리처드 닉슨도 1952년 9월 자신의 부패 혐의를 해명하는 '체커스 연설'에서 "50만 명도 넘는 미국 젊은이가 한국에 있다. 일찍이 이렇게 나쁜 상황에 처했던 적은 없었다"고 주장하였다.

아이젠하워(Eisenhower 1981)는 훗날 자신의 일기에 "유엔(UN)은 침략을 물리치기 위해 한국에 간 것이지 한국의 통일을 위해 한국에 간 것이 아니다"라고 썼다. 그게 바로 미국 유권자들의 생각이기도 했다. 이를 간파한 이승만(1875~1965)은 미국의 대통령 선거 기간 동안 미국에서 "우리에게 총을 주면 당신의 아들을 구할 수 있다"는 캠페인을 전개했지만, 휴전이라는 대세를 막기엔 역부족이었다.

"나는 아이크가 좋아!(I like Ike!)"

한국전쟁 이슈를 제외하곤 아이젠하워의 선거유세 구호는 간단했다. "나는 아이크가 좋아!(I like Ike!)" 사람들은 2차 대전의 영웅으로 이미 탁월한 지도력이 입증된 아이젠하워 후보를 풀 네임보다 '아이크'라는 애칭으로 부르기를 좋아했다. 지지자들은 빨강 하양 파랑 바탕에 이 글귀가 쓰인 캠페인 배지를 자랑스럽게 달고 다녔다. 아이크를 좋아하는 데엔 복잡한 이유가 필요 없었다. 어떤 지지자는 "나는 아이크를 좋아한다. 그것이 전부다"라고 말했다.

"나는 아이크가 좋아!"라는 구호가 먹혀든 데엔 아이젠하워 특유의 '살인 미소'가 큰 몫을 했다. 정치평론가 제프리 하트(Jeffrey P. Hart

1952년 9월 메릴랜드 주 볼티모어에서 유세 중인 아이젠하워. 'I LIKE IKE' 'WE LIKE IKE'라 쓰인 피켓을 든 수많은 사람들이 뒤따르고 있다. ⓒ Dwight D. Eisenhower Library

1982)는 아이젠하워의 미소가 거의 '철학적인 발언'에 가깝다고 주장했다. 철학적인지 아닌지는 모르겠지만, 그의 미소가 선거 캠페인 주제인 '화합'과 잘 들어맞았다는 점은 분명했다.

"나는 아이크가 좋아!"라는 구호가 시사하듯, 아이젠하워는 텔레비전을 중심으로 한 선거유세를 성공적으로 전개함으로써 텔레비전을 통한 '이미지 정치'의 정석을 보여주었다. 반면 민주당 대통령 후보 스티븐슨은 민주당 대통령 후보로 지명되기 2개월 전인 1952년 6월, 자신의 지명도가 34퍼센트에 지나지 않았음에도 텔레비전을 경멸하는 지식인 성향이 강해 전통적인 선거유세 중심으로 움직였다. 심지어 스티븐슨은 자신의 선거 캠페인 광고 출연을 거부하면서 "나는 미국 국민들이 그들의 지성을 모욕하는 이런 광고에 충격을 받을 것이라고 생각한다. 선거는 아이보리 비누와 팜올리브 비누 간의 광고 전쟁이 아니다"라고 말했다.

물론 잘못된 생각이었다. 대선은 '아이보리 비누와 팜올리브 비누 간의 광고 전쟁'과 다를 게 없었다. 텔레비전 덕분에 1952년 대선 투표율이 이전 선거 투표율에 비해 거의 30퍼센트포인트 증가했다는 것은 이 선거가 텔레비전을 적극 활용한 아이젠하워에게 크게 유리했다는 것을 말해준다.(Lacy 1965)

아이젠하워 선거운동에 참여한 광고대행사 영앤루비컴(Young and Rubicam)의 당시 사장 시거드 라몬(Sigurd S. Larmon, 1881~1987)은 아이젠하워에게 1800만 대의 텔레비전, 4300만 대의 라디오가 보급돼 있음을 상기하면서 전통적인 현장유세에서 탈피해 텔레비전 중심으로 선거유세를 하라고 조언했다. 물론 아이젠하워는 이 조언을 잘 따랐다.

전통적으로 공화당 성향의 광고대행사인 BBDO(Batten, Barton, Durstine and Osborne)와 테드베이츠(Ted Bates) 등도 아이젠하워 선거 캠프에 참여했는데, 이들 역시 연설과 같은 말의 비중을 낮추고 텔레비전 중심의 화면을 강조하는 캠페인을 구사했다. 이런 전략에 따라 아이젠하워는 "아이젠하워가 미국에 답한다(Eisenhower Answers America)"는 제목의 40편에 달하는 텔레비전 시리즈 광고에 출연하여 큰 재미를 보았다. 길거리에서 보통사람들의 질문에 응답하는 형식의 1분짜리 텔레비전 광고는 이후 모든 선거에서 유행한다.

닉슨의 '체커스 연설'

1952년 9월, 상원의원 재직 시 부정 선거자금 1만 8235달러를 받은 혐의로 여론의 지탄을 받던 공화당 부통령 후보 닉슨이 자신의 결백을 입증하기 위해 텔레비전의 방송시간을 사들여 행한 이른바 '체커스 연설(Checkers speech)'은 본격적인 대중매체로 성장한 텔레비전의 위력을 유감없이 드러냈다.

아이젠하워가 "해명하지 못하면 같이 갈 수 없다"고 최후통첩을 한 상황이었으니, 닉슨으로선 자신의 정치생명이 걸린 문제였다. 닉슨은 NBC의 방송시간 30분을 7만 5000달러에 사들여 9월 23일 오후 6시 30분 시청자 앞에 섰다. "지인으로부터 1만 8000달러의 후원금을 받은 것은 사실이다. 국민과 유권자 여러분께 사과드린다. 그러나 개인 용도로는 단 한 푼도 쓰지 않았다. 개인적으로 받은 것은 내 딸을 위한 체커스라는 이름의 강아지 한 마리뿐이다."

닉슨은 논리정연한 화술로 자신의 부정혐의를 반박한 것이 아니라, 자신이 범한 부정이라곤 체커스라고 하는 개를 선물받은 것이 전부이며 그것도 돌려주려고 했으나 아이들이 무척 좋아하는 바람에 정이 무엇인지 차마 개와 이별할 수 없었다며 매우 감성적인 어법으로 시청자들의 감동을 자아내는 데 성공하였다. 한 편의 드라마(soap-opera)를 방불케 했다는 평가마저 나왔다.

매카시즘(McCarthyism) 분위기도 아이젠하워를 도왔다. 트루먼 대통령은 누구 못지않은 반공주의자였지만 매카시(Joseph R. McCarthy, 1908~1957)의 비난 앞에선 속수무책이었다. 매카시는 민주당 정권인 트루먼 행정부와 그 전의 루스벨트 행정부의 집권 기간까지를 가리켜

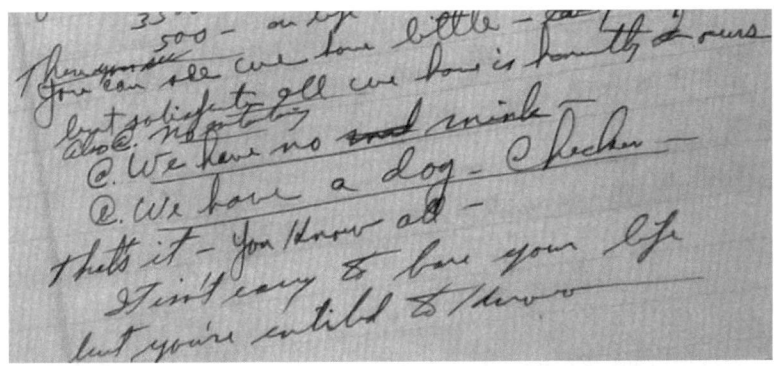

1952년 9월 23일 체커스 연설을 위해 닉슨이 작성한 메모. 강아지 체커스를 받았다는 내용이 쓰여 있다.

'20년간의 반역(twenty years of treason)'이라고 독설을 퍼부어댔다. 공화당은 내심 미소를 짓고 있었다. 공화당도 매카시의 주장이 터무니없다는 것을 잘 알고 있었지만, 나날이 인기가 치솟는 매카시와 매카시즘이 선거에 큰 도움이 되리라는 계산을 하고 있었다.

아이젠하워는 내심 매카시가 내키진 않았지만, 그의 지지를 요청하지 않을 수 없었다. 매카시는 10월 27일 아이젠하워 지원 연설에서 민주당 대통령 후보인 애들라이 스티븐슨, 역사학자 아서 슐레진저(Arthur Schlesinger, Jr., 1917~2007), 시인 아치볼드 매클리시(Archibald MacLeish, 1892~1982) 등 6명의 저명인사를 공산당 동조자요 지지자라고 비난했다. 이들은 모두 알아주는 반공주의자들이었는데도 말이다.(Baskerville 1954)

매카시의 뒤엔 FBI 국장 후버(John Edgar Hoover, 1895~1972)가 있었다. 아니 아이젠하워의 대통령 당선마저 실은 후버의 작품이었다. 후버는 처음엔 공화당 후보 토머스 듀이를 지원했다가 실패로 돌아가자 아이젠하워 지원으로 돌아섰다. 후버와 유착한 텍사스의 석유 황제

클린턴 머치슨(Clinton Murchison, 1923~1987)과 시드 리처드슨(Sid W. Richardson, 1891~1959)은 1951년부터 아이젠하워를 염두에 두고 있었다. 리처드슨은 1951년 왜 아이젠하워가 대통령에 출마해야 하는지를 정리한 5쪽짜리 메모를 휴대하고 파리의(당시 최고사령관을 맡은 나토 본부가 파리에 있었다.) 아이젠하워 장군 사무실로 찾아갔다. 이들이 이렇게까지 적극적으로 나선 이유는 스티븐슨의 당선을 두려워했기 때문이다. 스티븐슨은 FBI 개혁을 요구해 후버도 스티븐슨에 대해 극도의 반감을 갖고 있었다. 1952년 7월 후버는 스티븐슨이 동성연애자라는 문건을 흘렸고, 그의 파트너인 매카시는 스티븐슨의 사상을 물고 늘어졌다.(Summers 1995)

아이젠하워의 또 다른 유력 지지세력은 헨리 루스(Henry R. Luce, 1898~1967)의 '타임 제국' 이었다. 루스는 자신의 언론매체들을 이용해 아이젠하워를 열렬히 지지했고, 아이젠하워는 집권 후 이에 대한 감사의 뜻으로 루스의 부인인 클레어 부스 루스(Clare B. Luce, 1903~1987)를 이탈리아 대사로 임명한다.

선전과 선동이 힘을 쓰는 사회 분위기였다. 경멸적 의미의 지식인을 뜻하는 '에그헤드(egghead)' 라는 말도 이 선거에서 생겨났다. 지식인 성향이 매우 강한 민주당 후보 스티븐슨의 불룩한 민머리를 비유해서 생겨났으며 그해 말에 지식인을 뜻하는 말로 유행했다.(Bryson 2009)

지식인 성향의 약점은 강력한 권력의지가 결여되어 있다는 점이다. 실제로 스티븐슨에겐 그것이 없었다. 당시 스티븐슨을 마음속으로만 열렬히 지지했던 『워싱턴포스트(Washington Post)』 사주 캐서린 그레이엄(Katharine Graham, 1917~2001)의 회고에 따르면, "스티븐슨의 약점은 대통령 자리를 원하면서도 원하지 않는 것 같은 모호한 태도였다. 나는 대통령이 되려고 적극적으로 나서지 않는 정치인은 대통령이 될 자격이 없다는 사실을 나중에 깨닫게 됐지만 1952년 여름 내내 비범한 웅변력과 기지(機智)를 겸비한 스티븐슨에게 푹 빠져 있었다."(Graham 1997)

제34대 대통령 드와이트 아이젠하워

아이젠하워는 일반 투표에서 55퍼센트를 얻고 선거인단수에서 442대 89라는 압도적 차이로 승리해 1933년 이후 최초의 공화당 대통령이 되었다. 제34대 대통령의 탄생이다. 더욱이 공화당에 상하 양원의 압승까지 안겨주어 루스벨트-트루먼으로 이어지는 민주당 집권 20년의 종지부를 찍는 동시에 새로운 공화당 시대의 개막을 가져왔다.

아이젠하워는 1953년 1월 20일 대통령 취임연설에서 "국제평화 유지를 위해 모든 국가와 협력하겠다"고 강조했다. 그러나 바로 그날 취임식 직전 트루먼 대통령과 임무를 교대하는 과정은 결코 협력하는 모습이 아니었다. 아이젠하워는 취임식장에 가기 전 백악관 정문 앞에 도착하고도 안으로 들어가지 않고 차 안에 그대로 앉은 채 트루먼이 나오길 기다렸다. 반면 트루먼은 비서들에게 "아직도 아이젠하워가 차속에 앉아 있는가?"라고 짜증을 내면서 아이젠하워가 들어오길 기다렸다. 일종의 힘 겨루기였는데, 취임식 시간이 임박해오자 결국 트루먼이 양보하고 말았다.

"백악관은 세계 최상의 감옥이다"라는 명언을 남긴 트루먼은 대통령직을 물러나면서 "아이젠하워는 이 자리에 앉으면 '이거 해! 저거 해!'라고 말하겠지만, 아무 일도 일어나지 않을 것이다. 불쌍한 아이크는 여기가 군대와는 다르다는 걸 알게 될 것이다"라고 말했다. 실제로 아이젠하워에겐 자신이 무슨 결정을 내려 하달하면 그걸로 끝이라고 생각하는 경향이 있었다. 그래서 나중에 일이 제대로 처리되지 않은 사실을 알게 되면 충격을 받고 깜짝 놀라곤 했다는 게 그의 보좌관들의 증언이다.(Neustadt 1960)

그런 문제에도 불구하고 아이젠하워는 "이거 해! 저거 해!"라고 말하지 않는 독특한 소극적 리더십 스타일로 잘 버텨나간다. 프랑스의 드골(Charles de Gaulle, 1890~1970)과 같은 적극적 리더십을 높게 평가하고 아이젠하워의 소극적 리더십을 부정적으로 본 칼럼니스트 월터 리프먼은 대통령으로서 아이젠하워의 명성이 자신의 경험에 비추어보건대 가장 허위로 부풀려진 명성 중의 하나라고 혹평하였다. 그는 아이젠하워가 적어도 개인적으로는 호감이 가는 인물이라는 세평에 대해서도 이의를 제기하였다. 리프먼은 아이젠하워가 대인관계에서 의리가 없으며 특히 맥아더 장군(Douglas MacArthur, 1880~1964)에게 취한 태도가 그 대표적 예라고 주장했다. 그러나 아이젠하워에 대한 평가는 세월이 흐르면서 조금 다른 양상을 보이게 된다.

GM에 좋은 것은 미국에도 좋은 것?

아이젠하워는 후버가 다리를 놓은 텍사스 석유업자들을 비롯한 재벌들의 선거자금을 지원받아 당선되었기에 집권 후 석유업계에 도움이 될 정책부터 추진했다. 아이젠하워는 후버와도 밀월관계를 누린다.

2차 세계대전 당시 아이젠하워와 서머스비의 다정했던 모습. 두 사람의 로맨스는 선거 기간 내내 터지지 않은 시한폭탄이었다. ⓒ AP

그는 후버에게 국가안보훈장을 수여했으며, 후버는 대통령에게 최초로 FBI 명예직원 배지를 헌상했다. 그럼에도 둘 사이에 갈등은 있었다. 아이젠하워가 전시에 대위 계급을 달고 자신의 개인 비서이자 참모로 일한 아일랜드의 젊은 여인 케이 서머스비(Kay Summersby, 1908~ 1975)와 로맨스를 나눈 사건은 선거기간 중에 터지지 않은 시한폭탄이었다. 이 문제를 관리하는 것도 후버의 몫이었기에, 아이젠하워도 역대 대통령들처럼 후버에게 발목을 잡힌 형국이었다.(Summers 1995)

아이젠하워는 전후에 그녀와의 관계를 끊었지만, 서머스비는 그때를 잊지 못했는지 1975년 『과거를 잊어야 하나: 나와 드와이트 아이젠하워와의 정사(Past Forgetting: My Love Affair With Dwight Eisenhower)』라는 제목의 책을 출간한다.

취임 며칠 후 아이젠하워는 각료들에게 "우리가 실업가 정권이라고 불리고 있음을 기억해둬야 하겠습니다. 사실 우리는 그러한 표현이 일리가 있다고 생각합니다. 어떤 점에서는 올바른 얘기가 아닙니까?"라고 말했다. 실제로 아이젠하워의 내각은 비판자들에 의해 '아홉 명의 백만장자와 한 명의 배관공'이라 불렸다. 이들 중에는 국무장관 존 포스터 덜레스(John F. Dulles, 1888~1959), 재무장관 조지 험프리(George M. Humphrey, 1890~1970), 국방장관 찰스 어윈 윌슨(Charles E. Wilson, 1890~1961)이 포함되었다. 1명의 배관공은 배관공조합의 회장 마틴 더킨(Martin Durkin, 1894~1955)이었지만, 그는 아이젠하워의 노동정책에 항의해 1년도 지나지 않아 사퇴했다.

아이젠하워의 내각 중 가장 화제를 불러일으킨 인물은 제너럴모터스(GM) 회장 출신의 국방장관 윌슨이었다. 상원의 인준 청문회에서 "GM의 이익에는 반하지만 미국의 이익에는 부합하는 결정을 과연 내릴 수 있는가?"라는 질문을 받았을 때, 윌슨은 그렇게 할 수 있다고 대답하면서도 그와 같은 이해의 충돌은 일어나지 않을 것이라고 주장했다. "내가 그런 것을 생각할 수 없는 이유는, 여러 해 동안 나는 미국에 좋은 것은 GM에도 좋고 그 역도 성립한다고 믿었기 때문입니다. 둘 사이의 차이는 존재하지 않습니다. 우리 회사는 아주 큰 회사입니다. 그래서 미국이 잘돼야 잘되는 회사입니다."(Reich 2008)

"미국에 좋은 것은 GM에도 좋은 것이며, GM에 좋은 것은 미국에도 좋은 것"이라는 말은 그 시대를 말해주는 명언으로 인구에 널리 회자되었다. 당시 대중은 거대기업의 경제력에 대해 특별한 관심을 두지 않았다. 이를 잘 보여주는 사례가 바로 윌슨의 위 발언이다.

1950년대는 GM의 시대였고, GM은 명실상부한 미국의 '국민기업'이었다. 1945년 헨리 포드(Henry Ford, 1863~1947)의 손자 포드 2세(Henry Ford II, 1917~1987)가 사장에 취임하면서 새로운 경영전략을 펼친 결과 포드자동차는 옛 영화를 되찾기 시작하지만, 그마저도 GM의 지원 덕분이었다. 포드가 망할 경우 정부의 인수 가능성을 우려했기 때문이다.(Drucker 1979)

1920년대에 시장의 33퍼센트에 육박하던 독일 수입차가 1950년대에도 10퍼센트 선을 유지하고 있었던바, '폴크스바겐 고 홈'이라는 말이 나오기도 했다. 그런 상황에서 위와 같은 생각을 갖고 있는 윌슨이 장관 인준을 받지 못할 이유는 없었다. 그러나 상원의 인준 청문회 이전에 일어난 '터커 사건'과 '스모그 사건'은 "미국에 좋은 것은 GM에도 좋은 것이며, GM에 좋은 것은 미국에도 좋은 것"이라는 주장을 무색게 하기에 충분했다.

'터커 사건'과 '스모그 사건'

프랜시스 포드 코폴라(Francis F. Coppola) 감독의 영화 〈터커(Tucker)〉(1988)로 조명된 바 있는 프레스턴 토머스 터커(Preston T. Tucker, 1903~1956)는 완벽한 자동차를 구현하겠다는 야망을 품고 1946년 시제(試製)차를 선보였는데, 이 차는 각종 운전자 보호장치를 비롯하여 기

프레스턴 터커가 기자회견을 하고 있다. 처음에는 뜨거운 반응을 보였던 언론도 자동차회사 빅3의 '터커 죽이기'에 동참, 흠집 내기로 일관했다. ⓒ The Tucker Historical Collection and Library

능이 탁월했다. 최고 시속은 196킬로미터였으며, 시속 130킬로미터까지 올리는 데 걸리는 시간은 15초에 불과했다. 당시 가장 우수한 차종인 캐딜락이 1분이나 걸렸던 것과 비교하면, 언론이 "20년을 앞선 터커차"라고 보도한 것은 결코 과장이 아니었다.

GM을 비롯한 빅3 자동차회사들은 거물 정치인, 언론, 법조계, 자본가, 은행 등을 총동원해 '터커 죽이기'에 돌입했다. 공장을 담보로 신청한 융자가 취소됐고 은행은 등을 돌렸다. 처음엔 호의적이던 언론도 등을 돌려 흠집 내기로 일관했다. 고립무원(孤立無援)의 상태에 빠진 터커는 차도 없이 계약을 맺는 등 비정상적인 방법으로 난국을 타개하려 했지만, 이는 사기죄로 기소될 수 있는 문제점을 안고 있었다.

아니나 다를까, 1950년 여름 터커는 법정에서 15만 달러 벌금에 징역 115년이라는 기소장을 보고 그 자리에서 졸도하고 말았다. 나중에 무죄판결을 받기는 했지만 터커는 그 충격에서 헤어나지 못한 채 파국을 맞았다. 터커 차는 1947년 51대가 생산된 후 단종되었지만 아직까지 40여 대가 남아 있다. 자동차 수집가들 사이에선 알아주는 명품이다.(이재광·김진희 1999a)

'스모그 사건'이란 무엇인가. 1940년대 로스앤젤레스는 사람의 목을 얼얼하게 자극하고 몇 킬로미터 거리의 산들까지 뿌옇게 가리는 갈색 안개 때문에 골머리를 앓고 있었다. 1950년 화학자 A. J. 하겐스미트(Arie Jan Haagen-Smit, 1900~1977)는 스모그의 화학 성분을 분석하여 자동차 배기가스가 그 주범이라는 사실을 밝혀냈다. 이에 GM을 비롯한 빅3 자동차회사와 석유업계가 들고 일어나 강력히 반박했다.

1952년 12월 4일 영국 런던의 굴뚝 수십만 개가 내뿜는 연기와 아황산가스가 대기로 빠져나가지 못한 채 안개와 뒤섞인 스모그 사건으로 5일간 915명이 사망하고, 12월 말까지 4000여 명, 이듬해에는 8000여 명이 추가로 사망하는 참사가 벌어졌다. 자동차 배기가스로 인한 스모그도 그런 비극을 낳을 수 있다는 쪽으로 경계를 해야 마땅한 일이었건만, 미국의 자동차회사들은 '배 째라'는 식으로 요지부동이었다.

1954년 자동차제조업협회는 이 문제를 처리하기 위해 조사단을 서부로 파견했지만, 그들은 캘리포니아 환영 만찬에서 적반하장(賊反荷杖)이라고 할 만한 엉뚱한 짓을 했다. 조사단 단장은 소각로랍시고 과일통조림 깡통 속에 종이를 채워 넣고 불을 붙였다. 연기가 피어올라 천장에 닿자 그는 로스앤젤레스 관리들에게 이렇게 외쳤다. "당신네

1952년 12월 스모그로 인해 뿌옇게 변해버린 런던 거리. ⓒ N T Stobbs

스모그는 바로 저기서 나오는 거요!" 자동차회사들은 계속 오리발을 내밀었지만 자동차 배기가스가 주범임을 밝히는 연구 결과가 계속 나오자 나중엔 결국 그 사실을 인정하지 않을 수 없게 된다.

참고문헌 Allen 2006 · 2008, Alvord 2004, Barkin 1983, Baskerville 1954, Bryson 2009, Cumings & Halliday 1989, Dole 2007, Drucker 1979, Eckermann 2004, Eisenhower 1981, Gergen 2002, Goulden 1982, Graham 1997, Green 1987, Greenstein 2000, Haberman 1952, Halberstam 1979, Hart 1982, Hughes 1963, Jacobs 1985, Kaufman 1986, Lacy 1965, Lane & Sears 1964, Lears 1983, Means 2002, Neustadt 1960 · 1995, Patterson 1999, Reich 2008, Ridings & McIver 2000, Schoenbrun 1984, Steel 1980, Summers 1995, Vinocour 1953, Westbrook 1983, Wills 1969, Yakovlev 1989, 구정은 2009, 권홍우 2010, 나윤도 1997-1998, 박경재 1995, 이재광 · 김진희 1999a, 정명환 외 2004

텔레비전의 '해빙'
앵커맨과 시트콤의 탄생

'앵커맨'의 탄생

'텔레비전'이라는 매체 자체가 유아기에 놓여 있던 1940년대에 텔레비전 뉴스는 저널리즘이라기보다는 '연예'의 일부로 간주되었다. 단지 텔레비전 편성의 구색을 갖추기 위해 뉴스 같은 것도 있어야 되지 않겠느냐는 막연한 생각에서 끼워 넣은 것뿐이었다.

예컨대, 1940년대 말 모기업인 RCA사의 지원 덕택으로 미국 방송계의 선두를 달리던 NBC-TV는 뉴스프로그램 〈캐멀 뉴스 캐러밴(Camel News Caravan)〉의 앵커맨 격인 존 캐머런 스웨이즈(John C. Swayze, 1906~1995)를 언론인이라기보다는 배우로 생각하였다. 실제로 스웨이즈는 영화배우 경력이 전부인 인물이었다.

스웨이즈는 멋있게 보이려는 이유만으로 가발을 썼으며 옷깃에 카네이션을 꽂고 텔레비전에 나타났다. 그는 대단한 인기를 누렸다. 비평가들이 NBC는 뉴스보다도 스웨이즈를 어떻게 보일 것인가에 더 신

CBS는 1952년 민주당과 공화당의 전당대회 보도를 맡은 월터 크롱카이트(사진)에게 최초로 '앵커'라는 말을 사용했다.

경을 쓴다고 비난할 것 같으면, NBC는 바로 그 이유 때문에 NBC뉴스의 시청률이 높은데 어떻게 하느냐고 항변하였다.

1940년대만 해도 '앵커맨(anchorman)'이란 개념은 아직 등장하지 않았을 때다. 1952년 민주당과 공화당 전당대회 보도를 맡은 월터 크롱카이트(Walter Cronkite, 1916~2009)에게 CBS는 최초로 '앵커'라는 말을 사용했다.

1952년 양대 정당들의 전당대회에 텔레비전이라고 하는 '괴물'이 중계방송을 위해 처음 출현했을 때, 사람들은 텔레비전에 적응하지 못해 적잖은 불편을 겪어야 했다. 정당은 대의원들에게 "어느 순간 텔레비전 카메라가 당신의 얼굴을 포착해 당신의 표정과 제스처를 수백만 명의 주시 속에 놓이게 할는지 모른다"고 교육시켰다. 대의원들이 묵고 있는 호텔 룸엔 "당신은 감시당하고 있다. 저녁 뉴스시간엔 꼭

자기 자리에 앉아 있어야 한다"는 표어가 내걸렸다.(Culbert 1983)

텔레비전의 한국전쟁 보도

1950년대 초에 텔레비전은 아직 보도매체로서의 가치는 인정받지 못하고 있었다. 1950년 미국의 텔레비전 보급률은 9퍼센트에 불과했으며 이는 1951년에 23.5퍼센트, 1952년에 34.2퍼센트, 1953년에 44.7퍼센트로 증가하였다. 텔레비전이 1950년 6월에 일어난 한국전쟁을 보도하기엔 기술적으로도 역부족이었다. 당시 네트워크는 미 육군의 통신대가 제공하는 필름에 의존하거나 유엔(UN)에서의 토의장면을 방영하는 것이 한국전쟁 보도의 전부였다. NBC-TV는 전쟁이 일어난 지 한 달 후에 한 명의 기자와 세 명의 카메라맨을 파견했고 그 후에 CBS-TV도 세 명의 기자를 파견했지만, 이들은 주로 도쿄에 머물면서 미군 정보를 전달하는 중개역할에 그치고 말았다. 또 ABC-TV는 신문과 통신사 보도에만 의존했을 뿐이다.

그런 만큼 언론의 자유를 누리는 데에도 한계가 있었다. CBS의 명(名) 기자 에드워드 머로(Edward R. Murrow, 1908~1965)는 1950년 8월 자신이 진행하는 라디오 녹음 프로그램에서 "미군들이 퇴각할 때에 한국의 계곡과 마을을 휘젓고 다니면서 불을 지르면 거기에 사는 사람들은 어떻게 하란 말인가?"라고 논평하였지만, 이는 CBS 간부들의 검열로 방송되지 못했다. 머로는 나중에 자신의 텔레비전 다큐멘터리 프로그램 〈지금 봅시다(See It Now)〉를 통해서도 한국전쟁을 여러 번 다루었지만 매번 경영진의 간섭 때문에 비판적인 내용을 방송할 수 없었다. 그런 여건상의 한계 때문에, 그가 1952년 12월 16명의 기자를

1951년 케포버 청문회에 출두한 미국 최대 범죄조직의 우두머리 코스텔로.

대동하고 한국전선을 직접 방문하여 제작한 〈한국에서의 크리스마스(Christmas in Korea)〉도 미국 내에선 수작으로 평가받았지만 한국인들의 고통은 외면하는 한계를 드러내고 말았다.(MacDonald 1985)

텔레비전의 한국전쟁 보도는 여러 면에서 명백한 한계를 드러냈지만, 그래도 텔레비전의 보도기능을 강화하는 계기로 작용했다. 한국전쟁 보도와 더불어 1951년 범죄조직에 대한 의회청문회의 텔레비전 중계방송은 이른바 '전자저널리즘(electronic journalism)'의 시대를 예고하였다. 전국순회 '쇼'로 진행된 의회청문회는 유명한 범죄조직 두목들이 '출연'하게 됨에 따라 큰 인기를 얻었으며, 3월 중순부터 텔레비전 네트워크들은 모두 청문회를 낮 시간에 전국에 생중계하였다. 당시 가장 큰 범죄조직의 두목인 코스텔로(Frank Costello, 1891~1973)가 출연했을 때엔 3000만 명의 시청자를 끌어모으는 최고기록을 낳았으며, 당시 상원 범죄위원회 의장이었던 에스테스 케포버는 '청문회 스타'로 부각되어 1952년 민주당 대통령 후보 지명전에 도전하기도 했다. 또한 이 의회청문회를 계기로 네트워크는 낮방송 시간대에도 시청자가 있다는 것을 깨닫게 되었다.

한국전쟁의 발발과 함께 기승을 부리기 시작한 매카시즘의 광기는 전 미국을 '공산당 사냥'의 공포 분위기로 몰고 가 미국 방송을 극도로 위축시켰다. 방송계에서는 블랙리스트의 유포와 함께 대대적인 '숙청작업'이 벌어졌으며 CBS의 경우 2500여 사원들이 모두 충성맹세를 해야만 했다. 용공 혐의가 있는 연예인을 기용한 프로그램의 광고주는 우익단체들의 불매운동에 시달려야만 했다.

'시추에이션 코미디'의 탄생

텔레비전 프로그램 제작에 있어서 1950~1951년 시즌에 가장 두드러진 특징은 '경제성 원칙'에 입각한 시추에이션 코미디(시트콤)의 등장이었다. 시추에이션 코미디는 무엇보다도 제작비가 저렴하며 스토리, 배경, 등장인물의 일관성 유지로 시청자들을 일정기간 동안 계속해서 붙들어맬 수 있는 장점을 갖고 있었다. 등장인물의 복잡한 성격은 끊임없는 반복을 생명으로 하는 시추에이션 코미디에 어울리지 않기 때문에, 시추에이션 코미디의 등장인물들은 한결같이 매우 단순한 성격(cardboard characters)의 소유자로 묘사되었으며, 시추에이션을 오해하는 것(부인의 친척을 정부로 오해하는 따위)이 상투적인 소재로 이용되었다.

1951년 후반에 일어난 한 사건으로 미국 텔레비전은 일대 전기를 맞았다. 그해 9월 미국의 동부와 서부를 연결하는 동축(同軸)케이블이 개통된 것이다. 그 전엔 텔레비전 네트워크들의 생방송 전국 커버율이 45퍼센트에 불과했지만 이후로는 95퍼센트가 전국 생방송권 내에 편입되었다. 텔레비전의 등장과 함께 미국 대중문화의 중심이 서부 로스앤젤레스에서 동부 뉴욕으로 옮겨졌던 당시에 동서케이블 개통은 로스앤젤레스가 다시 살아나는 것을 의미했다. 또 CBS는 10월 15일부터 선구적으로 할리우드에서 필름으로 제작된 시추에이션 코미디 〈왈가닥 루시(I Love Lucy)〉를 방영함으로써 미국 텔레비전의 할리우드 시대를 예고하였다.

1951년 텔레비전 수상기는 1000만 대를 돌파하여 보급률 23.5퍼센트를 기록하였으며, 1952년에는 1500만 대를 초과하여 보급률 34.2퍼센트를 기록하게 되었다. 당시 라디오는 95퍼센트 이상의 보급률을 자랑하고 있었지만 이미 상업적 차원에선 텔레비전에 비해 열세에 놓이기 시작했다. 1951년 말 텔레비전의 광고수입은 최초로 라디오의 광고수입을 넘어서고 있었다. 그러한 산업규모를 의식이라도 한 듯, 미국 방송계를 대표하는 이익단체 NAB(National Association of Broad-casters)는 1951년에 할리우드식 윤리강령을 채택함으로써 방송제작에 관한 한 외부의 간섭과 규제를 단호히 저지하겠다는 결의를 천명하였다.

1952년 4월에는 동서케이블 개통보다 더 중요한 일이 일어났다. 연방통신위원회(FCC)가 3년 6개월 만에 방송국 신규면허를 동결한 그간의 규제를 해제하는 '해빙(thaw)'을 선언한 것이다. FCC는 VHF밴드에 220개의 방송국을 추가시킴으로써 최대 620개의 방송국 설립을 가

〈왈가닥 루시〉의 두 주인공이자 실제 부부였던 루실 볼(왼쪽)과 데시 아르나즈.

능케 했다. 또 UHF스펙트럼에는 70개의 채널(14~83)을 개설함으로써 전국적으로 1400개의 방송국 설립을 가능케 했으며 이 중 240개를 독립된 비상업 교육 방송국용으로 할당했다. 이는 1291개 시에서 2000개 이상의 VHF 및 UHF 텔레비전 방송국 설립과 4개 이상의 네트워크 운용이 가능하다는 것을 의미했다. 이러한 발표가 있은 지 3개월도 안 돼 600여 개의 방송국 설립 신청이 FCC에 쇄도함으로써 미국 텔레비전은 일대 전환점을 맞게 되었다.

또 CBS의 시추에이션 코미디 〈왈가닥 루시〉에서 실제 부부이자 드라마 속의 부부이기도 한 루시와 리카르도(데시 아르나즈[Desi Arnaz] 분)의 아기가 실제로 태어난 것을 방영한 1953년 1월 19일자 에피소드는 시청률 70퍼센트라는 대기록을 세움으로써 텔레비전이 미국민의 생활 속에 깊숙이 파고들었음을 실증하였다. 그렇지만 검열 기준이

제1장 아이젠하워 시대의 개막 **57**

엄격해 루시 역의 루실 볼(Lucille Ball, 1911~1989)이 임신했을 때 '임신한(pregnant)'이라는 말을 쓸 수 없어 그냥 아이를 '기대하고(expecting)' 있다는 표현으로 대체하였다. 바로 이런 완곡어법이 널리 쓰이면서 영어사전에 'expecting'이 '임신 중'이란 뜻도 있는 것으로 오르게 되었다.

컬러텔레비전 전쟁

이즈음 방송산업계 차원의 현안은 컬러텔레비전 문제였다. FCC는 1950년 10월 CBS의 컬러텔레비전 방식을 채택하기로 결의했었다. CBS가 '동결(freeze)'의 덕을 본 결과였지만, CBS 방식의 채택은 이미 보급돼 있는 900만 대의 흑백텔레비전 수상기를 폐물화시켜야 한다는 것을 의미했다. RCA는 이 결정에 강력히 반발하여 FCC에 항의하는 것은 물론 법원에 제소함으로써 '지연작전'에 돌입했다. 더욱이 전쟁 중의 상황 때문인지 일반 시청자들도 흑백텔레비전 수상기를 버려야 하는 CBS의 컬러텔레비전 방식을 달갑지 않게 여기고 있었다. CBS는 주변 상황이 매우 불리하게 돌아가는 것을 깨닫고, FCC의 공식 결정이 너무 늦었음을 한탄하면서 사실상 'CBS 방식'의 고수를 포기하고 말았다.

FCC를 괴롭히던 컬러텔레비전 문제는 그로부터 3년 후인 1953년에 결판이 나고야 말았다. 1953년 3월 CBS 사장 스탠턴(Frank N. Stanton, 1908~2006)은 이미 2300만 대나 보급되어 있는 흑백텔레비전 수상기를 시청자들에게 내버리라고 이야기하는 것은 "경제적으로 어리석다"고 고백하고 CBS가 "컬러 전쟁"에서 사실상 패배하였음을 인정하였다. RCA도 CBS의 체면을 살려주는 제스처를 보이기 위해 20여 개의 텔레비전 수상기 제조업체들이 참여한 NTSC(National Television Systems Committee) 위원회를 조직하여 RCA-NTSC의 이름으로 종전의 RCA 방식을 내놓기에 이르렀다. FCC는 이런 화해무드에 편승하여 12월 17일 공식적으로 1950년 10월에 CBS 방식을 승인했던 결정을 번복하고 RCA-NTSC 방식을 재승인하는 결정을 다시 내리게 되었다.

컬러텔레비전 개발에 전 사운을 걸었던 CBS가 '컬러 전쟁'의 패배로 큰 타격을 입은 가운데 RCA의 자회사 NBC는 미국 방송계의 선두주자로 방송제작상 새로운 면모를 과시한다. 1953년 12월 NBC의 사장이 된 팻 위버(Sylvester L. Weaver, Jr., 1908~2002)는 1954년부터 판매되는 RCA 컬러텔레비전 수상기의 판매 촉진을 위해 화려한 대형쇼 '스펙터큘러즈(spectaculars)'를 적극적으로 추진하였다.

오락프로그램에서 NBC에 비해 한참 뒤처진 CBS는 2차 세계대전 때 뛰어난 라디오 보도로 '전쟁영웅'이 된 머로가 진행하는 텔레비전 다큐멘터리 〈지금 봅시다〉를 1953년 가을부터 화요일 주 시청 시간대로 옮기는 등 보도프로그램에 주력하였다.

NBC와 CBS에 비해 후발주자인 ABC는 할리우드에 크게 의존함으로써 경쟁력 열세를 만회하려고 했다. 이미 1951년 UPT(United Paramount Theaters)와 합병하여 할리우드 자본을 유입한 ABC는 1954년 10월부터 디즈니(Disney)사의 어린이용 작품을 정기적으로 편성하면서 미국 텔레비전에 최초로 어린이 프로그램(kidvid)의 시대를 개막했다. '교육의 오락화'를 꾀하는 디즈니사의 프로그램들은 큰 인기를 얻어 ABC의 경쟁력 확보에 크게 기여하였다.

머로의 〈지금 봅시다〉. 오락프로그램 경쟁에서 NBC에 한참 뒤처진 CBS는 머로를 내세운 보도프로그램 방송에 더욱 주력했다. ⓒ CBS

ABC의 경쟁력 강화는 곧 제4의 네트워크인 듀몬트(DuMont)의 약화를 의미했다. 특히 1951년 ABC-UPT의 합병 이래 고전을 면치 못하던 듀몬트는 결국 1955년에 문을 닫고 말았다. 듀몬트의 부도로 가장 큰 덕을 본 것은 ABC였다. 1955년 ABC의 매출액은 전년 대비 무려 68퍼센트나 상승하였으며, 이후 제3의 네트워크로 부동의 위치를 구축해 나가게 된다.

비교적 고전적인 프로그램 편성으로 비평가들의 찬사를 받았던 듀몬트의 부도는 미국의 텔레비전이 철저하게 시청률에 의존해 운영되고 있음을 의미했다. 1955년 5월 『뉴욕타임스』의 방송비평가 굴드(Jack Gould, 1914~1993)는 그와 같은 현실을 "텔레비전은 타협의 매체다. 텔레비전은 야수의 근성을 갖고 있다. 텔레비전은 그것이 얻을 수 있는 최대의 수용자들에게 어필해야만 한다"고 평했다.

독일 프랑크푸르트학파의 호르크하이머(Max Horkheimer, 1895~1973)와 아도르노(Theodore W. Adorno, 1903~1969)는 미국 망명 중인 1944년에 쓴 「문화산업: 대중 기만으로서의 계몽(Culture Industry: Enlightenment as Mass Deception)」이라는 논문을 통해 자본주의 사회의 경제적 불평등에 관심을 집중하면서 미국의 대중문화에 대한 강한 우려와 혐오를 표현하였다. 하지만 그들을 미국으로 내쫓은 파시즘은 미국이 아닌 유럽에서 일어난 걸 어이하랴. 이들의 문제 제기에 힘입어 1950년대 후반 미국에선 대중문화를 어떻게 볼 것이냐 하는 치열한 논쟁이 벌어지지만, 이는 '그들만의 논쟁'이었을 뿐이다. 지식인들이 어떻게 보건 말건 미국의 대중문화와 문화산업은 미국인은 물론 전 세계인의 지극한 사랑을 누리면서 세계적 표준으로서의 위상을 더욱 확고히 한다.

참고문헌 Barkin 2004, Baughman 1985, Bergreen 1980, Brown 1982, Bryson 2009, Castleman & Podrazik 1982, Chafe 1986, Culbert 1983, Eliot 1981, Goldberg & Goldberg 1992, Hollows 1999, MacDonald 1985, Marchetti 1989, Matusow 1983, Smith 1968, Tunstall 1977, 원용진 1996

'청교도 윤리관과의 전쟁'
휴 헤프너와 메릴린 먼로

메릴린 먼로와 오드리 헵번

"메릴린이 자연스럽게 걸으면 정말 몸이 그렇게 흔들렸다. 바닷가에서 그녀가 걷는 것을 보면 발자국은 정확하게 일직선을 그려냈다. 방금 찍은 발자국 바로 앞에 발꿈치를 놓아 다음 발자국을 찍을 때면 그녀의 하체가 흔들렸다."

1953년 개봉된 영화 〈나이아가라(Niagara)〉(감독 헨리 헤서웨이)에서 뭇 남성들을 까무러치게 만든 이른바 '먼로 워크'를 선보인 메릴린 먼로(Marilyn Monroe, 1926~1962)의 걸음걸이에 대해 그녀와 결혼했던 극작가 아서 밀러(Arthur A. Miller, 1915~2005)가 한 말이다. 그녀는 이 영화를 통해 스타로 급부상했고 뒤이어 〈신사는 금발을 좋아해(Gentlemen Prefer Blondes)〉(1953년, 감독 하워드 혹스) 〈백만장자와 결혼하는 법(How To Marry A Millionaire)〉(1953년, 감독 진 네글레스코)을 찍어 섹스심벌로서의 위치를 확고히 했다.

메릴린 먼로가 출연한 〈신사는 금발을 좋아해〉의 한 장면.

돌이켜보건대, 제작편수로만 보자면 339편이 제작된 1952년은 미국 영화의 최전성기였다. 1950년에서 1961년까지의 12년간 평균 제작편수는 257편이었다.(Jowett 1970) 일정 기준 없이 순수 제작편수만으로는 1950년이 425편으로 최고를 기록했다고 보는 통계도 있다. 1959년 제작편수는 236편으로 줄어든다.

1953년 8월 개봉된 윌리엄 와일러(William Wyler, 1902~1981) 감독의 영화 〈로마의 휴일(Roman Holiday)〉에서 처음으로 주연을 맡은 오드리 헵번(Audrey Hepburn, 1929~1993)은 수많은 관객을 사로잡고 아카데미 여우주연상까지 거머쥐며 할리우드 최고의 스타로 떠올랐지만, 시대정신에 충실한 이는 헵번보다는 단연 먼로였다.

먼로와 헵번은 한국에서도 큰 인기를 누렸다. 1953년부터 1956년

제1장 아이젠하워 시대의 개막

오드리 헵번의 〈로마의 휴일〉. 그녀의 머리 모양은 '헵번스타일'이라 불리며 큰 인기를 모았다.

봄까지 부산에서 소년 시절을 보낸 권정생(1937~2007)의 증언에 따르면, "메릴린 먼로가 나오는 〈나이아가라〉 영화간판이 걸린 극장 앞은 100미터가 넘게 줄을 서 있다."(1995) 전쟁 중 그리고 전후에 비참한 가난을 겪고 있는 나라의 남성이라고 '먼로 워크'에서 그 어떤 본능적인 욕구를 느끼지 말란 법은 없었다. 아니, 비참한 사회 상황이었기에 더욱 '먼로 워크'의 마력에 푹 빠져들고 싶었을 것이다. 여성들은 〈로마의 휴일〉에 나온 헵번의 머리 모양을 흉내 내 이른바 '헵번스타일'이 유행했다.

휴 헤프너의 『플레이보이』

왜 헵번보다 먼로가 시대정신에 더 충실한 스타인가? 이때에 등장한

27세의 휴 헤프너(Hugh Hefner)라는 젊은이가 그 이유를 대변한다. 『에스콰이어(Esquire)』 잡지에서 카피라이터로 일하던 그는 자신의 공로에 대한 보수 인상 요구를 거절당하자 직접 성인잡지를 내겠다며 전 재산 600달러를 몽땅 털어 1953년 12월 『플레이보이(Playboy)』 창간호를 냈다. 먼로의 누드 캘린더 사진을 표지로 하여 1부에 50센트의 가격을 붙인 창간호는 총 5만 3991부가 팔리는 성공을 거두었다.

사진은 먼로가 무명시절에 찍었던 것으로, 헤프너가 문제의 사진을 다른 누드 사진들과 함께 단돈 500달러에 싸게 구입해 허락 없이 게재했던 것이다. 영화사 측에서는 먼로에게 자신이 아니라고 부인하라는 지시를 내렸지만 먼로는 당시 배가 고파 그랬다며 솔직하게 고백했고, 대중은 그녀를 용서했다. 사실 그 히트를 기반으로 급성장한 『플레이보이』는 먼로의 우군 역할을 한다.

허세가 느껴지긴 하지만 헤프너의 주장에 따르면, "『플레이보이』가 나왔던 때는 바로 미국에서 '성혁명'이 일어나고 있던 시점이었다. …… 나의 벌거벗은 소녀들은 불복종의 상징이고, 성(性)의 위대한 승리이며, 청교도주의의 끝이었다. 1953년 메릴린의 캘린더를 표지로 하여 출간한 『플레이보이』 창간호는 당시 미국인들의 성을 둘러싼 위선을 벗겨주었다. 사회적 위선, 제도적 위선. …… 『플레이보이』의 창간은 자유의 깃발이 나부끼는 것과, 그리고 독재하에서 불복종을 외치는 것과 크게 다르지 않았다."

1926년 4월 9일 미국 일리노이 주 시카고에서 독일계인 아버지 글렌 헤프너(Glenn Hefner, 1896~1976)와 스웨덴인 어머니 그레이스 헤프너(Grace Hefner, 1895~1997) 사이에 장남으로 태어난 헤프너가 어려서부터 부모님이 강요하는 엄격한 청교도적 분위기 속에서 성장했다는 사실은 의미심장하다.

"나의 아버지와 어머니는 우리 자식들에게 항상 무언가에 물음을 가질 것과, 무언가 스스로의 결론에 도달해야 한다고 가르쳐 지적(知的) 자유를 구가하는 능력을 키워주셨다. 그러나 그들은 우리에게 너무나 엄격한 프로테스탄트적 윤리를 강요하셨다. 그 윤리란 곧, 술 마시지 말 것, 담배 피우지 말 것, 험담하지 말 것, 그리고 일요일에 영화 보러 가지 말 것 등이었다. 무엇보다도 최악이었던 것은 성(性)에 대한 부모님의 태도, 즉 성이란 가장 끔찍스러운 것이며 언급조차 하지 말아야 한다는 그들의 생각이었다."

헤프너는 앨프리드 킨제이(Alfred Kinsey, 1894~1956)를 자신의 영웅으로 여기면서 쾌락을 멸시하는 청교도적 윤리관과의 전쟁에 나섰다. 그는 창간 이념으로 "하루하루를 즐거운 나날이라고 생각하라. 인생은 결코 눈물의 골짜기가 아니다"라는 인생관과 더불어 "삶에 활력을 불어넣어 주는 신의 축복인 외설물"을 전 미국인이 즐기게끔 하는 사명을 내세웠다.

1954년 12월 10만 부를 돌파한 『플레이보이』는 1955년 말 40만 부, 1956년 말 60만 부 돌파에 이어, 1960년 100만 부 돌파라는 대기록을 세운다. 경제성장에 편승하면서 풍요 시대의 새로운 생활양식에 대해 유익한 서비스를 제공한 것도 무시할 순 없지만, 성(性)에 관한 새로운 시대가 열리고 있음을 말해주는 기록이었다. 앨버트 엘리스(Albert Ellis, 1913~2007)의 『성의 민속지(The Folklore of Sex)』(1961)에 따르면, "미국의 여러 매체에서 섹스에 대한 논의는 1960년의 경우 1950년에 비해 무려 2.5배가 늘었다." 바로 그런 변화의 물결을 타고 먼로의 시대가 열린 셈이다.

메릴린 먼로의 '7년 만의 외출'

먼로는 1954년 1월 14일 야구 영웅으로 추앙받던 조 디마지오(Joe DiMaggio, 1914~1999)와 결혼했다. 두 사람 모두 재혼이었다. 이들의 결혼으로 전 세계가 흥분했지만, 무뚝뚝하고 보수적인 이탈리아계 디마지오와 그보다 열두 살 어린 자유분방한 성격의 먼로는 잘 어울리지 않았다. 당시 디마지오는 통산 타율 0.325, 홈런 361개, 지금까지 깨지지 않은 56경기 연속안타 등의 기록을 남기고 은퇴한 상태여서 안정적이고 평안한 삶을 원했다. 그러나 영화배우로 본격적인 도약을 하려던 먼로는 그럴 수 없었다.(유신모 2009)

일본의 초청을 받은 디마지오는 신혼여행을 겸해서 메릴린과 함께 일본으로 떠났다. 그런데 일본으로부터 초청받은 이는 디마지오였는데, 메릴린이 세간의 관심을 더 받았고 급기야 주한미군의 위문공연을 요청받았다. 그녀는 그때 이미 군인들의 수첩 속 연인이었다. 디마지오의 반대에도 불구하고 그 요청을 수락한 먼로는 헬리콥터를 타고 한국으로 날아와 눈보라가 몰아치던 겨울 날씨에도 어깨가 드러나는 옷을 입고 군인들의 열광 속에서 4일 동안 공연했다. 전 주한미군이 흥분 상태에 빠졌으며, 병사들은 절규하며 신음했다. 먼로는 노래를 잘했던가? 그건 중요치 않았다. 당시 반주를 맡은 밴드의 피아니스트였던 알 구아스타페스테의 회고에 따르면, "기적이 일어났지요. 그녀라면 노래를 잘 부를 필요는 없었어요. 단지 거기 서 있는 것만으로 됐

1954년 2월 17일 주한미군을 위해 일본에서 날아온 메릴린 먼로. 공연 후 군인들이 사진을 찍을 수 있도록 포즈를 취하고 있다. ⓒ Cpl. Welshman

으니까요. 속삭이거나, 울거나, 재잘거리거나, 신음하기만 하면 됐지요."(Knopp 1996)

먼로는 그때의 느낌을 다음과 같이 표현했다. "갈채하며 소리 지르는 군인들 앞에 섰을 때 눈송이가 춤추며 날렸다. 인생에서 처음으로 공포를 잊었다. 행복하기만 했다. 내가 겪은 중에 아마 가장 아름다운 순간인 것 같다."(Maerker 1999)

1955년에 개봉된 〈7년 만의 외출(The Seven Year Itch)〉(감독 빌리 와일더)엔 먼로가 뉴욕 렉싱턴가의 지하철 환풍구 위에서 팬티가 드러날 정도로 바람에 날리는 치마를 잡고 요염한 미소를 지으며 몸을 떠는 유명한 장면이 등장한다. 이 장면은 1954년 9월 15일 새벽 2시 30분에 촬영된 것인데, 그 시간에도 2000명이 넘는 사람들이 몰려와 구경하는 바람에 교통정체가 발생하고 그 일대가 혼란에 빠졌다. 전에도 수많은 여배우들이 시도했지만 실패로 돌아간 '섹스어필'이었다. 그런데 먼로가 하자 고상할 뿐만 아니라 감동적이기까지 한 완벽한 장면이 나왔다.

먼로의 '섹스어필'은 주로 몸을 떠는 것이었는데, 이는 당대의 섹스관을 반영하는 것이기도 했다. 영화학 교수 폴 맥도널드(Paul McDonald 1999)는 "그 당시에는 여성의 성적 만족을 질(vagina)의 오르가슴으로 여겼다. 이러한 컨텍스트에서 먼로는 떨고 몸부림치며 유순한 섹슈얼리티를 보여주었는데, 이는 질의 오르가슴을 시각적으로 나타내주는 것이었다"며 다음과 같이 말한다.

"1950년대에 여성은 성적 어필을 하도록 조장되었지만, 여성의 섹슈얼리티가 출현함에 따른 막연한 두려움도 있었다. 그것은 남성의 섹슈얼리티와 상관없이 존재할 수 있는 그런 섹슈얼리티였던 것이다. 이러한 맥락에서 질의 오르가슴을 음핵의 오르가슴보다 높이 평가했다. 왜냐하면 전자는 여성의 쾌락이 삽입에 의존한다는 점에서 남성의 섹슈얼리티라는 견지에 의해 정의된 것이기 때문이었다. 이것은 먼로가 여성의 성적 자유에 대한 적극적인 이미지를 만들어내기 힘들었음을 말해준다."

송풍기가 먼로의 치맛자락을 휘날리게 하자 사람들은 "좋아! 더 높이!"라며 환호성을 질렀지만, 그 장면을 분노에 이글거리는 눈빛으로 말없이 지켜보던 남자가 있었다. 바로 디마지오였다. 그는 먼로가 만인의 연인이 되는 것을 내내 못마땅하게 생각했다. 야한 옷을 입는 것도 싫어했는데, 이런 장면을 반겼을 리 만무했다. 결국 이날의 촬영이 결정적 계기가 돼, 그들은 1954년 10월 이혼했다. 9개월간의 결혼생활이었다.

세기적인 '머리'와 세기적인 '육체'의 만남
디마지오와의 결혼 전부터 먼로와 편지를 주고받았던 아서 밀러가 이혼의 고통으로 약물에 의존하던 먼로를 위로하고 나섰다. 밀러는 먼로의 전 애인인 엘리아 카잔의 소개로 먼로를 만났었다. 밀러는 먼로와의 첫 만남에 대해 "악수를 할 때 그 여자 몸의 흔들림이 내 몸으로 흘러들어와 충격을 주었다"고 회상했는데, 그때의 그 충격이 다시 그리워졌던 걸까?

먼로는 지식인에 약했다. 신인 시절 친구와 같이 잠자리를 하고 싶거나 결혼하고 싶은 남자들의 목록을 만들기도 했는데, 그 목록엔 밀러 외에도 알베르트 아인슈타인(Albert Einstein, 1879~1955) 등이 포함되었다. 기혼자였던 밀러는 자신의 부인과 이혼수속을 밟으며 먼로와 밀회를 즐기다가 결국 그녀와의 결혼을 발표했다. 그 무렵 몰아치던 매카시 열풍을 타고 활발히 활동하던 반미국적활동조사위원회의 청문회장에서였다. 그리고 그들은 1956년 6월 29일 결혼했다. 이들의 결혼생활은 1961년 1월 24일 끝나지만, 두 사람의 결혼은 두고두고 세기적인 '머리'와 세기적인 '육체'의 만남으로 세인의 입에 오르내렸다.

"내 생각에 …… 난 그냥 환상이 만들어낸 상품이야. …… 일생 동안 메릴린 먼로라는 역할만 했어요. 메릴린 먼로! 메릴린 먼로! 뭐든지 좀 더 낫게 하려고 늘 애썼어요. …… 내가 아서와 결혼했을 때는 그를

아서 밀러와 메릴린 먼로의 결혼식. 세기적인 '머리'와 세기적인 '육체'가 만난 두 사람의 결혼은 오랫동안 많은 화제를 뿌렸다.

통해 메릴린 먼로를 벗어버릴 수 있을 것 같았어요."

그녀의 말처럼, 먼로는 할리우드의 위선에 대해 비판적이었다. 먼로가 병적으로 수줍음을 타고 밀실공포증과 광장공포증을 동시에 앓은 드문 처지라는 점도 할리우드 풍토를 더욱 못 견디게 만드는 요인이 되었다. 그녀는 할리우드를 "단 한 번의 키스를 위해서는 5달러도 선뜻 내놓지만 영혼을 위해서는 50센트도 아까워하는 곳"이라고 말하기도 했다.

밀러와 이혼한 먼로는 가수 프랭크 시내트라(Francis A. Sinatra, 1915~1998)의 주선으로 만난 케네디 대통령 형제의 노리갯감으로 전락하면서 자살을 기도하는 등 불행한 삶을 살다가 1962년 36세의 나이에 약물 과다복용으로 사망한다. 1992년 여름 그녀의 사망 30주기 행사로 미국이 떠들썩했던 것에 대해 영화평론가인 리즈 스미스(Liz Smith)는 "먼로는 여배우로서의 신망, 섹스심벌로서의 사랑, 훌륭한 아내가 되고자 하는 야망 등 모든 것을 가지고 싶어 했으나 사실 어느 것 하나도 이렇다 하게 손에 쥐어보지 못했다"면서 "이는 먼로의 비극인 동시에 그녀가 영원히 사랑받는 여배우로 남아 있는 요인"이라고 분석했다.(김학순 1992)

"스타는 집단적 무의식의 심연에서 만들어진다"

"언젠가 누군가가 내게 물었어요. '당신은 잘 때 무엇을 입습니까? 파자마 상의? 아니면 파자마 바지? 아니면 나이트가운을 입고 자나요?' 그래서 내가 대답했죠. '샤넬 NO. 5'라고요. 그게 사실이니까요. 난 그저 '발가벗고' 잔다고 말하고 싶지 않았을 뿐이죠. 물론 그게 사실이긴 하지만요."(Sylvester 1994)

먼로가 남긴 말이다. 에드가 모랭(Edgar Morin 1992)은 "스타의 생활방식 자체가 상품이다"라는 베슐랭의 말을 인용하면서, 다음과 같은 견해를 덧붙인다. "스타는 완전한 상품이다. 1센티미터의 신체도, 영혼의 한 줄 섬유도, 생활의 한 조각 추억도 모두 시장에 내놓아지기 때문이다."

먼로를 세계적으로 유명하게 만들었던 1955년의 출세작 〈7년 만의 외출〉에서 그녀가 입었던 드레스가 지난 1993년 도난당해 다시 화제를 불러일으켰다. 2009년 8월엔 먼로의 서랍식 묘 윗자리가 '먼로 위에서 영원히 함께 잠드세요'라는 자극적인 문구와 함께 온라인 경매업체 이베이에 나와 시작하자마자 입찰가가 450만 달러(약 56억 2500만 원)까지 치솟았다. 로스앤젤레스 '웨스트우드 빌리지 메모리얼 파크'에 있는 그녀의 묘에는 23년 전 81세로 숨진 리처드 폰처(Richard

'웨스트우드 빌리지 메모리얼 파크'에 있는 먼로의 서랍식 묘. 바로 위 서랍에 리처드 폰처의 이름이 있다.

Poncher, 1905~1986)라는 남성이 아래쪽 먼로의 묘를 향해 엎드려 누운 채 안치되었는데, 그의 부인인 엘시 폰처(Elsie Poncher)가 주택할부금 160만 달러를 갚기 위해 남편 묘를 옮기기로 결심하고 경매에 내놓은 것이다. 먼로의 묘 옆자리는 『플레이보이』 창간인 휴 헤프너가 1992년 7만 5000달러에 사들였다.(주성하 2009)

먼로와 관련된 모든 것이 끊임없이 일깨우는 것 또는 먼로가 상징하는 사회적 의미는 무엇일까? 에마누엘 레비(Emanuel Levy 1990)는 할리우드 스타의 속성을 신체적 용모, 젊음, 연기력, 스크린 이미지 등 네 가지로 분류하고 스크린 이미지의 중요성에 주목한다. 만일 먼로의 스크린 이미지가 '좌절된 욕구'라면 그건 당시의 사회적 상황과 전혀 무관한 것일까?

제1장 아이젠하워 시대의 개막 73

"스타는 집단적 무의식의 심연에서 만들어진다"는 말이 있다. 슐레진저(Schlesinger 1979)는 "영화가 미국 상상력의 가장 강력한 표현매체라고 하는 사실은 영화가 단지 겉모습만이 아닌 미국 생활의 신비 이면에 대해 무언가 할 말이 있다는 것을 강력히 시사하는 것이다"라고 말한다. 예컨대 1930년대의 영화는 "미국의 감정과 매우 중요한 관계를 맺고 있다. …… 영화는 국가적 의식의 핵심에 근접해 있었다"는 것이다.(Schlesinger 1963)

그런가 하면 파커 타일러(Parker Tyler, 1904~1974)는 신화가 사실보다 강력할 수 있다는 점에 주목한다. 그의 주장에 따르면, "'욕망'은 인간의 마음과 행동에 '사실'과 똑같은 힘, 아니 그보다 훨씬 더 큰 힘을 가질 수 있다"는 것이다. 그는 화려한 스타들이 현대의 종교에 의해서는 채워지지 않는 해묵은 욕망을 충족시켜 준다고 말한다. "그들의 부, 명성 그리고 아름다움, 모든 종류의 무한한 세속적 쾌락, 이런 조건들은 스타들을 초자연적인 대상으로 느끼게 하고 일상적인 좌절의 쓰라림을 모르게 만든다"는 것이다. 그는 심지어 스타는 "인간의 형태를 한 신이다. 이 말을 문자 그대로 받아들여서는 안 되지만, 그렇다고 해서 단순히 멋진 문장이기만 한 것도 아니다"라고 말한다.(Tyler 1947)

'세일즈맨의 죽음'과 '크루서블'

메릴린 먼로의 여러 남편 중 5년이라는 가장 긴 결혼생활을 한 극작가 아서 밀러는 1949년 『세일즈맨의 죽음(Death of a Salesman)』을 통해 현대사회의 비정한 생리를 날카롭게 해부하는 동시에 자본주의의 참혹함을 고발했다. 36년간 세일즈맨을 한 윌리 로먼이 직장에서 해고되고 기대를 걸었던 두 아들까지 타락해 희망을 잃자 가족에게 보험금을 남겨주기 위해 차를 과속으로 몰아 자살을 택한다는 슬픈 이야기다. 극의 마지막 장례식에서 로먼의 아내는 "할부금 불입이 막 끝났는데 이제는 이 집에 살 사람이 없다!"고 울부짖는다.(권홍우 2010)

1949년 2월 10일의 초연 연출을 공산당원 경력의 엘리아 카잔이 맡은 이 작품은 이후 1994년 11월까지 무려 742번이나 브로드웨이 무대에 오르는 기록을 수립한다. 이 연극을 본 대형 백화점 체인의 회장 버나드 김벨(Bernard Gimbel, 1885~1966)은 고령을 이유로 고용인을 해고하지 말라는 지시를 내렸다고 한다.(Maerker 1999)

밀러가 1953년에 내놓은 『크루서블(The Crucible)』은 17세기 매사추세츠 주 세일럼 마을에서 있었던 '마녀 사냥'을 소재로 하고 있다. 앞서(1권 3장) 지적했듯이, 이 작품은 당시 미국 사회를 휩쓸던 매카시 선풍(旋風)을 '현대판 마녀 사냥'으로 고발한 작품이다. 작품을 내놓기 1년 전인 1952년, 하원 청문회에 소환된 엘리아 카잔은 할리우드에 침투해 있는 공산주의자들의 이름을 대라는 요구에 굴복하고 말았다. 1953년까지 계속된 이 청문회로 300명 이상의 영화인들이 할리우드에서 추방되었다. 카잔을 비판하는 성명을 발표한 밀러는 청문회 직후 매사추세츠 주로 달려가 1690년대 마녀 사냥을 조사하고 『크루서블』을 발표한 것이다. 이는 4년 뒤인 1957년 사르트르에 의해 영화로 만들어진다.(1998년 카잔이 아카데미 공로상을 수상하자 할리우드가 분노한 이유 중 하나는 그가 할리우드의 몇 안되는 밀고자 가운데 한 명이었기 때문이다.)

밀러는 왜 그랬을까? 이념이 미친 영향이 가장 컸다. 2005년 2월 밀

17세기 세일럼 마을에서 있었던 '마녀 사냥'을 소재로 한 아서 밀러 원작 소설의 동명 영화 〈크루서블〉(1998).

러가 타계했을 때 국내 언론은 "자본주의의 타락을 그린 문제작가이기는 했지만 사회주의자는 아니었다"고 강변했지만, 그는 한때 사회주의자였으며 1930년대엔 미국 공산당에 입당하기도 했다. 1940년대 스탈린주의 노선에 염증을 느껴 공산당과 절연하고 마르크스주의를 포기하지만, 매카시즘은 참아내기 어려웠던 것 같다.(윤재설 외 2009)

밀러는 하원의 요구에 저항해 벌금, 30일간 구금, 블랙리스트 등재, 여권 말소 등 온갖 시련을 겪었는데 이때 밀러를 곁에서 끝까지 지켜준 사람이 메릴린 먼로였다. 두 사람은 1956년에 결혼해 1961년에 이혼하지만, 1951년 첫 만남 이후 지속적인 관계를 유지해온 셈이다. 밀러는 자서전의 상당부분을 먼로에 대한 이야기로 채우고 있는데, 한 대목만 살펴보자.

"그녀 같은 여자는 둘도 없을 것이다. 그녀는 또 훌륭한 코미디언이기도 했다. 그것이 그녀가 오늘날까지 20세기 우상으로 남아 있는 이유다. …… 여배우 시빌 손다이크는 여기 있는 사람 중 카메라 앞에서 연기하는 법을 아는 유일한 사람이 바로 먼로라고 말했다."(김명곤 1999)

에릭 호퍼의 '신봉자'

밀러를 비롯한 많은 미국 지식인들이 공산주의에 기울었다가 스탈린주의에 질려 전향하던 시절, 노동자 출신의 독학자로서 사회비평가로 활약한 에릭 호퍼(Eric Hoffer, 1902~1983)는 1951년 『신봉자(The True Believer: Thoughts on the Nature of Mass Movement)』를 출간해 기독교에서 민족주의와 공산주의에 이르기까지 대중적 신념의 문제를 날카롭게 해부했다.

호퍼(Hoffer 1951)는 좌우(左右)를 막론하고 한 가지 공통점이 있는데, 그것은 둘 다 현실을 외면하고 혐오하는 것이라고 주장했다. 그는 한 사회 내에서 대중운동의 원동력이 될 수 있는 대중의 '열기'는 일정량으로 제한되어 있기 때문에 어떤 운동 또는 사건이 그 열기를 흡수해버리면 그만큼 다른 운동 또는 사건에 돌아갈 열기가 줄어든다고 말했다. 대중운동 자원의 '제로섬게임'이라 부를 만하다.

호퍼(Hoffer 2003)가 미국의 '젊음 강박증'에 대해 말한 것도 흥미롭다. "젊음에 그처럼 지나치게 가치를 부여하는 한 가지 이유는, 우리가 이 지구상에서 가장 야생적인 대륙에 살고 있기 때문이라고 생각합니다. 현실적으로 대부분 인간이 살기에 적합하지 않은 곳이었는데도 생태학자들이 우리가 이 아름답고 섬세한 땅을 망친다고 개탄하는 것을 들으면 웃을 수밖에 없습니다. 그 증거를 찾아보려면 일간 신문을 읽는 것으로 충분합니다. 홍수와 토네이도, 페스트, 폭풍우 ······. 살아남기 위해 우리에게는 젊은이의 터프함이 필요합니다. 영국처럼 작고 오밀조밀한 나라에서는 결코 필요하지 않은 생존방식이지요. 또한 미국은 19세기에 엄청나게 경쟁적인 곳이었지요. 그것이 항상 앞세대를 밟고 나아가는 젊은이에게 유리하게 작용한 것입니다."

이런 주장에 수긍하기는 어렵지 않다. 그러나 동시에 미국의 '젊음 강박증'은 앞서(2권 3장) 지적한 '역사 콤플렉스'로 이어져 유럽은 늙고 썩은 반면, 미국은 젊고 신선하다는 논리로 발전된다. 이는 미국이 지구상에 존재하는 다른 모든 나라들과 달리 특별하고 예외적이라는 선민의식의 모태가 된다.

참고문헌 Allen & Gomery 1985, Bunzel 1967, Giannetti 1990, Halberstam 1996, Hoffer 1951 · 2003, Isenberg 1975, Johnson 2009, Jowett 1970, Knopp 1996, Levy 1990, Lowenthal 2006, Maerker 1999, McDonald 1999, Miller 1976 · 1976a, Morin 1992, Neale 2004, Pye & Myles 1979, Rollyson 2003, Schlesinger 1963 · 1979, Sylvester 1994, Turner 1994, Tyler 1947, 강준만 외 1999-2003, 권정생 1995, 권홍우 2010, 김명곤 1999, 김학순 1992, 김홍국 2004, 유신모 2009, 윤재설 외 2009, 전완길 외 1995, 주성하 2009, 한상준 1998

제2장

한국전쟁 휴전과 한미상호방위조약

'백만학도에게 북진 명령을!'
아이젠하워의 한국 방문

아이젠하워의 한국 방문

이미 앞서 '제3세계'라는 말을 많이 사용했지만, 이 용어가 처음 쓰인 때는 1952년이다. 미국을 비롯한 선진 자본주의 국가를 제1세계, 소련을 비롯한 공산주의 국가를 제2세계라 한다면, 나머지 대다수 국가들을 제3세계로 부르자는 취지다. 인도의 자와할랄 네루(Pandit Jawaharlal Nehru, 1889~1964)가 만들어낸 이 말은 처음엔 자부심의 표상으로 쓰였지만, 곧 가난한 후진 저개발국을 가리키는 용어로서 가망이 없다는 부정적인 뜻을 내포하게 되었다. 냉전이란 이 제3세계 국가들을 대상으로 펼쳐진 미소(美蘇)의 경쟁이기도 했다.

1952년 11월 1일 미국은 태평양 에니위톡 환초(Eniwetok Atoll)에서 수소폭탄 실험을 했다. TNT 300만 톤, 히로시마에 투하한 원자폭탄의 150배나 되는 폭발력으로 반경 수마일 안에서 날아다니던 새들을 모두 재로 만들 정도로 가공할 위력이었다. 미국과 소련의 수소폭탄 경쟁은 마치 제3세계를 향해 누구를 대장으로 삼을 것인지를 선택하라는 무언의 압력처럼 보였다.

한국은 형식상으로는 제3세계의 일원이었지만, 노선이나 행동방식은 미국과의 혈맹(血盟)을 근거로 사실상 제1세계에 속한다고 스스로 생각하고 있었다. 그러나 한국이 도저히 따를 수 없는 미국의 요구가 있었으니, 바로 휴전이었다.

에니위톡 실험이 있은 지 한 달 뒤 대통령 당선자 아이젠하워는 자신의 대선공약을 이행하기 위해 여섯 명의 기자를 대동하고 한국을 방문했다. 그의 방문은 은밀하게 이뤄졌다. 이승만조차도 아이젠하워의 도착 일시와 장소를 정확히 알지 못했다. 12월 2일 수원 비행장에 내린 아이젠하워는 이승만을 피해 다니기에 바빴다.

이승만은 아이젠하워를 위한 서울시민 영접대회를 준비했다. 중앙청 앞 광장에 10만 시민이 모여 아이젠하워를 기다리고 있었다. 이승만은 그 자리에 먼저 참석해 아이젠하워 일행을 기다렸으나 아이젠하워는 참석을 거절했다. 막간을 이용해 이승만은 단상에 올라가 휴전을 반대하는 열변을 토했다. 아이젠하워가 들었어야 했는데, 이승만으로선 참으로 안타까운 일이 아닐 수 없었겠다. 2박 3일의 아이젠하워 방문 일정이 끝나는 날, 이승만은 아이젠하워의 경무대(현 청와대) 예방을 기대하고 있었다. 그래서 전 각료를 경무대에 불러들여 대기시켰다.

그러나 아이젠하워는 이마저 거절했다. 당시 서울시장 김태선을 보냈지만 김태선은 8군의 정문에서 제지돼 영내로 들어가보지도 못하고 되돌아왔다. 이승만은 백선엽을 다시 보냈다. 백선엽은 미 고위 장

1952년 12월 3일 이승만 대통령이 한국을 찾은 아이젠하워 일행과 기념 촬영을 하고 있다. ⓒ 연합뉴스

성들에게 이렇게 나가면 앞으로 한국군의 협조를 기대하기 어려울 것이라는 반 협박을 해서 겨우 아이젠하워의 저녁 6시 경무대 예방 약속을 받아냈다. 아이젠하워는 경무대에 겨우 40분간만 머무르다 공항으로 직행했다.

이는 백선엽(1989)의 증언에 따른 것인데, 좀 다른 내용의 이야기도 있다. 백선엽이 가서 사정해도 아이젠하워 측에서 시간이 없다며 거절하자 화가 난 이승만은 즉각 아이젠하워에게 이런 메시지를 보냈다는 것이다.

"귀하가 이곳에 오지 않는다면 본인은 곧 국무위원들을 집무실에 불러들여 직접 성명을 발표하겠다. 성명서를 통해 미국 대통령으로 당선된 아이젠하워 장군이 한국을 방문하고 돌아가면서 한국 원수에 대한 고별인사 없이 예의를 다하지 않고 떠난다는 사실을 전 세계에 공표할 생각이다."

이 메시지를 받고 아이젠하워는 김포로 가다가 차를 돌려 경무대를 찾아가 이승만을 방문했다는 설이 있고, 또 김포로 가기 전에 경무대에 잠시 들렀다는 설도 있다.(한표욱 1996)

'백만학도에게 북진명령을!'

그 어느 쪽이든 한 가지 분명한 건 아이젠하워는 가급적 이승만을 피하려고 했고 이승만은 어떻게 해서든 아이젠하워를 만나는 건 물론 그 만남을 널리 알리고 싶어 했다는 것이다. 리지웨이의 뒤를 이어 유엔군 사령관이 된 마크 클라크(Mark W. Clark, 1896~1984)의 회고록에 따르면, "바로 출발해야 했기 때문에 만나는 시간은 매우 짧았다. 아이크가 작별을 고하자 이 대통령은 '내 각료들을 소개하겠다' 면서 옆방으로 나갔다. 문이 열리자 방은 사람들로 가득 메워져 있었다. 분명히 이 박사가 미리 불러 대기시켜 놓은 것 같았다. 정장한 그들은 대통령 당선자를 만나려고 기다리고 있었다. 뿐만 아니라 신문기자, 사진기자, 무비 카메라맨 등이 들어왔다. 이 박사는 아이젠하워가 자신을 방문했다는 사실을 멋지게 기록에 남기려 했음이 틀림없었다. 아이젠하워는 잠시 후 방을 나갔다. 그러나 쉽사리 행사를 피할 수 없었다. 경무대 밖 도로에는 불빛이 휘황찬란했고 한국군 3군 의장대와 군악대, 그리고 사진기자들이 몰려 있었다. 마치 할리우드의 개봉 전야제 같았다."(한표욱 1996)

아이젠하워는 왜 그렇게 이승만을 기피했던 걸까? 이제 곧 아이젠하워의 국무장관이 되는 존 포스터 덜레스가 아이젠하워에게 이승만과 정치 이야기는 될 수 있는 대로 적게 하라는 충고를 했기 때문이라고 한다.(Stueck 2001)

이제 아이젠하워는 해가 바뀌어 대통령이 된 후에 이 충고의 의미를 절실히 깨닫게 될 것이었다. 다른 정치적 이슈들과는 달리, 휴전 반대에 관한 한, 이승만이 적어도 피상적으론 전 국민적 지지를 얻고 있었다는 것도 이후 아이젠하워가 이승만을 상대하기 어려운 점이었다. 서울대『대학신문』1952년 12월 1일자 기사가 그 점을 잘 말해주고 있다. 이 기사는 "백만학도에게 북진명령을!/멸공통일의 열쇠를 쥔 아이크 만만세/환영 행렬 전 시가를 압도/아 원수(元帥) 환영 학생대회 대성황" 등의 크고 작은 기사 제목들에 이어 이렇게 주장했다.

"우리 한국통일의 열쇠를 가진 차기 미국 대통령 아이젠하워 원수의 내한에 제(際)하여 재부 4만여 청년학생들의 자발적으로 조직된 중앙학생위원회 주최 '아 원수 내한촉진 및 환영학도대회'가 지난 26일 상오 11시부터 시내 충무로 광장에서 영광리에 개최되었다. 동 대회에서는 서울대학교를 비롯한 32개교의 대학 및 38개 고등학교의 4만 남녀 학생들이 '아 원수의 내한은 멸공통일의 열쇠' '삼천만은 기다린다 아 원수의 북진명령을' 등의 푸라카드를 선두에 높이 들고 넓은 광장에 빈틈없이 운집한 가운데 주관주(연대) 군의 사회로 개최되어……."(최진섭 2000)

스탈린의 사망

1953년 1월 20일 미국의 아이젠하워 행정부가 출범했다. 아이젠하워는 2일 2일 연두교서에서 전쟁의 심각한 확대를 경고했다. 2월 11일 8군 사령관인 대장 제임스 밴플리트(James Van Fleet, 1892~1992)가 퇴역하고 그 후임으로 미 육군 행정 및 작전참모부장인 중장 맥스웰 테일러(Maxwell D. Taylor, 1901~1987)가 부임했다.

1953년 3월 5일 스탈린(Joseph V. Stalin, 1879~1953)이 사망했다. 그가 저지른 엄청난 대량학살에도 불구하고 소련 전역은 그의 죽음을 애도하는 눈물바다를 이루었다. 스탈린이 사망한 다음 날 저녁 공산군은 모든 전선에서 불꽃과 신호탄을 하늘로 쏘아 올렸으며 각 병사는 죽은 독재자에 대한 고별인사로 동시에 공중 조총사격을 실시하였다. 소련 전역에서 시민들이 스탈린의 유해를 보려고 모스크바(Moskva)로 몰려들었다. 3월 8일 너무 많은 사람이 몰려 수백 명이 질식사하는 참사가 일어났다. 이와 관련, 영국의 역사학자 로버트 서비스(Robert Service 2007)는 다음과 같이 말한다.

"지도자는 관 속에서도 마구잡이로 죽음으로 몰아넣는 능력을 잃지 않았다. 이 비극에는 다른 측면도 있었다. 이 사건은 소련도 국가의 통제력에 한계가 있다는 것을 말해주었다. 겉으로는 거의 언제나 명령에 복종하는 것 같았지만, 아무 말 없이 조용한 대중의 모습은 부서지기 쉬운 껍데기였을 뿐이다."

3월 9일 장례식엔 엄청난 인파가 몰려 짧은 거리를 이동하는 데 몇 시간이나 걸려야 했다. 왜 이렇듯 소련인들은 스탈린의 죽음을 애도한 것일까? 단 30년 만에 소련을 농업국가에서 공업국가로 변모시키

스탈린의 죽음을 애도하는 인파의 물결이 끝없이 이어졌다. 1953년 3월 9일 로스토크(위)와 3월 10일 라이프 치히(아래).

면서 미국의 라이벌로 부상시킨 공로 때문이었을까?

스탈린의 사망은 "동서 해빙과 외부세계에 대한 소련지도층의 새로운 접근방식과 태도변화를 초래"했다. 미리 말하자면, 이는 구체적으로 한국전 휴전(1953년), 인도차이나 휴전(1954년) 그리고 제네바 회담(1955년) 등으로 나타난다.

1953년 3월 19일 소련 각료회의는 "한국전을 계속 수행하는 것은 소련과 중국, 북한의 이익에 배치(背馳)된다"며 이른 시일 내에 정전협상을 마무리 지을 것을 결정했다. 이 소식을 접한 김일성(1912~1994)은 "드디어 전쟁 종결과 평화 달성의 주도권을 잡을 시기가 왔다"며 좋아했다.(이동현 2003)

정전회담은 새로운 국면을 맞았다. 군사분계선 문제는 이미 1952년 1월 27일에 타결되었으며, 그해 5월에 이르러선 포로 교환 문제를 제외하곤 거의 모든 의제에 합의한 상태였다.

1953년 3월 19일 소련 내각은 한국전쟁을 정치적으로 마감한다는 결정을 중국과 북한에 통보하면서 부상 포로의 우선 교환에 동의하도록 지시(또는 요청)했다. 미국은 이미 그해 2월 22일에 "우선 부상 포로부터 교환하자"는 제의를 한 바 있었는데, 이를 소련 측이 수용키로 한 것이다. 스탈린의 장례식에 참가하고 돌아온 중국의 저우언라이(周恩來, 1898~1976)는 3월 30일 미국의 제안을 수용한다고 발표했다.

그리하여 4월 11일 그간 협상을 가로막아왔던 '부상 포로 교환협정'이 판문점에서 조인되었다. 4월 20일과 5월 3일 사이에 유엔군은 북한군 포로 5194명과 중국군 포로 1030명을 북으로 송환하였으며, 공산군 측은 국군 포로 471명과 유엔군 포로 149명을 송환하였다.

이제 남은 사안은 일반 포로의 교환 문제였다. 부상 포로 교환합의 후 미국은 공산군 측의 제의를 절충하여 ①본국송환을 거부하는 4만 7000여 명의 포로를 인도, 체코, 폴란드, 스웨덴, 스위스 등 5개 중립위원국의 관리하에 둔다 ②이들 포로가 남한에서 중립국 관리하에 있을

북한군과 중공군을 수감한 부산의 포로수용소. ⓒ Larry Gahn

동안 인도군이 감시 임무를 맡는다 ③약 190명의 공산군 측 대표가 포로수용소를 방문해 4개월간 포로들에게 송환을 설득하도록 한다 ④포로 문제의 타결이 불가능할 경우에는 정치적 망명처를 요구하는 포로들에게 유엔총회가 자유세계에 거처를 정하도록 주선해준다 등의 방안을 제시했다.

이에 대해 저우언라이가 송환을 바라는 포로는 즉각 송환하고, 송환을 바라지 않는 포로는 일단 중립국인 인도 쪽에 넘겨 처리하도록 하자는 타협안을 내놓았는데, 이를 미국이 받아들인다. 그래서 6월 8일 '포로 교환에 관한 협정'이 체결되었다.

미국의 핵무기 사용 검토

그러나 미군은 정전회담을 하는 동안에도 북한에 대한 폭격을 멈추지 않았다. 『조국: 어느 북조선 인민의 수기』는 1953년 3~4월경 평양과 원산의 모습을 이렇게 묘사하고 있다.

"평양시 내 건물이란 건물은 하나도 남아 있지 않고 모두 부서져서 허허벌판이 되어 있었다. 더구나 평양시민들은 오갈 데가 없이 부서진 집 속에 토굴 비슷하게 파놓고 살아가는데 마치 원시인들 같았다. 도시 전체가 완전히 빈민소굴이요 난민소굴이었다. 식량도 동이 날 대로 나버렸고 비바람을 피할 천막이나 움집조차도 없었다. 굶주리고 병든 사람이 하나둘 비참한 최후를 맞이하고 있었다. …… 아니 살아 있는 사람도 반쯤은 죽어 있었다. …… 전쟁 후 원산에 들른 적이 있었는데 그곳도 평양과 다를 바 없었다. 아니 평양보다 더하면 더했지 덜하지는 않았다. …… 미군은 군사시설뿐만 아니라 민가라도 야간에 불빛만 비치면 굶주린 개가 고기를 본 듯이 공격을 했는데……."(강정구 1993)

1953년 5월 13일 백악관에서 열린 제144회 국가안보회의에선 또다시 핵무기 사용이 검토되었다. 장군들이 한국엔 핵무기를 사용할 만한 전략적 목표물이 없다고 말하자, 아이젠하워는 비키니 섬에서 한다던 침투용 핵무기 실험은 어찌 되었느냐고 물었다. 침투용 핵무기란 일본에 떨어뜨린 원자탄과는 달리 특정 목표물에 정확히 접근하거나 벙커나 방호벽을 뚫고 들어가 터지는 전술 핵무기를 가리키는 것이었다. 다시 장군들이 부정적인 견해를 피력하자 아이젠하워는 핵무기를 사용하는 게 훨씬 경제적이라는 말을 덧붙이는 것으로 그 논의

를 끝냈다고 한다.(이희진·오일환 2000)

미국이 핵무기 사용까지 검토했다는 것은 유리한 국면 조성을 위해 그 어떤 수단과 방법도 가리지 않겠다는 것을 의미했다. 그런 호전적인 자세는 북한의 관개용 댐까지 폭격의 대상으로 삼는 양상으로 드러났다.

5월 13일 첫 번째 공습은 평양 위의 독산댐이었고, 이어 관개시설의 물을 공급하는 모든 댐들을 폭격하였다. 범람한 물은 대동강으로 밀어닥쳐 평양의 많은 지역을 침수시켰다. 미국 정보국이 홍수가 서울에까지 이를까 걱정했을 정도로 심대한 타격이었다. 그때는 모내기의 끝 무렵으로 모의 뿌리가 완전히 내리기 전이었다. 미 공군연구소는 바로 그 점을 염두에 두고 "5월 공격은 심리적으로 가장 효과적이었을 것"이라고 논평했다.

미군 측의 또 다른 보고서에 따르면, "댐 폭파는 유엔 사령부에게 적의 통신선과 공급선을 파괴하는 것을 의미했다. 그러나 공산주의자들에게는 무엇보다도 자신의 제1차적 생존, 즉 쌀을 파괴하는 것을 의미했다. 서구인들은 식량을 잃는 것이 아시아인에게 갖는 소름 끼치는 의미, 즉 기아와 서서히 덮쳐오는 죽음을 거의 이해할 수 없었다." (Cumings & Halliday 1989)

참고문헌 Cumings & Halliday 1989, Gaddis 2002, Hobsbawm 1997, Krugman 1999, Lyon 1974, Pollard 1955, Service 2007, Stueck 2001, 강정구 1993, 김창훈 2002, 백선엽 1989, 오재완 1990, 온창일 2000, 이동현 2003, 이종호 2010, 이호재 2000, 이희·오일환 2000, 전쟁기념사업회 1992, 최진섭 2000, 한표욱 1996, 한홍구 2003

'통일이 아니면 죽음을 달라'
한국의 휴전 반대 운동

미국의 한미상호방위조약 회피

1953년 5월 29일 영국 런던은 엘리자베스 여왕의 대관식을 4일 앞두고 흥분상태에 빠져들었다. 세계 각국으로부터 귀빈과 관광객이 몰려 지하철과 버스는 24시간 운행체제에 들어갔다. 대관식 전야인 6월 1일 밤 '에베레스트 등정' 이란 뉴스가 런던에 도착하자 영국은 광란의 도가니로 변했다. 이 뉴스는 전 세계로 퍼져나가 인류의 승리로까지 미화되었다. 1922년에 있었던 최초의 도전 이래 31년 만에 해발 8848미터의 에베레스트에 인간이 발자국을 남겼다는 이유에서였다. 에베레스트는 존 헌트(John Hunt, 1910~1998)가 이끄는 영국 등반대에 의해 정복되었는데, 정상에 오른 사람은 뉴질랜드인 에드먼드 힐러리(Edmund Hillary, 1919~2008)와 티베트인 텐징 노르가이(Tenzing Norgay, 1914~1986)였다.

그러나 한국은 그런 기쁨을 나눌 여유가 없었다. 이승만은 스탈린의 사망 이후 정전회담이 급물살을 타는 것을 초조한 눈길로 바라보았다. 그는 이미 1952년 3월 21일 트루먼에게 보낸 친서에서 미국의 방안에 협조하는 대가로 한미방위협정의 체결을 요구한 바 있었지만, 이 요구는 트루먼에 의해 묵살되었고 이제 아이젠하워도 묵살하고 있었다.

트루먼이건 아이젠하워건 미국이 한국과 상호방위조약을 체결하지 않으려 한 이유는 ①한미상호방위조약을 체결할 경우 미국과 한국이 유엔을 비효율적인 기구로 간주한다는 인상을 준다 ②미국이 한국 통일을 원하지 않는다는 인상을 주거나 한국의 일부분에 대한 공산 지배의 정당성을 부여하는 인상을 줄 것이다 ③미국 국민과 의회에 이 조약의 필요성을 설명하기 어렵다 등이었다.(이는 1953년 5월 아이젠하워가 이승만에게 한국과 상호방위조약을 체결하지 못하는 이유를 열거한 것이다.)

그러나 이승만으로선 전 세계를 위해 반공(反共)이라는 성전(聖戰)을 치르고 있는 한국의 대통령으로서 그런 이유들이 매우 부당하다고 생각했을지도 모르겠다. 3월 30일 중국의 저우언라이가 부상 포로부터 교환하자는 미국의 제안을 수용한다고 발표하자, 이승만은 다음 날 휴전 반대 성명을 냈지만 미중(美中) 양측은 이승만의 의견엔 아랑곳하지 않았다. 4월 3일 외무장관 변영태(1892~1969)가 미국 정부에게 미국이 상호방위조약을 체결한다면 한국 정부도 휴전회담에 협조할 수 있다는 의향을 표했고, 며칠 후 주미대사 양유찬(1897~1975)도 그 같은 뜻을 국무장관 존 포스터 덜레스와의 대담에서 밝혔지만, 모두 다 외면당했다.

4월 9일 이승만은 아이젠하워에게 보낸 서신에서 "공산주의자들을 압록강 이북으로 몰아내기를 원치 않는" 미국을 포함한 모든 국가들에게 그들의 병력을 한국으로부터 철수시킬 것을 요구하며, 남한은 통일을 위해 끝까지 싸울 것이라고 밝혔다. 훗날 아이젠하워는 이승만의 이 편지가 '거친 말씨와 극단적인 어투'를 담고 있었다고 회고했다.

그러면서 또 이승만은 4월 15일 주한 미국대사 엘리스 브리그스(Ellis O. Briggs, 1899~1976)와의 대화에서는 미국의 정책을 방해할 의사가 없다는 자신의 '솔직한 마음'을 밝히면서 "한국민이 가장 원하는 것은 한마디로 한미상호방위조약이라는 사실을 아이젠하워 대통령에게 전해줄 것"을 부탁했다.

4월 21일 양유찬은 현 상태에서 휴전이 이루어진다면 한국군은 유엔군 사령부에서 이탈할 것이라는 내용을 담은 비망록을 미국 정부에 전달했다. 그런 후에도 또 이승만은 4월 24일 유엔군 사령관 마크 클라크와의 대화에서 자신은 한국군을 유엔군 사령부로부터 철수시킬 것을 고려치 않고 있으며, 만일 최후의 수단으로 그러한 조치를 취해야 할 경우에도 먼저 유엔군 사령관과 상의할 것이라고 말했다.(홍용표 2000a)

'통일 없는 휴전은 3000만의 죽음'

휴전 반대는 이승만 혼자만의 생각이 아니었다. 4월 들어 각 정당 사회단체를 망라하여 휴전 반대 투쟁위원회가 구성된 가운데, 통일 없는 휴전을 반대하며 북진을 해야 한다는 북진통일 시위가 전국적으로 전개되었다. 국회도 4월 21일 북진통일을 만장일치로 결의하였다.

　며칠 후 이승만은 '통일 없는 휴전 반대는 불멸의 원칙'이라는 특별성명을 발표하였다. 다음 날 중앙청 앞에서는 대규모 북진궐기대회가 열렸다. 홍성원(1937~2008)의 소설 『남과 북』(2000)은 이 궐기대회 장면을 이렇게 묘사하고 있다.

　　대단한 군중이다. 5만 명가량으로 예상했던 군중은 중앙청 앞 넓은 광장을 다 메우고 일부는 광장 밖의 전찻길에까지 끝없이 뻗어 있다. 대회를 진행하는 본부석은 중앙청 현관 앞에 설치된 높직한 가설무대다. 군중은 남녀 학생과 공무원을 비롯하여 각 단체원과 부녀자 노동자 등 각계 계층이 골고루 동원되어 있다.
　　특히 이들 중에 눈에 띄는 것은 휠체어나 목발을 짚고 나온 앞줄에 늘어앉은 무수한 상이군경(傷痍軍警)들이다. 제각기 이마에 흰 수건들을 질끈 동이고 이들은 앞줄에 늘어앉아 열띤 함성과 박수를 보내고 있다. 드디어 단상의 주인공이 머리에 흰 수건을 동인 젊은 청년으로 교대된다. 청년이 마이크를 조정한 후 바른손 주먹을 위로 쳐들며 군중을 향해 찢어질 듯한 고함을 내지른다.
　　"통일 없는 정전을 결사반대한다." 청년의 선창에 따라 군중이 일제히 같은 구호를 반복한다. …… "조국 통일은 북진 통일로!" 함성이 계속된다. "무찌르자 오랑캐 압록강까지!" "우리는 싸운다 최후의 일각까지!" "미국은 자유 한국을 공산도당에게 팔지 말라!" "유엔은 한국민이 흘린 피를 헛되게 하지 말라!"
　　구호가 끝났다. 청년이 단상에서 내려가자 이번에는 남학생 한 명이

상이군인들이 부상당한 몸으로 휴전 반대를 외치고 있다. ⓒ 연합뉴스

백지를 들고 단상으로 뛰어오른다. …… 단상의 학생이 팔소매를 걷더니 자기 왼손을 선뜻 입으로 가져간다. 입에서 번개처럼 손을 뗀 학생은 무언가를 툭 입에서 뱉어낸 후 백지 위에 손가락으로 차근차근 글씨를 쓰기 시작한다. 학생이 드디어 쓰기를 마치고 백지를 번쩍 쳐들어 군중들에게 보여준다. 다시 함성이다. 학생이 쳐든 백지에는 네 개의 붉은 글씨가 성급하게 휘갈겨져 있다.

4월 20일에서 5월 12일까지 전국 각지에서 일어난 휴전반대궐기대회는 7500회, 지방의회대회는 540회, 동원인원은 800여만 명, 결의문은 1500통으로 발표되었다. 북진궐기대회는 5월에도 계속되었다. 『동아일보』 5월 25일자 기사에 따르면, "이 중 가장 적극적이고 격렬한 것은 이번 전쟁에서 부상을 입은 상이군인들의 집단시위였으며, 이들 상이군인들의 데모행렬은 눈물겨운 장면이었다. '무엇을 위하여, 누구를 위하여, 우리는 팔과 다리 그리고 눈을 잃었나!' '우리의 눈과 다리와 팔을 돌려달라!' 고 그들은 목메어 부르짖었다. 플래카드에는 '통일 없는 휴전은 3000만의 죽음' 이라고 혈서로 쓰여 있었다."(이호재 2000)

'통일이 아니면 죽음을 달라'

이승만은 한미상호방위조약을 관철시키기 위해 '중립국'을 문제 삼았다. 그는 5월 12일 경무대를 방문한 클라크에게 "비송환 포로를 공산 치하의 국가로 보내는 것은 절대 반대하며 아울러 인도는 중립국으로 볼 수 없기 때문에 인도 군인은 한국 땅에 한 발짝도 못 들여놓는다"고 말했다.(안용현 1992)

1953년 5월 25일 유엔 정전위 한국 측 대표 최덕신(1914~1989)은 휴전회담의 참석을 거부했다. 5월 29일 국무총리 겸 외무장관 변영태는 휴전 후 5개 중립국의 한국 내 활동을 저지하기 위해서 필요하다면 전 한국군을 유엔군 산하에서 탈퇴시키겠다고 위협했다.

이런 일련의 위협에도 미국이 신통한 반응을 보이지 않자 이승만은 5월 31일 해군사관학교 졸업식 연설에서 "한국 내에서의 평화는 우리들 자신의 문제다. 이에 관한 어떠한 국제적 회담도 절대 무효다"라고 주장했다. 최덕신이 휴전회담을 보이콧한 것에 대해선 최덕신을 "강철 같은 인간"이며 애국자라고 격찬하였다.

그런 일련의 공세에도 6월 8일 '포로 교환에 관한 협정'이 체결되자 북진궐기대회는 6월에도 지칠 줄 모르고 계속되었다. 서울대 『대학신문』 1953년 6월 15일자는 「우리에게 통일이 아니면 죽음을 달라!」는 제목의 기사에서 이렇게 말했다.

"조국의 영토를 양단하는 휴전회담에 결사반항하고 피로써 북진통일 전취(戰取)를 절규하는 한국 백만학도의 자발적인 데모는 전 세계의 이목이 총집중한 가운데 오늘도 저물도록 전 시가를 휩쓸고 충천하는 정의의 함성은 지축을 흔들고 있다. '조국의 통일이 아니면 죽음을 달라!' 피 끓는 중·고·대학에 이르기까지 젊은 남녀 백만학도들의 피눈물 어린 정의감의 애소(哀訴)는 판문점 휴전회담 진전에 반비례하여 어제도 오늘도 부산 서울을 중심으로 한 전국 각지 방방곡곡에서 벌 떼같이 일어나고 있어 청년학도를 선두로 한 전 민족의 비애와 분노는 바야흐로 최절정에 달하고 있다. 즉 지난 8일 포로 교환의 조인이라는 흉보가 들리자마자 연희대학교 2000의 전아(戰兒)들은 영도교를 지나 시청을 거쳐 도청 국회의사당을 돌고 통일 없는 휴전 결사반대를 절규하며 해를 보내고 9일에는 서면 범일동 일대를 중심으로 재부 수개 남녀 중·고등학생들 역시 같은 푸라카드를 드높이 들고 북진통일을 맹세하였다. …… (서울에서는) 구진비도 무릅쓰고 50만 전 시민은 남녀학생을 선두로 휴전 반대 데모가 진행되던 때에 마침 제5공군사령부의 앞에 이르렀을 저음 해산을 강요하는 UN 헌병대원들에게 진명여고생 21명이 구타를 당하고 중경상을 입었다고 한다."(최진섭 2000)

놀라운 역설이었다. 빨갱이 우두머리 스탈린의 사망은 이승만을 비롯한 남한의 반공(反共) 시민들이 경하해 마지않을 일이었건만, 오히려 그것이 그들의 비애와 분노와 절규를 낳게 하는 결과를 초래하고 말았으니 말이다.

그러나 이 시기의 민심이나 여론은 연구 대상이다. 한 가지 분명한 사실은 이 시기에 휴전 반대의 자유는 절대적으로 보장되었을 뿐만 아니라 조직적으로 조장되었지만, 휴전 찬성의 자유는 전혀 없었다는 사실이다. 그런 분위기에서는 이른바 '자발성' 마저도 섬세한 사회과학적 분석의 대상이 될 수밖에 없는 것이다. 예컨대 실향민인 이호철(1997)의 다음과 같은 속마음이 감히 밖으로 표출될 수 있었을까?

"그러나 나는 내심으로 휴전협정이 조인되기만을 열렬히 바랐다. 나뿐만 아니라 징집·소집 해당자들 태반이 그러했다. 물론 통일도 좋고, 그렇게 떠나온 고향땅으로 돌아가게 된다면야 얼마나 좋을까만, 그 이전에 우선 살아남고 볼 일이었다. …… 통일이라는 것도 그리고 고향으로 하루빨리 돌아간다는 것도 살아남고 난 다음의 이야기이지, 죽은 다음에야 무슨 소용이란 말인가. 그런데 그 당시의 전투는 피아(彼我)간에 그야말로 소모전이어서 양측 다 '쫄자' 들의 소모가 엄청 났다."

참고문헌 김창수 2001, 서중석 1995, 안용현 1992, 요미우리 1996, 이호재 2000, 이호철 1997, 최진섭 2000, 홍성원 2000, 홍용표 2000a

세계를 경악시킨 반공포로 석방
한미상호방위조약 체결 합의

'에버레디 작전'과 한미상호방위조약

이승만의 집요한 휴전 반대에 골머리를 앓던 미국의 정책 결정자들은 1952년 부산 정치파동 시에 검토했던 이승만 제거 계획 문건을 다시 만지작거리기 시작했다. '에버레디 작전(Operation Everready)'으로 명명된 그 계획을 미8군 사령관 맥스웰 테일러가 심각하게 검토한 것은 1953년 5월 5일이었다. 아마도 이승만의 '4월 강공책'에 대한 대응이었을 것이다.

워싱턴과 유엔군 사령부에서 수많은 비밀회의가 열렸을 것이다. 그간 미국이 제3세계에 수많은 반공 정부를 세우고 지원하는 일을 해왔지만 이런 희한한 경우는 처음 본다고 고개를 설레설레 흔들기도 했을 것이다. 여러 고려 요소가 있었겠지만, 5월 29일 덜레스가 주도한 백악관회의에서 최종 결론이 내려졌다. 이 회의는 아이젠하워에게 이승만이 원하는 한미상호방위조약 체결을 건의하였다.

미국 측의 그런 움직임을 꿰뚫고 있기라도 한 듯, 이승만은 아이젠하워에게 보낸 5월 30일자 친서에서 다시 한미상호방위조약을 요구하였다. 이에 대한 답신으로 보내온 6월 6일자 아이젠하워의 친서는 "휴전협정이 체결되고 한국 정부가 이를 인정하는 즉시" 한미상호방위조약을 위한 협상을 시작할 것을 약속하였다.

　그러나 6월 8일 '포로 교환에 관한 협정' 체결을 지켜본 이승만이 그 정도로 만족할 리 없었다. 6월 9일 미8군 사령관 테일러와의 회동에서 테일러가 방위조약 체결 시 조약의 문안을 작성하고 미 상원의 인준을 받기 위한 시간이 필요하다고 말하자, 이승만은 "한국이 공격 당할 경우 미국이 도와주러 올 것이라는 점을 명시한 간단한 문서 하나면 충분하다"고 말했다.

　6월 11일 미 국무장관 덜레스는 이승만의 워싱턴 방문과 아이젠하워와의 회담을 제의했다. 그러나 이승만은 바쁘다고 사양하고 덜레스를 한국으로 초청했다. 덜레스도 바쁘다고 거절했다. 덜레스는 대신 극동문제 담당 국무차관보 월터 로버트슨(Walter S. Robertson)을 보내겠다고 통보했다. 이승만은 좋다고 응답했다. 이것이 6월 16일까지 벌어진 일이었다.

　휴전협정은 이제 서명 절차만을 남겨놓고 있었다. 유엔군 사령관 클라크는 6월 18일경이면 휴전협정이 정식으로 체결될 수 있을 것이며, 이에 따라 이승만의 허세도 사라지기 시작할 것이라고 기대하고 있었다.

세계를 경악시킨 반공포로 석방

그러나 이승만은 이미 십수 일 또는 수일 전부터 헌병 총사령관인 소장 원용덕(1908~1968)을 불러 은밀한 지시를 내리고 있었다. 신성모(1891~1960)가 국방장관에서 물러난 이후, 이승만이 총애하는 왼팔과 오른팔은 원용덕과 특무대장 김창룡(1916~1956)이었다. 이승만은 약 3개월 전인 1953년 3월 24일 국방부에 헌병 총사령부를 창설하여 초대 사령관에 원용덕을 앉힌 바 있었다.

그 전에도 각 군의 헌병 사령부를 각기 총사령부라고 부르기도 했었지만 이번엔 구조 자체가 전혀 다른 것이었다. 이승만은 헌병 사령부가 이미 3군에서 헌병을 각각 별도로 운영하고 있으므로 헌병 총사령부를 설치하는 것이 옥상가옥(屋上架屋)이라는 군 내부의 반대에도 불구하고 이를 강하게 밀어붙였다. 2개 중대 규모로 창설된 헌병 총사령부는 형식상 국방부의 관할하에 있었으나 사실상은 대통령의 직접 명령에 따라 움직이는 특수부대였다.

이승만이 원용덕에게 내린 명령은 반공포로를 석방하라는 것이었다. 원용덕은 헌병들을 각 수용소로 나누어 파견했다. 이들은 미군 보초를 영창에 가두어버리고 반공포로들을 석방하는 행동을 개시하였는데, 그게 바로 6월 18일 새벽 다섯 시에 이루어졌다. 포로 교환 심사과정에서 북한으로의 송환을 거부하는 반공포로들을 일방적으로 석방해버린 것이다. 대구 영천 부산 마산 광주 논산 부평 등에 수용 중이던 반공포로 3만 4000명 가운데 2만 7000명이 탈출에 성공했다. 혼란도 만만치 않아 석방의 와중에 19명이 사망하고 16명이 부상을 입었다.

이승만의 반공포로 석방은 세계를 경악시켰다. 아이젠하워는 "미

1953년 6월 18일 반공포로가 탈출하고 난 후 텅 빈 마산 제7포로수용소(군사편찬연구소 제공).

국은 우방을 잃는 대신 적을 하나 더 얻었다"고 개탄했다. 그는 훗날 자신의 8년 대통령 재임기간 중 자다가 일어난 건 그때가 유일했다고 썼다. 그는 만약 일본이 전략적으로 중요하지 않았다면 대부분의 동맹국이 한국에서 발을 뺐을 거라고 일기에 썼다.

미 국무장관 덜레스는 "등에 칼을 꽂는 짓"이라고 비난했다. 유엔군 사령관 클라크는 "이승만 대통령의 명령에 따라 지옥문이 열렸다"고 말했다. 『뉴욕타임스』(1953)는 '대재앙'이라고 비판했다. 영국의 윈스턴 처칠(Winston S. Churchill, 1874~1965)은 이승만을 '배반자'라고 비난했다. 비밀리에 이승만을 즉각 구속하거나 대통령직에서 쫓아내라고 미국 정부에 요청하기까지 했다. 처칠의 비난에 대해 이승만은

"그 늙은이는 아편전쟁이 끝났다는 걸 모르는 모양이군"이라고 대꾸했다고 한다. 이승만은 처칠을 '늙은이'라고 비아냥댔지만 처칠은 이승만보다 겨우 4개월 연상이었다.(New York Times 1960)

그래도 휴전을 원한 북한과 중국

세계 여론이 들끓자 이승만은 "이대로 휴전협정이 조인될 경우 한국군은 유엔군에서 이탈하여 독자적 행동을 취하지 않을 수 없다"고 맞섰다. 이승만에게 항의하기 위해 바로 그날로 도쿄에서 날아온 클라크에게 이승만은 "내가 장군에게 미리 얘기해주었다면 장군의 입장이 더 곤란했을 것 아니겠소"라고 대답했다.(백선엽 1989)

이승만의 반공포로 석방은 북한과 중국의 휴전회담 거부를 유도하여 휴전협정 체결을 지연 또는 파탄시키려는 계산으로 이해되었다. 그러나 당시 미국 보수언론을 대표하던 『로스앤젤레스타임스(Los Angeles Times)』(1953년 6월 24일자)는 이승만의 반공포로 석방에 대해 "영국을 구하기 위해서는 악마와도 손을 잡겠다"는 처칠의 말을 상기시키면서 "공산군 측이 정말 휴전을 원한다면 포로 석방이 문제되지는 않을 것"이라고 말했다. 처칠의 말을 인용한 건 적절치 않았지만, 포로 석방이 휴전을 막을 수 없다는 언급은 맞아떨어졌다. 공산군 측은 정말 휴전을 절실히 원했던 것이다.

공교롭게도 이승만이 반공포로를 석방한 바로 그날에 열린 휴전회담에서 북한의 남일(1913~1976)은 "휴전협정이 체결될 경우 유엔군이 한국군을 통제할 수 있는지"를 물었다. 또 6월 28일 중국의 신화통신사(新華通訊社)는 "이승만이 미친개처럼 꼬리를 흔들고 있으며 휴전협상을 궁지로 몰아넣고 있다"고 비난하면서도 "머리가 꼬리를 다스리건 꼬리가 머리를 다스리건, 결정하고 대답하는 것은 워싱턴 당국이 할 일"이라는 점을 강조하였다. 이 성명은 공산군 측이 미국 측의 해명을 듣겠다는 뜻으로 해석되었고, 곧 미국 측의 해명은 받아들여졌다.(Goulden 1982)

38선 근처의 '땅따먹기 싸움'

이승만이 반공포로 석방을 통해 노렸던 것은 한미상호방위조약을 확실하게 얻어내는 일이었다. 반공포로 석방은 이승만이 이를 위해 그간 외쳐온 '북진통일'의 연장선상에 놓여 있는 대(大) 이벤트였던 것이다. 일주일 후에 열린 '6·25 북진통일의 날 국민대회'는 그런 의지와 결의를 다지는 대회였다. 이는 이승만, 국무총리 백두진(1908~1993), 대법원장 김병로(1887~1964) 등 모든 거물이 참석한 대규모 대회였다.

바로 그 시간 38선 근처에선 치열한 '땅따먹기 싸움'이 벌어지고 있었다. 정전협정 체결이 다소 지연될 수는 있을망정 번복할 수 없는 대세라는 것이 확실해진 이상 땅을 조금이라도 더 빼앗겠다는 싸움이었다. 휴전을 절실히 원한 북한은 이승만의 휴전 동의를 끌어내기 위해서라도 국군을 강타할 필요가 있었다.

6월 25일에 최고조에 이른, 6월 한 달 동안의 전쟁에 미군은 전쟁 기간을 통틀어 가장 많은 포탄을 터뜨렸다. 6월 한 달 동안만 쌍방이 각각 자기 쪽 피해로 인정한 수가 3만여 명씩 모두 6만여 명이나 되었다.

6월 25일 바로 그날 아이젠하워의 특사인 국무성 극동문제 담당 차

정전협정 체결을 앞둔 상황에서도 38선 근처에선 영토를 차지하기 위한 전투가 끊이지 않고 계속되었다.

관보 월터 로버트슨이 서울을 방문하였다. 로버트슨은 7월 11일까지 이승만과 14회 회담을 가졌다. 서울에서는 로버트슨이 가는 길목마다 휴전 반대 데모가 진을 치고 있었으며, 시위 구호들은 영어로 쓰여 있었다. 마침내 미국은 7월 12일 한미상호방위조약을 체결하는 데 합의했다. 이승만과 로버트슨이 합의한 것은 휴전성립 후 상호방위조약 체결, 경제원조, 한국군 20개 사단으로 증강 등이었다.

훗날 로버트슨은 이승만에 대해 "교활하고 임기응변의 재주가 있는 장사꾼 기질에 더하여 그의 나라를 국가적 자살행위로 충분히 몰아넣을 수 있을 만큼 고도로 감정적이고 비합리적, 비논리적인 광신도"라고 말했다. 그런가 하면 아이젠하워는 휴전조약이 맺어지기 며칠 전 그의 일기에 이렇게 썼다.

"공산주의자들과 남한정부 둘 다 너무 많은 어려움을 가져다주었다. …… 이승만이 너무나 비협조적이었거나 고집을 부린 사례들은 일일이 열거하기가 힘들 정도로 많다. …… 물론 공산주의자들이 적이라는 것은 엄연한 사실로 남아 있다. 그러나 이승만은 너무나 불만스러운 동맹자이며, 그를 아무리 심한 말로 비난해도 지나치지 않다."
(홍용표 2000)

이승만의 반공포로 석방은 국내의 일부 우익 정치인들마저 동의하기 어려운 일이었다. 조병옥(1894~1960)은 이승만이 유엔정책에 반하여 지나친 행동을 했으며 외교상의 큰 손실을 가져올 것이라고 평가했다. 이 발언이 널리 알려지면서 조병옥을 규탄하는 벽보가 나붙었다. 조병옥은 급기야 심야에 쇠뭉치로 머리를 맞아 실신하는 린치까지 당했다. 정부는 조병옥을 육군형무소에 수감시켜 조사를 하면서 대통령 암살음모사건과 연계시키려고 들었다. 사실 이것이 바로 이승만식 반공주의의 가장 이상한 점이었다. 민주주의와 양립하기 어려운 반공주의라고나 할까.

참고문헌 Cumings & Halliday 1989, Goulden 1982, Gwertzman 1975, New York Times 1953 · 1960, Stueck 2001, 김성진 1999, 김창수 2001, 김창훈 2002, 리영희 1994, 백선엽 1989, 서중석 1999, 안용현 1992, 온창일 2000, 이영석 1987, 임대식 1994, 조선일보사 1990, 한용원 1990, 한홍구 2003, 홍용표 2000

전 인구의 10분의 1을 죽인 전쟁
한국전쟁 정전협정 조인

7월 27일 정전협정 조인

1953년 7월 27일 오전 10시 9분 판문점에서 미 해군 중장 윌리엄 해리슨(William K. Harrison Jr., 1889~1987)과 북한 인민군 대장 남일의 서명으로 정전협정이 조인되었다. 이어 마크 클라크 유엔군 사령관과 김일성 북한군 최고사령관, 펑더화이(彭德懷, 1900~1974) 중국인민지원군 사령원이 협정문서에 최종 서명했다. 소련이 정전회담을 제의한 지 25개월 만에, 모두 765차례의 회담 끝에 이루어진 결과였다. 한국은 이승만의 휴전 반대로 서명하지 않았는데, 이는 두고두고 북한이 한국을 배제한 채 미국과 직접 상대하려는 시도의 빌미가 된다.

휴전선의 총 길이는 248킬로미터, 남방한계선과 북방한계선 사이의 비무장지대의 거리는 4킬로미터였으며, 이렇게 해서 조성된 비무장지대의 면적은 3억 평으로 여의도의 약 120배 규모였다. 이때 탄생된 DMZ(Demilitarized Zone)라는 단어는 남한과 북한을 나누는 38도선

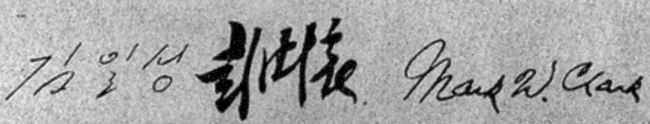

한국군 대표의 서명이 없는 정전협정서(군사편찬연구소 제공).

분쟁지역의 의미를 넘어서 일반적인 비무장지대를 가리키게 된다. 휴전을 감시할 중립국 감시위원회 참가국은 스위스, 스웨덴, 체코, 폴란드, 인도 등 5개국이 뽑혔다.

  마크 클라크는 정전협정에 최종적으로 서명하고 난 뒤 "나의 군 경력을 통틀어 이처럼 수치스럽고 하기 싫은 서명을 해본 적이 없다"고 개탄했다. 미국 역사상 최초로 전쟁을 승리로 끝맺지 못하고 정전협정에 조인한 불명예스러운 군인이 되었다며 집에 돌아와 부인을 부여잡고 펑펑 울었다고 한다.(한홍구 2003)

  휴전을 가장 기뻐한 사람은 전쟁을 도발한 김일성이었다. 이 무슨 역설인가. 이는 김일성의 개전(開戰) 자체가 큰 판단 착오이거나 무모한 모험주의에 근거했다는 것을 말해준다. 한국전쟁은 이념이나 가치의 문제를 떠나 지도자의 '책임윤리 부재'가 얼마나 큰 비극을 낳을 수 있는지를 여실히 보여준 대재앙이었다.

이날 『뉴욕타임스』는 "양쪽은 마치 휴전이 아니라 전쟁선포에 합의하는 것처럼 보인다"고 보도했다. 휴전협정 조인 직전인 7월 중순 한 주 동안에만도 양쪽이 '땅따먹기 싸움'을 벌이는 바람에 양쪽을 합쳐 거의 10만여 명이 죽었으니, 그럴 만도 했다.

아니 휴전협정 서명 이후에도 전쟁은 계속되었다. 전투행위는 서명 시점의 12시간 이후부터 중지하게끔 돼 있었기 때문이다. 강정구(1993)에 따르면, "군사적 좌절감에 빠진 미국은 정전협정 서명 후 발효까지의 12시간 동안 이러한 패배감과 분노를 타락하고 야만스런 보복행위로 표출시켰다. 정전발표 30분 직전에 중폭격기 편대가 평양시를 마지막으로 강타한 것이다. 또 정전 서명 1시간 20분 직후 미국 세이버 제트기 4대가 중국 영토 100킬로미터 내에 있는 민간비행장에 침투해 소련 민간항공기를 폭격, 15명의 승객과 6명의 승무원을 살상했다."

전 인구의 10분의 1을 죽인 전쟁

8월 15일 광복절을 맞아 정부도 서울로 돌아왔지만, 전쟁이 남기고 간 상처는 너무도 처참했다. 이 전쟁은 "20세기의 그 어떤 전쟁보다도 민간인 희생비율이 높은 '더러운 전쟁'이었다."(한홍구 2003) 또한 "그 잔인성에 있어서는 20세기의 국제전이나 내전 과정에서 발생한 다른 어떤 학살을 능가하였"고 "인간이 인간에게 얼마나 잔인해질 수 있는지를 보여준 전쟁 백화점이었으며, 인간의 존엄성이 얼마나 무참하게

1950년 한국전쟁으로 인해 500만 명 이상의 난민이 갈 곳을 잃었다.

파괴될 수 있는지를 보여준 살아 있는 인권 박물관이자 교과서였다."
(김동춘 2000)

어느 전쟁이건 전쟁에서의 인명 피해를 정확히 집계한다는 것은 매우 어려운 일이다. 한국전쟁은 더욱 그랬다. 그래서 각 자료마다, 연구자마다 통계 수치가 다 다르다.

윌리엄 스툭(William W. Stueck, Jr. 2001)은 이 전쟁에서 사망자, 부상자, 실종자를 포함한 인명 손실이 300만 명으로 전체 인구의 10분의 1이나 되었으며, 1000만 명이 가족과 헤어졌고 500만 명은 난민이 되었다고 말한다.

김동춘(2000)에 따르면, "북한에서는 250만의 군인과 민간인이 죽었다. 전쟁 과정에서의 월남자가 65만 정도라는 연구 결과를 토대로 하면, 남한에서는 전쟁 과정에서 195만여 명의 군인과 민간인이 목숨을 잃었을 것으로 추산된다."

브루스 커밍스(Bruce Cumings)와 존 할리데이(Jon Halliday)는 총 사망자 수가 300만 이상이 거의 확실하며 아마 그도 넘는 400만에 이를 것으로 추산한다. 이들은 전쟁이 시작될 즈음 총인구 3000만이었던 나라에서 이 숫자가 너무 많지 않은가 의심스럽기도 하겠지만 거의 믿을 수 없을 정도로 심한 폭격, 의료시설의 태부족, 식량 부족, 혹한, 초토화전술에 대비한 피난처의 부족 등을 고려한다면 그 숫자는 의심할 바가 못 된다고 말한다.(Cumings & Halliday 1989)

"분명히 많은 수의 사람들이 북한에서 죽었다. 그러나 북한도, 중공도 얼마나 죽었는지 밝히지 않을 것이다.(그들도 정확한 숫자는 모를 것이다.) 우리가 추정컨대 200만 명 이상의 북한 민간인과 약 50만 명의 북한 병사들이 죽었을 것이다. 그리고 약 100만 명의 중공군이 죽었다.(중공의 한 일차자료는 그 숫자를 300만으로 기록하고 있지만 말이다.) 약 100만 명의 남한 민간인이 죽었고 전투와 관련해서는 약 4만 7000명이 죽었다. 전투와 무관한 사망은 아마 더 많을 것이다. 미군은 5만 4246명이 죽었는데 그중 3만 3629명이 '전투 중 사망'이다. 여타 나라의 사망자 총수는 3194명에 이르는데 그중 686명이 영국인이다. 유엔군 중 사망률과 부상률이 높은 나라는 터키, 그리스, 프랑스다."

미국의 놀라운 풍요가 낳은 재앙

역설이지만, 한국전쟁의 최대 비극 중 하나는 미국이 이룩한 놀라운 풍요였다. 한국은 미국의 그 놀라운 풍요 덕을 크게 보았다. 그러나 동시에 그 풍요가 전 한반도를 대량학살의 무대이자 폐허로 만드는 데에 결정적인 기여를 하였다.

전쟁 중 미 해군 수병들은 함포탄 한 발의 가격이 최고급 승용차 캐딜락 한 대의 값과 맞먹는 1만 달러라는 뜻에서 함포사격 구령에 맞춰 "캐딜락 한 대가 날아간다(One more Cadillac on the way)"고 복창하곤 했다. 다른 나라에서 벌어진 전쟁에 수백만 대의 캐딜락을 쏟아부을 수 있는 나라는 지구상에 미국밖엔 없었다. 미국의 한국전쟁 전비(戰費)를 국방부는 180억 달러, 상무부는 675억 달러, 미의회도서관은 340억~790억 달러로 추산하였다. 그 엄청난 돈의 상당 부분은 폭탄 값으로 쓰였다. 전후 한국전쟁 전쟁사가들은 한반도 전체 파괴의 90퍼센트가 직접적으로 미군의 물량작전, 융단폭격에 의한 것으로 보고 있다.

"애당초 해방군이 아닌 점령군으로 한반도에 진주했던 미군에게 있어서 한반도와 한국민은 단지 전투수행을 위한 작전 대상물에 불과했다. …… 미군은 매일 500대에서 1500대의 폭격기와 전투기를 출격시켰고, 개전 후 1953년 4월까지 26만 발의 중·대형 폭탄, 2억여 발의 탄환, 약 40만 발의 로켓탄, 약 150만 발의 네이팜탄을 사용했다. 이는 2차 세계대전 당시 미군이 태평양전쟁 중에 사용한 폭탄량을 상회하는 정도라고 한다."(권영진 1990)

네이팜탄은 전폭기에서 투하되는 젤리형 가솔린으로, 가솔린이 발화하면서 젤리가 사람 몸에 눌어붙는 무시무시한 폭탄이었다. 그 효과는 어떠했던가? 『뉴욕타임스』의 기자 조지 배럿(George W. Barrett, 1913~1984)의 목격담에 따르면, "마을과 들판에 있던 주민들이 폭탄세례를 맞고 죽어 있었는데, 네이팜탄이 공격했을 때 그들이 취하고 있

1952년 5월 미 공군 전투기가 민간 마을에 네이팜탄을 떨어뜨리고 있다.

던 자세 그대로였다. 예컨대 막 자전거를 타려는 남자, 고아원에서 놀이를 하고 있는 50명의 소년소녀들, 이상하게도 상처 하나 없이 한 손에 시어스 로벅 카탈로그에서 찢어낸 …… 종이 한 장을 쥐고 있는 주부가 그러했다."(Cumings 2001)

존 포드(John Ford, 1894~1973) 감독의 1951년 작 영화 〈이것이 한국이다!(This Is Korea!)〉는 공포 없이는 볼 수 없는 네이팜탄의 끔찍한 모습을 담았다. 불타오르는 한 장면에서 해설자는 짧게 말한다. "태워라! 구워라! 튀겨라!"라고. 북한의 모든 도시들이 그렇게 태우고 굽고 튀기는 폭탄 세례를 받았지만, '원산 폭격'은 세계 전사(戰史)에 신기록을 세웠다. 미 해군 소장 스미스(Oliver P. Smith, 1893~1977)의 증언에 따르면, "미 함정은 원산을 밤낮없이 폭격했다. …… 그것은 아마도

한 도시에 이루어진 함포공격이나 공중폭격으로는 역사상 최장시간일 것이다. …… 원산에서는 길거리를 걸어 다닐 수 없다. 24시간 내내 어느 곳에서도 잠을 잘 수 없다. 잠은 죽음을 의미했다."

공식 미 해군사에 따르면, 원산 폭격은 "현대 미 해군 역사상 최장의 것"이었다. 그 공격은 861일간이나 계속되었고, 종전시간인 1953년 7월 27일 오후 10시, 휴전 1분 전에야 끝이 났다. 동 기록에 의하면 원산은 그때 "완전 폐허가 되었으며 멀쩡한 건물은 한 채도 없었고, 공장들도 땅에 파묻혀 버렸다."(Cumings & Halliday 1989)

'지금은 한국인으로 태어날 때가 아니다'

너무 많은 돈을 쏟아부은 탓에 북한의 78개 도시를 "지도 위에서 완전히 없애버린다"는 미국의 계획은 목표를 초과 달성하고 말았다. 전쟁 기간 북한에는 1제곱킬로미터당 18개의 폭탄이 퍼부어졌다. 톤수로는 63만 5000톤의 폭탄과 3만 2557톤의 네이팜탄이었다.

미국 측 분석에 의하면 미 공군의 폭격으로 북한의 공업 및 주거시설의 3분의 2 내지 4분의 3이 파괴되었으며, 나머지도 주변시설의 부족으로 사용할 수 없는 상태였다. 북한 주민들은 '정신적인 공황상태'에 빠졌으며 '미제의 잔인함'을 뼈저리게 체험했다. 미군의 폭격으로 모든 게 파괴되고 전 인구의 약 3분의 1이 죽거나 다친 나라의 사람들이 한(恨)에 사무친 반미의식을 갖지 않는다면 그게 오히려 더 이상한 일일 것이다. 오늘날까지도 계속되고 있는 북한의 집요한 반미의식의 배경이다.(홍용표 2000)

당시 미국 태평양 지역 사령관 르메이(Curtis E. LeMay, 1906~1990)의

선언에 따르면, 3년 1개월 동안의 한국전쟁 중 미국 공군의 융단폭격으로 북한 땅에는 "서 있던 것은 남김없이 쓰러졌다. 탈 수 있는 것은 남김없이 타버렸다. 남은 것은 바위와 돌뿐이다. 초가집 한 채 남지 않았다. 북한은 이제 석기시대로 돌아갔다."(리영희 1999)

미국이 "북한은 100년이 걸려도 두 번 다시 일어나지 못한다"고 공언할 만도 했다. 사정이 그와 같았으니, 존 할리데이(Halliday 1984)가 한국전쟁은 "반공(反共)을 위한 전쟁이 아니라 반한(反韓)을 위한 전쟁이었다"고 말한 것도 무리는 아니다.

미국의 풍요와 더불어, 미군의 인종차별주의도 문제였다. 미 존슨 행정부 시절 법무장관을 지낸 반전·평화주의자 램지 클라크(William Ramsey Clark)는 한국전쟁의 본질이 '인종말살정책'에 있다고 주장했다. "유대인에 대한 독일 나치의 '홀로코스트'와 같은 맥락입니다. 우월한 백인 병사들이 열등한 유색인종 전체를 작전·전투 대상으로 설정하고 남과 북, 전방과 후방, 군인과 민간인을 가리지 않고 모두 살육했던 거죠. 그들의 목적은 한민족의 독립과 자유가 아니라, 미국이 아시아에서 가질 정치·경제적 이익을 찾는 것이었으니까요."(안수찬 2001)

클라크의 이런 견해는 좀 지나친 면이 있지만 '노근리 사건'에서 잘 나타났듯이, 당시 미군들에게 널리 만연해 있던 'gook(미군들이 동남아시아인을 경멸하여 부르는 속어) 신드롬'이 한국전쟁의 비극을 배가하는 데에 기여한 것은 분명한 사실이었다. 미국『시카고 데일리 뉴스(Chicago Daily News)』특파원 키이스 비치(Keyes Beech, 1913~1990)는 "지금은 한국인으로 태어날 때가 아니다. 양키들이 한국인들을 눈에 떠는 대로 쏘아 죽이고 있기 때문이다. 신경질적인 미군은 어떤 한국인이든 쏴 죽일 태세였다"고 썼다.(Halliday 1984) 그랬다. 1950~1953년은 한국인으로 태어날 때는 정녕 아니었다.

미국과 세계 경제를 구원한 한국전쟁

한국전쟁에 대해 윈스턴 처칠은, 한국은 고려의 대상이 아니라면서 "내가 일흔네 살 먹도록 그렇게 유혈적인 참극이 일어난 곳은 보지 못했다. 한국전쟁의 중요성은 미국의 재무장을 가져온다는 사실에 있다"고 말했다. 재무장 정도가 아니었다. 미국은 한국전쟁을 계기로 세계 초강대 군사국으로서의 위치를 확고하게 굳힐 수 있게 되었다. 전쟁 기간 동안 미군은 150만 명에서 350만 명으로 늘어났고 연간 군사예산은 1950년 150억 달러에서 1953년엔 500억 달러로 팽창하였다.

한국전쟁 이전에 군비 증강이 어려워 고민에 빠져 있던 미국에게, 국무장관이었던 애치슨(Dean G. Acheson, 1893~1971)의 표현에 따르면 "한국전쟁이 나타났으며 그리하여 미국을 살려주었다."(김학준 2003) 1954년 한 세미나에서는 맥아더 또한 "한국이 우리를 구해주었다"고 말했다.(김동춘 2000) 그런 맥락에서 윌리엄 스툭은 한국전쟁이 일어나지 않았다면 다른 어디에서라도 전쟁은 일어났을 것이라며 "한국전쟁은 미소(美蘇) 간 3차 대전의 대리전이었다"고 주장한다.

과연 그렇게 보아야 할까? 혹 결과론적 결정론은 아닐까? 앞서 살펴본 바와 같이 그렇게 보기 어려운 면들이 있는 것도 분명한 사실 아닌가. 어쩌면 지나치게 거시적으로 본 판단일 수도 있다. 거시적 시각과 미시적 시각의 조화가 필요하다 하겠다.

설사 한국이 미국을 구해주었다고 하더라도, 미 군부와 군수산업의 입장에선 그리 볼 수 있을망정 그러한 '구원'은 전 세계는 물론 미국에게도 불행한 결과를 초래하게 되었다. 한국전쟁으로 인해 대규모로 증가된 미국의 군비는 그걸로 먹고살고 번영을 누리는 사람과 집단들의 이해관계로 인해 이후 '후퇴 없는 전진'으로 계속 늘어나면서 전 세계를 '전쟁 경제'의 소용돌이로 몰아간다.

한국전쟁은 미국의 재무장만 가져온 것이 아니었다. 한국전쟁을 계기로 서방 주요국가의 군사예산도 막대한 규모로 팽창했다. '서방동맹'이라는 이름 아래 일본과 서독이 재무장을 하고 이를 강화하기 시작했다. 인간 세계는 묘한 곳이다. 서로 죽이는 전쟁을 치른 후엔 경제부흥이 일어나곤 했으니 그것에 맛을 들인 인간들이 전쟁을 포기할 리 없지 않은가. 한국전쟁도 예외는 아니어서 전 세계에 경제 부흥의 기회를 제공했다.

브루스 커밍스는 뉴딜(New Deal)이 20세기 미국의 제1차 국가 부흥의 계기였다면 한국전쟁은 제2차 국가 부흥의 계기였다고 주장했다. 그러나 한국전쟁이 불러일으킨 세계적인 경제 부흥의 가장 큰 수혜자는 단연 일본이었다. 일본 수상 요시다 시게루(吉田茂, 1878~1967)는 한국전쟁을 "신이 내린 선물"로 평가하였다.(김동춘 2000)

스탈린이 사망한 1953년 3월 5일 도쿄 증권시장은 폭락했었다. 이른바 '스탈린 폭락'이었다. 이 '스탈린 폭락'이야말로 왜 한국전쟁이 일본에게 "신이 내린 선물"이었는지 그 이유를 잘 설명해준다. 일본은 한국전쟁 비극의 주요 원인 제공자였음에도 불구하고 그 비극 덕분에 역사상 최대의 호황을 누리게 되었는데, "그것은 단지 지정학적

이점에서 비롯된 것이 아니라 구체적으로 개입하여 전쟁의 피를 먹고 자란 것이었다."(도진순 2001)

일본에겐 축복이 된 한국전쟁

전쟁은 일본 경제에 '가미카제(神風)'라고 불릴 정도로 호경기를 가져왔다. 일본은행 총재 이치마다 히사토(一萬田尚登, 1893~1984)는 "우리 재계는 구원받은 것이다"라고 회상했다.(와다 하루끼 1999) 미군은 모든 물자를 일본에서 조달했다. 주일 미국대사 로버트 머피(Robert D. Murphy, 1894~1978)는 "일본인들은 놀라운 속도로 그들의 영토를 거대한 공급기지로 전환했으며 그 결과 일본 없이는 한국전쟁이 치러지지 못할 정도였다"고 말했다. 심지어 얼음까지도 일본에서 갖다 썼으며, 빨치산 토벌을 위한 수백만 장의 투항 권유 전단까지 일본에서 인쇄했다.

영국 워위크대학의 역사학자 캘럼 맥도널드(Callum A. MacDonald, 1947~1997)는 "일본 경제를 재건하는 첫 번째 원동력이, 새롭게 해방된 한국의 마을과 산업시설을—이들 가운데 다수는 일본인들이 건설한 — 파괴하기 위해 사용된 네이팜 폭탄을 생산하는 데서 비롯된다는 사실은 역설이 아닐 수 없다"고 말했다.(MacDonald 1986)

일본이 그렇게 해서 벌어들인 특수는 24억 달러에 이르렀다. 그 덕분에 일본의 국제수지는 적자에서 흑자로 반전했다. 1950년 경제성장률은 10.9퍼센트, 1951년엔 13퍼센트를 기록했다. 1951년 외화 보유고는 9억 4000만 달러에 이르러 미국이 대일 원조를 종료할 정도였다. 휴전 후에도 일본은 미군의 계속적인 군수품 발주(發注) 등을 통해

1951년 샌프란시스코 회담에서 일본의 요시다 시게루 수상이 '화해'와 '용서'에 대해 성명서를 발표하고 있다.

1960년에 이르기까지 연간 5억~6억 달러 수준의 수입을 거두었다.

한국전쟁은 일본에 단지 호경기만을 가져다준 게 아니라 정체성 형성에도 큰 전환점이 되었다. 와다 하루끼(和田春樹)에 따르면, "일본은 한반도의 비극을 통해 이익을 얻어 전전(戰前)의 경제수준으로 부활할 수 있었고, 1955년부터 고도 경제성장의 기초를 만들었다고 할 수 있다. 한국전쟁이 가져온 이 경제 붐은 일본 국민의 의식을 경제제일주의의 방향으로 이끌었다."(와다 하루끼 1999)

경제제일주의와 더불어 일본 사회의 우경화 현상도 한국전쟁의 영향이었다. 반공전쟁을 틈타 전범들이 대거 사회에 복귀해 목소리를 높이기 시작했다. 이들의 영향력 강화는 결국 1955년 자유민주당 결성으로 나타났으며, 이 보수우익 정당은 향후 끝이 없는 장기집권을 하게 된다.

일본 사회의 우경화는 군국주의적 성향마저 부활시켰다. 한국전쟁 직후인 1950년 7월 경찰예비대가 7만 5000명 규모로 만들어졌고, 곧이어 해상경비대가 발족했다. 1952년 2월에는 경찰예비대를 토대로 방위대를 발족시켰고, 이는 1954년 7월에 일본 방위청 자위대로 확대되었다.

미국이 패전국 일본과 매우 관대한 평화조약 및 안보조약 체결을 서두른 것도 한국전쟁의 산물이었다. 1951년 9월 8일 샌프란시스코에서 체결된 대일 강화조약 및 태평양안보조약이 바로 그것이다. 샌프란시스코 평화조약은 일본에게 너무도 관대해 일본 총리 요시다 시게루조차도 "그 관용에 있어서 사상 유례없다"고 고백할 정도였다.

그리하여 일본은 1952년 4월 28일 공식적인 주권독립국으로 새롭게 출발했으며, 1956년 12월 18일 유엔에 가입한다. 이로써 "일본은 유엔에게 거대한 '은신처'이자 사활적 배후지가 되었고 정치적으로는 태평양전쟁의 수많은 기억을 쉽게 몰아내고 서방세계에 훨씬 안전하게 묶였다."(Cumings & Halliday 1989)

소련 외무장관 안드레이 그로미코(Andrei A. Gromyko, 1909~1989)는 이 평화조약의 조인을 거부하면서 다음과 같은 이유를 내세웠다. "이 조약은 합의를 본 연합국의 결정과 모순된다. 이는 일본이 침략으로 고통받은 나라들의 안전을 보장하지 않고, 그들의 정당한 요구를 무시하며, 일본 군국주의를 재생할 조건을 만들어내는 것이어서, 전 세계에 중대한 결과를 초래할 것이다."(Gromyko 1990)

그 중대한 결과의 최대 피해자는 한국이 되었다. 한국을 전승국에서 제외한 샌프란시스코 평화조약은 일본에게 재일동포 문제 등에 보상 처리를 하지 않아도 되는 성과와 더불어 영토 문제에서도 큰 이익을 안겨주었다. 일본은 이 틈을 이용해 독도까지 넘보았다. 『아사히신문』 1951년 9월 15일자는 「일본으로 반환되는 다케시마(독도)」라는 제목의 독도 탐방기를 사진과 함께 사회면 머리기사로 싣기까지 했다. 일본의 그런 작태는 한국이 전쟁으로 정신이 없는 틈을 타서 저지른 기만적인 술수였지만, 일본의 '독도 넘보기'는 이후 반세기가 넘게 계속된다.

한국전쟁 발발은 한국의 자생력을 36년간 압살했던 일본에게도 큰 책임이 있었고 일본은 전범국가로서 그에 합당한 응징을 받아야 했지만, 이처럼 한국전쟁은 일본에겐 큰 축복이었다. 그런 의미에서 보면 한국전쟁은 '반공(反共)이 아닌, 반한(反韓)을 위한 전쟁'이었음에 틀림없다 하겠다.

잊히는 한국전쟁…미국선 "잊지 말자"

북한은 정전협정 20주년을 맞은 1973년부터 7월 27일을 '조국해방전쟁 승리기념일'로 지정했으며, 43주년인 1996년부터는 10대 명절로 정해 아예 공휴일로 만들었다. 이에 육정수(2009)는 "전승일(戰勝日)이라는 거짓 주장도 가증스럽지만 아무런 생각이 없는 우리에게도 문제가 있다"며 "7월 27일은 바람 앞의 등불 같은 적화(赤化) 위기에서 유엔군의 도움으로 대한민국을 지켜낸 소중한 날이다. 그런데도 국군 참전용사들에 대한 고마움을 표시하는 행사도 없고 태극기마저 게양하지 않는다"고 개탄했다.

2009년 7월 미국 상·하원은 7월 27일을 한국전쟁 참전용사를 기리는 국가기념일로 지정하고 성조기를 조기(弔旗)로 게양하는 '한국전 참전용사 인정법안(Korean War Veterans Recognition Act)'을 통과시켰다. 그간 조기로 다는 기념일은 현충일이 유일했다. 아울러 한국전쟁 휴전기념일은 미국 관공서 등에서 법적으로 국기를 공식 게양하는 19번째 기념일이 된다. 버락 오바마(Barack H. Obama) 대통령은 포고문에서 "정전 협정이 체결된 지 56년이 지났지만 미국인들은 한국전쟁 참전용사들의 용기와 희생에 여전히 감사하고 있다"며 "모든 미국인이 이날을 한국전쟁 참전용사를 기리고 감사하는 날로 지켜달라"고 당부했다. 이에 『중앙일보』는 2009년 7월 28일자 사설에서 다음과 같이 주장했다.

"6·25 참전용사에 대한 미국 사회의 극진한 예우는 6·25에 대한 우리 사회의 인식과 대응을 되돌아보게 한다. 행정안전부 등 각종 여론조사에 따르면 20대의 56.6퍼센트가 6·25가 언제 일어났는지 모른다고 응답했다. 중·고교생의 절반 이상이 북한의 남침을 모르고 있는 것으로 나타났다. 심지어 육군사관학교 신입생도의 34퍼센트가 주적(主敵)이 미국이라고 답한 적도 있다. 그동안 우리 교육현장에선 어떤 일이 벌어지고 있었는지 참담할 지경이다. 이처럼 오도된 역사 인식부터 하루빨리 바로잡아야 한다."

참고문헌 Bryson 2009, Cumings 2001, Cumings & Halliday 1989, Gromyko 1990, Halliday 1984, MacDonald 1986, Neale 2004, Oberdorfer 1998, Stueck 2001, Torkunov 2003, 강정구 1993, 권영진 1990, 김동섭 2009, 김동춘 2000, 김성진 1999, 김진국·정창현 2000, 김학준 2003, 도진순 2001, 리영희 1999, 박건식 2002, 박세길 1988, 박은봉 1997, 백선엽 1989, 서주석 2000, 안수찬 2001, 와다 하루끼 1999, 육정수 2009, 이대근 2002, 이완범 2000, 이한구 1999, 정해구 1990, 중앙일보 2009, 최상연 2009, 한홍구 2003, 홍용표 2000

이승만의 '반공 선민주의'
한미상호방위조약 체결

한미상호방위조약 조인

이승만이 세계를 경악게 한 '반공포로 석방'과 그 수많은 북진통일 궐기대회 후원을 해가면서까지 갈구했던 '한미상호방위조약'의 체결이 마침내 1953년 8월 3일부터 협상에 들어가 8월 8일 그 최종안을 서울에서 가조인했다. 가조인이 끝난 후 미 국무장관 존 포스터 덜레스는 이승만에게 낚싯대 한 벌을 선사했다. 이승만은 한국말로 "이 친구들이 이제 낚싯대를 주면서 고기는 우리더러 잡으라는 말이로군"이라고 혼잣말처럼 중얼거렸다. 그럼에도 이승만은 크게 만족하여 이런 성명서를 발표했다.

"한미상호방위조약이 성립됨으로써 우리는 앞으로 여러 세대에 걸쳐 많은 혜택을 받게 될 것이다. 이 조약이 있기 때문에 우리는 앞으로 번영을 누릴 것이다. 한국과 미국의 이번 공동조치는 외부침략으로부터 우리를 보호함으로써 우리의 안보를 확보해줄 것이다."

1953년 10월 1일 변영태 외무장관이 한미상호방위조약 비준서에 서명하고 있다. ⓒ 연합뉴스

한미상호방위조약은 10월 1일 워싱턴에서 양국 외무장관의 서명을 거쳤지만, 이후 비준서 교환은 여의치 않았다. 전문과 6개조로 이뤄진 상호방위조약 가운데 제6조가 문제였다. 제6조는 "본 조약은 무기한으로 유효하다. 어느 당사국이든지 타 당사국에 통고한 후 1년 후에 본 조약을 중지시킬 수 있다"고 돼 있었다. 이승만은 이 조항이 불만이었다. 이승만은 무한정을 요구했고, 미국 측은 미·필리핀상호방위조약에 유효기간을 정한 규정이 있음을 들어 반대의견을 표시했다. 그래서 비준이 지체되고 있었다.(김창수 2001)

리처드 닉슨의 방한(訪韓)

휴전을 반대하기 위해 이승만이 벌인 일련의 대형 이벤트들 때문에 세계는 아직 이승만을 믿지 못하고 있었다. 1953년 10월 인도 수상 네루가 "한국이 휴전 조항 무효를 기도하고 있다"면서 "유엔군 사령부

1953년 부인과 함께 한국을 방문한 닉슨 부통령(오른쪽). ⓒ U.S. Department of Defense

는 한국 정부가 취하는 행동에서 관계를 완전히 끊을 것을 바란다"고 말하자, 공보처장 갈홍기(1906~1989)는 네루를 '소련의 앞잡이'라고 비난했다.(김홍수 1994)

이승만은 1953년 11월 대만을 방문해 장제스(蔣介石, 1887~1975)를 만나 공동 성명을 발표했다. 아시아에서의 반공전선을 구축하겠다며 다른 나라들의 참여를 호소하는 내용이었다. 하긴 이승만은 이미 1949년부터 아시아지역의 집단안보를 역설해왔다.

그러나 워싱턴은 이승만을 불신의 눈초리로 지켜보고 있었다. 이승만이 언제 어떤 돌출행동을 저지를지 모른다며 경계의 시선을 거두지 않았다. 부통령 리처드 닉슨이 1953년 11월 13일 아이젠하워의 친서를 전달하기 위해 한국을 방문했다. 김포공항에서 경무대에 이르기까지 태극기와 성조기를 손에 든 학생과 시민들이 열렬히 환영했다. 서울 장충단공원에서 열린 닉슨을 위한 환영음악회에서는 KBS 어린이 합창단이 노래를 하던 중 갑자기 무대가 꺼지는 소동이 벌어지자, 닉슨이 먼저 일어서서 격려의 박수를 치는 바람에 모두 따라서 박수를 치는 해프닝도 빚어졌다.

이승만을 만난 닉슨이 "각하는 어떻게 그렇게 영어를 잘하실 수 있습니까?"라고 묻자, 이승만은 이렇게 답했다. "닉슨 부통령, 본인은 귀하의 나이가 지금 39세라고 알고 있습니다. 본인은 귀하의 나라 미국에서 40년간(1905~1945년)을 살았습니다." 나이로 기선을 제압한 것까진 좋았지만, 아이젠하워의 친서 내용은 북진통일을 부르짖는 이승만으로선 영 못마땅했다. "한국의 독자적인 행동으로 한국에서 전쟁이 재발될 경우에 유엔군은 한국군을 돕지 않을 것이며, 모든 경제원조가 중단되고, 유엔군은 모든 필요한 조치를 취한다"는 내용이었기 때문이다.(박경재 1995, 온창일 2000)

이승만은 닉슨이 알아듣게끔 걱정하지 말라는 답을 주었다. 닉슨(Nixon 1978)은 후일 자서전에서 이승만이 엄포와 극단 정책의 면에서 공화당원들한테 교훈을 가르쳐줬다고 썼다. 닉슨은 공산주의자들을 다루는 데 있어 '예측 불가능성'을 보여주는 것이 얼마나 중요한지를 절감하면서 이승만이 얼마나 현명했는가를 깨닫게 된다는 말도 했다.

닉슨이 구사한 외교적 언사와는 달리, 덜레스는 적나라한 언어로 이승만을 '동양의 흥정꾼', '회피의 명수'였다고 평가했다. 커밍스(Cumings 2001)는 "이승만은 미국이 의지할 데가 자기밖에 없음을 알고는, 냉전으로 인해 주어진 대한민국의 엄청난 지정학적인 영향력과 판돈 모두를 싹쓸이하려는 강인한 포커꾼으로서의 타고난 기술을 이용"했다고 평가했다.

한미상호방위조약 발효

결국 제6조 건은 이승만이 수긍하는 식으로 비준 절차가 진행되었다. 한미상호방위조약은 1954년 1월 15일 한국 국회 인준, 1월 26일 미국 상원 인준을 거쳐 11월 17일에 정식 발효되었다. 그중 제4조는 "상호 합의에 의하여 미합중국의 육군, 해군과 공군을 대한민국의 영토 내와 그 부근에 배치하는 권리를 대한민국이 (미합중국에) 허여(許與)하고 미합중국은 이를 수락한다"였다. 이 조약으로 미국은 한국에 대한 안보공약과 더불어 미국이 유엔군의 일원으로 군대를 한국에 주둔시킬 수 있는 법적 근거를 마련했다.

이승만이 한미상호방위조약 체결을 요구할 목적으로 정전협정 조인을 거부하는 바람에, 이후 북한이 남한을 소외시키고 미국만 상대하려 드는 시도에 좋은 구실을 제공했다. 그런 문제에도 불구하고 한미상호방위조약이, 휴전이라는 카드로 미국의 양보를 얻어내 만든 이승만의 작품이라는 것이 지금까지의 일반적 주장이었다.

그러나 김창수(2001)는 이런 견해에는 미국의 봉쇄정책이 군사화되는 추세를 소홀히 다루는 문제점이 있다고 말한다. 이승만의 요구가 매우 강경했던 것은 사실이지만, 한미상호방위조약은 미국의 아시아 전략 차원에서 체결되었다는 점을 무시할 수 없다는 것이다. 김창수는 "미국은 일본열도의 안전을 확보하기 위해 한미상호방위조약을 이용하여 북한, 중국과 같은 사회주의 진영과 일본 사이에 완충지대를 형성한 것"으로 보았다.

이승만은 '세계적인 반공 지도자'

1954년 2월 이승만은 한국군을 인도차이나의 반공전쟁에 파견할 것을 제의했다. 또 그는 1954년 6월 한국에서 '제1회 아세아민족반공대회'를 개최했다. 6월 15일 진해에서 열린 아세아민족반공대회에는 대만, 태국, 필리핀, 홍콩, 마카오, 베트남, 류큐제도, 한국 등 8개국 대표가 참여했다.

이 회의는 공식적인 정부를 대표하는 자리가 아닌 그 나라의 국민을 대표하는 형식으로 이루어졌다. 이승만은 개회사에서 공산주의자들의 세계정복 야욕을 분쇄하자고 역설했다. 3일간의 회의 끝에 '아시아민족반공연맹'이 결성되었다. 이승만은 미국의 참여를 요청했으나 미국은 일본이 주요 역할을 하지 않으면 참여하지 않겠다고 했다.

이승만으로선 일본을 참여시킨다는 것은 상상할 수조차 없는 일이었으니, 미국이 빠진 가운데 '아시아민족반공연맹'이 힘을 쓸 리는 만무했고 곧 사라지게 될 것이 분명했다. 실제로 그랬다. 여기서 주목할 점은 이승만의 '반공 선민주의(選民主義)'다. 이승만은 세계적인 반공 지도자 노릇을 하고 싶었다. 이승만의 지지자들이 이승만을 예찬할 때에 빠지지 않고 등장했던 것이 바로 이 '세계적인 반공 지도자'란 말이었다.

그런데 떼를 쓰다시피 해서 한미상호방위조약을 얻어낸 나라가 아시아를 넘어 전 세계의 반공 지도자 국가 노릇을 한다는 게 가당키나 한 일이었을까? 이승만의 논리로는 가능할 뿐만 아니라 너무도 당연한 일이었다.

이승만은 외국의 원조도 당당하게 받아야 한다고 역설했다. 국민의 목숨을 희생해 세계를 구원하는 반공(反共)의 선두에 한국이 있기 때문에 한국인들은 외국 원조 요청을 부끄럽게 생각할 필요가 없다고 역설했던 것이다.

이승만의 그런 논리는 그의 지지자들에 의해 자주 설파되었다. 휴전 직후 공보처장 갈홍기도 한국이 세계의 중심으로 부상했다고 주장했다. 한국은 전쟁으로 인해 멸공투쟁 혹은 멸공위업의 '선봉선구국'이 되었다는 주장이었다.

비단 이승만의 지지자만 그러한 논리를 편 게 아니었다. 이승만의 반대파들도 반공(反共)에 몰두하다가 본의 아니게 사실상 이승만의 주장을 돕는 견해를 피력하기도 했다. 예컨대 장면(1899~1966)은 "이 전쟁은 민주주의를 시련하는 새로운 전쟁이며, 한국은 무한히 자비하신 천주께로부터 전 세계가 민주주의 세력에 대한 신뢰를 새롭게 하는 데 도구로써 선택" 받았다고 주장했다.(강인철 1999)

이승만의 정적(政敵)까지 이런 주장을 해댔으니 이승만의 '반공 선민주의'와 이후에 나타나는 이승만의 '세계 4대 강국론(한국은 세계 4대 강국 중의 하나라는 것)' 담론이 허무맹랑한 것만은 아니었다고 보아야 할까? 한미상호방위조약의 이면에 얽힌 사연과 '반공 선민주의'는 너무도 대조적인 것이어서 이승만이 만신창이가 된 남한 국민들의 자존심을 살려주기 위한 배려에서 내놓은 게 아닐까 하는 생각마저 하게 만든다.

참고문헌 Cumings 2001, Johnston 1949, Nixon 1978, 강인철 1999, 김창수 2001, 김흥수 1994, 박경재 1995, 온창일 2000, 한표욱 1996

샌프란시스코
동경과 숭배의 대상으로서 미국

한국의 숭미주의

'친미(親美)'라는 말은 전쟁 중 그리고 전쟁 후에 한국인들이 미국을 동경하고 숭배했던 마음을 담아내지 못한다. '숭미(崇美)'라는 표현이 적절할 것이다. 숭미주의의 선봉엔 물론 이승만이 있었다. 이승만의 숭미 발언은 그것이 이승만식으로나마 한국의 이익을 꾀하기 위한 전략이었을까? 그리 보고 싶지만, 1950년대를 다루는 많은 자료들을 읽다 보면 그것이 바로 이승만의 진심이자 믿음이었을지도 모른다는 생각이 든다. 예컨대, 이승만의 다음과 같은 발언을 보자.

"미국은 식민주의를 가진 적이 없습니다. 미국이 필리핀이나 한국에 올 적에는 해방과 원조를 목적한 것이지 침략을 뜻하지 않았습니다. …… 필리핀에 들어간 것은 필리핀 사람을 교육시키고 도와주어서 독립권 얻기를 목적한 것이었음을 잊어버릴 사람은 없을 것입니다." (진방식 2004)

미국 들으라고 한 말일 수도 있겠다. 이런 주장이 이승만의 진심이었건 아니었건, 1950년대의 공식 담론이 이승만이 천명한 숭미주의 노선에서 벗어날 수 없었음은 분명했다. 1950년대를 통틀어 일반 민중의 숭미주의를 가장 잘 표현한 것은 1952년 손로원 작사, 박시춘 작곡, 장세정 노래로 나온 '샌프란시스코'가 아닐까 싶다.

"뷔너스 동상을 얼싸안고 소곤대는 별 그림자/금문교 푸른 물에 찰랑대며 춤춘다/불러라 샌프란시스코야 태평양 로맨스야/나는야 꿈을 꾸는 나는야 꿈을 꾸는 아메리칸 아가씨"

이 노래에 대한 이영미(2002)의 해설이 재미있다.

"이 노래를 직접 들려드리지 못해서 정말 유감이다. 아마 여러분들은 듣자마자 웃음을 참지 못했을 것이다. 왜냐하면 가사에서는 샌프란시스코 어쩌고 하면서 잔뜩 미국 이야기를 하고 있는데, 음악은 꼭 '홍콩아가씨'나 '아메리카 차이나타운' 같은 떵까떵까 중국 분위기이기 때문이다. 게다가 샌프란시스코에 난데없이 웬 뷔너스(원래 표기는 '비너스'가 맞지만 당시 가사에는 '뷔너스'로 표기되었다.) 동상? 뉴욕에 자유의 여신상이 있으니까 뭔가 동상이 있을 거라고 생각한 것인지 알 수가 없다. 노래가 경쾌하기는 하지만 그렇다고 일부러 장난치고 있는 것은 아니다. 오히려 이 노래에서는 강박관념 같은 게 느껴진다. 미국과 관련 있는 말이나 영어 단어를 몇 구절에 한 번씩 넣어야 한다는 강박관념 말이다. 비너스, 금문교, 샌프란시스코, 태평양, 로맨스, 아메리칸 등등. 마음으로는 버터 냄새를 풍기고 싶어 죽겠는데, 몸과 입은 아무리 해도 자장면이나 야끼만두(중국식 만두에 일본어 '야끼'란 말이 붙은 이 말이 꼭 이 노래들과 어울린다.) 냄새밖에 못 풍기고 그 속에서 김치 냄새가 풀풀 새어나온다."

'샌프란시스코'는 마력적인 상징

노래 '샌프란시스코' 가사의 의미를 제대로 음미하기 위해선 1952년의 전후 상황을 이해할 필요가 있다. 감히 반미(反美) 시위를 서울시청 앞에서 대대적으로 펼치곤 하는 2000년대의 '배은망덕'한 자세로는 이해가 불가능하다는 것을 염두에 둘 필요가 있겠다.

'샌프란시스코'는 마력적인 상징이다. 우선 영어 단어가 갖는 매력을 이해할 필요가 있겠다. '샌프란시스코'라는 단어를 입에 올린다는 것 자체가 대단히 선진적이요 진보적인 냄새를 피울 수 있었다. 김원일의 소설 『불의 제전』(1997)은 1950년대 초의 서울 풍경을 이렇게 묘사하고 있다.

"흔히 쓰는 말에도 영어를 섞어 썼다. '오케이'니 '노'로 긍정과 부정을 표시하고, 아침에 만나 인사할 때도 '잘 잤니?' '안녕' 하는 우리말로도 충분한데, '굿모닝' 하며 잘 돌지 않는 혀를 놀렸다. 또 '샤또 마우스' '기브 미' '갓 뎀' 이니 하는 말을 예사로 입에 올렸다. …… 포장된 큰길로 나가면 '오케이 사진관' '모던 악기점' 따위의 영어 간판이 흔하고 라디오 가게에서 흘러나오는 노래도 영어 노래가 많다. 신문 광고란을 보면 가루치약조차 '라이온 치마(齒磨)', 술 이름은 '비너스 뿌란듸'라 하여 칫솔질하거나 술잔 든 여자의 얼굴 그림과 함께 실린다. 여자 그림 또한 멋쟁이 도시 처녀라기보다 서양 여자와 닮은 모습이다. 뿐만 아니라 약 이름도 배탈 났을 때 '트리카볼', 기침 심할 때 '코푸시럽', 허약 체질에는 '네오톤'이 직효로 듣는다고 선

1950년 거리 풍경. 영어와 한글 간판이 어지럽게 섞여 있다. ⓒ Frank Lavigne

전한다. 그렇게 이름 붙인 영어 뜻을 서민이 제대로 알기나 하는지 모르지만 영어 이름은 최신 과학기술로 만든 고급품이란 그럴듯한 암시로 구매자를 호린다. 시장에 나가면 먹는 것 입는 것은 물론 가위 · 칼 · 병따개, 심지어 단추까지 미국 물건이 판을 친다. 홍기중 씨네 고물상 바깥마당에 키 넘게 재인 그 많은 헌 깡통과 빈 병도 대부분 미국 제품이거나, 그쪽 나라 것이 아니라도 한 군데에는 영어 글자가 찍혔다. 서울에서 거들먹거리며 산다는 층은 술과 청량음료도 미국 제품을 먹고 마시는 셈이다. 동구 형의 말로는, 밀가루 · 고무 · 나무 · 종이 · 철판, 갖가지 군수품은 물론, 초콜릿 · 껌 · 성냥까지 온통 미국 물건에 목줄 뽑고 산다 해도 별 틀린 말이 아니다."

'PX 경제' 체제하의 삶

1950년대 경제를 가리켜 'PX 경제'라고 일컬을 정도로 미군 PX에서 흘러나오는 제품들은 모든 사람들을 사로잡았고, 그걸 내다 파는 일은 가장 수지맞는 장사였다. 미제 물건의 위대함에 대한 경외감은 그 장사가 불법이었기에 더욱 강해진 것은 아니었을까? 박완서는 『그 산이 정말 거기 있었을까』(2003)에서 이렇게 말한다.

"생존의 마지막 발악 속에서도 눈에 띄게 초연하고 고상하고 알토란 같은 장사가 있었으니 바로 미제장수였다. 미제장수는 언제 단속반이 들이닥칠지 모른다는 위험부담 때문에 거의 노점이었고 좌판의 크기도 잘해야 밥상 넓이밖에 안됐지만 물건만은 금값처럼 에누리 한 푼 없는 현금장사였다. …… 피엑스 물건 하면 곧 고급의 사치품을 의미했다. 럭키 스트라이크와 카멜 담배, 밀키웨이 초콜릿, 럭스 비누, 나비스코 비스킷, 참스 캔디, 폰즈 크림, 콜게이트 치약. 그런 미제 물건들이 좌판에 빤짝빤짝하고 알록달록하게 모여 있는 것만 봐도 즐거운 눈요기가 되었고, 미국이란 나라에 대한 무조건적인 동경을 불러일으켰다. 구질구질한 시장 속의 난데없는 꽃밭 같은 이 작은 좌판들이 곧 미국의 부와 문화의 상징이었던 것이다. 여북해야 점잖은 척하는 신사도 어쩌다 럭키 스트라이크를 한 갑 사서 피우고 나서는, 그 맛보다는 그것으로 인하여 과시할 수 있는 품위를 잊지 못하여 그 갑에다 국산 담배를 넣어 가지고 다니겠는가. 이렇게 껍질조차 아까워서 못 버리는 미제를 통틀어 피엑스 물건이라 칭하지 않던가."

미제 물건에 대한 인기가 어찌나 높았던지 이런 사기사건도 있었다. 최현식(1994)의 소설 「샐비어」의 한 대목이다.

"(어머니는) 동대문시장에 쌀가게(노점)를 놓고 돈을 조금 쥐게 되었다. …… 골목길에서 깨끗한 옷차림의 젊은 여자가 나타나 불러 세우더라고. 나이는 스물댓쯤으로 보였고, 이쁘장하게 생긴 얼굴이 나쁜 인상은 아니었다. '아주머니, 피엑스에서 나온 고급 화장분인데 헐값으로 나누어 드릴 테니 살 생각이 없느냐?'고 방긋 웃어대며, 피엑스는 미군부대를 말하는 것이고, 분은 틀림없는 고급 미제, 도매가격도 안되는 헐값이니…… 이런 말들을 늘어놓고는 앞가슴 품속에서 분통을 꺼내 살짝이 열어서 냄새를 맡아보라고 내미는데, 그 향기가 그렇게 좋아 보일 수 없더라는 것이다. '가봅시다.' 물건이 있다는 곳으로 따라나섰다. 지니고 있던 돈을 몽땅 털어넣고 한 아름의 화장분을 보자기에 쌌다. 집에 와서 보니 통 속의 것은 밀가루였다."

초콜릿 · 껌 · 우유가루

어린 아이들은 미군이 던져주는 초콜릿과 껌만으로도 미국을 동경하고 숭배하지 않을 수 없었을 것이다. 진덕규(2000)에 따르면, "전쟁 때문에 학교도 정상적으로 다닐 수 없었던, 그러나 미군 지프차가 뽀얗게 먼지를 일으키면서 달려간 그 신작로를 신나게 뛰어갔던 우리들에게는 미군이 던져준 초콜릿이며 추잉검이 더할 수 없는 고마움의 선물이었다."

어떤 아이들은 미군들이 던져주는 것만 기다리진 않았다. 미군이 나타나면 '할로'와 '기브 미'를 외치며 따라다니기도 했다. 하근찬(1931~2007)의 소설 「왕릉과 주둔군」(1963)에 따르면, "'나 주이소!' / '나 주이소!' / '할로 할로. 나 주이소예.' /손을 내밀며 떠들어댔다./작

'기브 미 초콜레또'. 한 소녀가 미군이 준 초콜릿을 받아들고 좋아하고 있다. ⓒ 연합뉴스

자는 빙글빙글 웃으면서 깡통을 휘! 아이들 머리 위로 날렸다. 하늘로 솟아오른 깡통이 포물선을 그으며 날아가자 아이들은 와아 소리를 지르며 앞을 다투어 몰려갔다. 깡통이 땅에 떨어지자 아이들은 사정없이 그 위로 덮치는 것이었다./ '으앗앗핫하……' / 작자는 재미가 나서 못 견디겠다는 모양이었다."(김정자 1996)

미국의 강냉이가루와 우유가루도 어린 아이들이 떨치기 어려운 유혹이었다. "시골 아이들도 영어나부랭이 몇 마디씩은 배워서 지껄였고 초콜릿 맛이 어떤 것인지 그때 처음 알았다. …… 강냉이가루와 우유가루 같은 구제품은 이 땅에 기독교 교회가 불어나는 데도 한 몫을 했다. 내가 살고 있는 이곳 교회당도 1951년에 창립되었다. 주일날 양재기나 빈 도시락을 들고 가면 달콤한 우유가루를 얻는 재미로 아이들은 기를 쓰고 모여들었다. '목사 붕알 땡기면 우유가루 나오고/장

로 붕알 땡기면 강낭가루 나오고/기쁘다 구제품 나왔네/만백성 맞으라!'"(권정생 1995)

교회는 '샌프란시스코'의 관문

성인들도 다르진 않았다. 교회는 미국의 은혜와 풍요가 배급되는 주요 채널이었다. 그래서 교회에서 무료로 주는 미국 밀가루를 얻기 위해 교회에 다니는 이른바 '밀가루 신자'들도 많이 나오게 되었다. 물론 밀가루뿐만이 아니었다. 미국 교회의 수많은 원조가 한국 교회를 향해 밀려들었다. 예컨대 1950년부터 1954년까지 미국 장로교 해외 선교부는 약 180만 달러, 미국 연합감리교회는 160만 달러를 각각 모금하여 한국 교회에 제공하였다.

이진구(2003)에 따르면, "이러한 상황이 당시 한국 기독교인들에게는 바이블에 나오는 '선한 사마리아' 사람의 이야기로 받아들여졌다. 예루살렘에서 여리고로 가다가 '강도 만난 사람'이 한국 교회라면, 그를 도와준 '선한 사마리아 사람'은 미국 교회였던 것이다."

김홍수(1999)는 전쟁 기간 동안 교회로 쏟아져 들어온 구제품, 특히 의복·식량·약품·학용품 등은 교인들에게 전에 없던 신앙관의 변화를 가져다주었는데, 가장 두드러진 현상은 물질을 중시하는 신앙의 형성이었다고 말한다. 교인들이 품질 좋은 다양한 종류의 구제품을 보면서, 미국이 그렇게 부유하고 잘사는 이유를 하나님이 그들을 축복하여서 그런 것으로 생각하였다는 것이다.

그렇듯, 교회는 샌프란시스코라는 이상향을 구경이라도 해볼 수 있는 관문이었다. 교회는 그 이상향의 언어인 영어를 배우고 실제로 그 이상향에 유학을 갈 수 있는 주요 통로이기도 했다. 각 교회는 말할 것도 없고 YMCA만 하더라도 "YMCA란 영어수학 강습회를 하는 곳이다"라는 말이 널리 퍼질 정도로 영어 강습에 주력하였는데, 1950년대 말까지 약 20만 명이 YMCA의 영어 강습회를 수강했다. 그렇게 영어를 익히면서 선교사나 미션계 학교를 배경으로 하면 미국 유학 가기도 쉽고 미국에 가서도 큰 도움을 받을 수 있었다. 그래서 나중엔 "근자에는 미국에 가기 위해 교회를 이용하려는 사람이 많다"는 말까지 나돌 정도였다.

한국의 개신교회는 미국과 맺은 특수한 '인연'으로 인해 이미 해방을 맞을 당시 "한국 사회 안에서 가장 '미국화'된 부분"이었지만, 한국전쟁을 거치면서 그리고 전후의 곤궁을 겪으면서 더욱 미국화되었다. 강인철(1996)이 지적하였듯이, "혼란스럽고 악화된 남한 경제 상황에서 제공된 미국 교회의 막대한 물자 및 현금 원조는 한국 개신교회의 재건과 발전에 결정적인 역할을 했고, 이는 다시 한국인 신자들의 친미주의를 극적으로 증폭시켰"던 것이다.

김흥수(1999)는 미국 정부의 원조물자와 미국 교회, 클럽, 가정에서 보내주는 도움이 한국 교회에 유입됨으로써 나타나기 시작한 물질중시의 신앙이 '한국 교회의 최종적이며 치명적인 시련'이었다고 말한다. 한국인들의 미국 동경이나 숭배도 물질에서 비롯된 것인 만큼 숭미주의는 사실상 물질주의로서 향후 한국 사회의 진로에 큰 영향을 미치게 된다.

대중가요의 미국 지향성

전 사회에 팽배해 있던 미국 지향성은 대중가요에도 반영돼, 1950년대 중반엔 1952년의 '샌프란시스코'와 같은 노래들이 여러 개 나와 히트를 쳤다. 1955년에 나온 김부해 작사, 전오승 작곡, 명국환 노래의 '아리조나 카우보이'도 그런 가요 중 하나였다.

"카우보이 아리조나 카우보이/광야를 달려가는 아리조나 카우보이/말 채찍을 말아 들고 역마차는 달려간다/저 멀리 인디안의 북소리 들려오면/고개 너머 주막집에 아가씨가 그리워/달려라 역마야 아리조나 카우보이"

이 가요에 대해 이영미(2002)는 "지금은 아마 이런 노래를 만들려고 발버둥 쳐도 못 만들 것"이라며 이런 평가를 내린다. "한국 땅에 앉아서 아리조나 카우보이에 관한 노래를 만든다? 아, 얼마나 기발한가! '저 멀리 인디안의 북소리' 대목에서는 정말 자지러지겠다. 미국 서부개척시대의 술집을 '주막집'이라고 표현한 것도 아주 재미있다. …… 1950년대는 한편에서는 '단장의 미아리고개'로 통곡을 하고 있는데 다른 한편에서는 미국 서부 활극이나 미제 물건에 눈이 뱅뱅 돌고 있을 때였다. 이렇게 대중예술에서 미국의 영향은 민주주의나 다원주의가 아닌, 놀랄 만큼 풍요로운 물질과 그에 동반한 향락성, 혹은 단순히 외국에 대한 동경으로 기울어져 있었다."

1955년에 나온 유노완 작사, 전오승 작곡, 명국환 노래의 '내 고향으로 마차는 간다'에도 엉뚱하게 '벤조'라는 악기가 등장한다.

"벤조를 울리며 마차는 간다/저 산골을 돌아서 가면 내 고향이다/이랴 어서 가자 이랴 어서 가자 구름이 둥실대는 고개를/꾸불 꾸불 꾸불 넘어간다 말방울 울리며 마차는 간다"

1956년에 나온 유광주 작사, 전오승 작곡, 박재란 노래의 '럭키 모닝'엔 영어 단어들이 난무한다.

"럭키 모닝 모닝 모닝 럭키 모닝/달콤한 바람 속에 그대와 나/새파란 가슴에 꿈을 안고서/그대와 같이 부르는 스윙 멜로디/랄랄랄 랄랄라라라 단둘이 불러보는 럭키 모닝"

1957년에 나온 이철수 작사, 이재현 작곡, 안정애 노래의 '청춘 아베크'도 왜 하필 '아베크'란 단어를 써야 했는지 그 의도가 궁금해진다.

"오늘은 선데이 희망의 아베크/산으로 바다로 젊은이 쌍쌍/다 같이 노래하는 청춘의 세계란다/오늘은 선데이 그대와 함께/오늘은 선데이 즐거운 아베크/지는 해가 야속터라 청춘 아베크"

이영미(1998)는 "서양 말의 과시적 사용이나 서양 풍경의 상상적 묘사는 지금 들으면 좀 우스꽝스러울 정도로 어색하다"며 "도대체 벤조를 울리면서 가는 '내 고향'이란 어디일까? 여기에서 마차는 서부영화에서나 본 포장을 두른 마차임에 분명하다"고 말한다. 이영미는 이런 노래들이 당시 대중의 욕망과 결합돼 있다는 진단을 내린다.

"뭔가 미국과 관련된 것을 빨리 받아들이는 것이 요즈음 세상의 흐름에 뒤처지지 않는 것이다. 미국적인 것을 빨리 받아들이는 것이 바로 그 시대의 삶에 가장 잘 적응하는 것, 동경할 만한 첨단 유행의 삶을 사는 것, 곧 부유하게 잘사는 것이라는 판단으로 이어진다. 이러한 대중들의 사회심리가 1950년대 대중가요의 미국 지향성의 본질이다."

1950년대의 숭미주의는 오늘의 시점에서 비판하거나 조롱할 수 있는 성질의 것은 아니다. 당시 한국인들이 그럴 수밖에 없었던 엄연한 현실로 이해하는 것이 옳을 것이다. 숭미주의에 내재해 있던 물질주의가 오늘의 한국을 만든 원동력이었다고 보아야 하지 않을까? 물질주의가 좀 심하지 않느냐는 문제 제기는 가능하겠지만, 이를 전면 부정하는 것은 어리석은 일이다. 배가 고플 때 물질 이외에 무엇이 있겠는가?

참고문헌 강인철 1996, 권정생 1995, 김원일 1997, 김정자 1996, 김흥수 1999, 박완서 2003, 이영미 1998 · 2002, 이진구 2003, 진덕규 2000, 진방식 2004, 최현식 1994

제3장
'아메리칸 드림'의 갈등

"소련인은 아메리칸 드림을 꿈꾼다"
미국 공보원 창설

정부의 대(對)언론홍보정책

1953년 8월 미국 CIA는 석유 국유화와 더불어 친(親)소련 정책을 편 이란의 모하마드 모사데크(Mohammad Mossadegh, 1882~1967)를 쿠데타로 실각시키고, 그동안 정치의 뒷전에 물러나 있었던 모하마드 팔레비 국왕(Mohammad Rezā Shāh Pahlavi, 1919~1980)을 권좌에 앉혔다. 이 사건으로 미국은 이제 정치·군사적인 면에서뿐만 아니라 경제적인 면에서도 중동에서 가장 영향력 있는 국가가 되었지만, 팔레비에 반대하는 이란인들에게는 저주의 대상이 되었다.

1953년 9월 29일자 『뉴욕타임스』에 「소련인은 아메리칸 드림을 꿈꾼다」는 제목의 기사가 실렸다. 소련 국민들이 스스로 돈을 벌어 집과 자산을 마련하기를 소망한다는 내용이었다. 이 기사는 "한 소련인이 운 좋게도 집 지을 만한 작은 땅을 얻었다. 제일 처음 무슨 일을 했을까? 그는 주변에 울타리부터 세웠다"며 "소련의 공산주의 체제는 사

1953년 8월 미국 CIA는 막후 조종으로 모하마드 팔레비(가운데)를 권좌에 앉혔다. 이후 팔레비를 반대하는 이란인들의 비난이 거세지자 미국 정부는 언론을 통해 해외홍보정책을 강화하기 시작했다.

유재산을 갖고 싶은 사람들의 열망을 더욱 뜨겁게 만들기만 했을 뿐이다"라고 말했다.

이와 관련, 김지영(2006)은 "1950년대는 냉전(冷戰)의 시대. 자본주의와 사회주의의 체제 경쟁은 자유언론의 본향(本鄕)인 미국 땅에도 '정부의 대(對)언론홍보정책'이라는 '기형아'를 탄생시켰다"며 다음과 같이 말한다.

"이 기사는 지금까지도 미 정부의 언론정책에 영향을 받아 탄생한 대표 사례로 꼽힌다. 당시 미국 언론은 구소련 국민들을 '평범한 미국인과 크게 다르지 않다'고 묘사했다. 소련인을 '뿔 달린 도깨비' 정도로 묘사했을 법도 하지만 신문과 방송에 등장한 소련 사람들은 대부분 호감이 가는 모습으로 그려졌다. 왜 이런 일이 생겼을까? 2차 세계대전 기간 미국 정부는 국민들에게 '소련은 사회주의 국가지만 히틀러에 대항해 싸우는 우리 편'이라고 선전했다. 심지어 할리우드에서는 나치에 당당하게 맞서 싸우는 영웅적인 소련 군인이 나오는 영화가 줄줄이 만들어졌다. 전쟁 내내 '소련인은 좋은 사람들'인 줄 알았는데 전쟁이 끝나자 느닷없이 '소련은 미국의 적'이 됐으니 국민들이 혼란스러워한 것도 당연했다. 이 대목에서 정부의 언론정책이 작동하기 시작했다. 9월 29일자 『뉴욕타임스』의 '아메리칸 드림'과 같은 기사는 미국 정부가 고심 끝에 내놓은 해결책이었다. 언론을 통해 미국인에게 전달하는 메시지는 분명하고 직접적이었다. '소련은 세계 지배를 꿈꾸는 공산 독재국가지만, 소련인은 미국인과 마찬가지로 자유와 풍요로움을 소망하는 사람들'이라는 것이었다. …… 미국 정부는 언론정책을 통해 '두 마리 토끼'를 잡으려 했다. 우선 사회주의에 대한 자본주의 체제의 우월성을 국제적으로 과시했다. 궁극적 목표는 국민들에게 '사회주의 종주국 소련 국민들도 미국민을 부러워한다'는 체제 우위의 확신을 심어주는 것이었다."

공보원(USIA) 창설

미국 정부의 해외홍보정책도 더욱 강화되었다. 미국은 유엔과 유네스코(UNESCO)를 통해 정보의 자유를 끊임없이 추진하였다. 그러나 1952년경에 이르러 미국 언론계 일각에서는, 정보의 자유를 추진하기 위해 언론이 미국 정부와 공동으로 유엔과 유네스코를 이용한 것이 실수였다는 것을 인정하기 시작했다. 정보의 자유란 대부분 정부의 정보 통제로부터 해방을 의미하는 것인데, 미국 언론이 이를 위해 미국 정부의 절대적 지지를 받았다는 것은 자가당착을 범한 셈이며 미국의 숨은 속셈을 스스로 인정한 꼴이 되고 말았다는 판단을 내린 것이다. 또한 정부를 끌어들여 국제기구를 통해 정보의 자유를 역설한 것은 마찬가지로 다른 나라들이 같은 방식으로 정보의 자유에 대한 제약을 가하려는 시도에도 똑같은 정당성을 부여하는 결과를 초래하고 만 것이다.

미국 언론의 이러한 반성은 때늦은 것이었다. 2차 세계대전을 전후하여 독립한 신생국들이 유엔과 유네스코에 대거 참여함으로써 이 국제기구들에 대한 미국의 지배권이 점차 약화되는 현상이 이미 나타나고 있었기 때문이다. 이러한 변화를 눈치챈 미국 언론계 전문지 『편집인과 발행인(Editor & Publisher)』은 1952년 11월 15일 "만약 유엔이 전 세계에 걸쳐 언론의 자유를 진작시키는 무언가 유익한 일을 하는 데 의견의 일치를 볼 수 없다면, 앞으로 유엔은 그 밖의 다른 어떤 일도 해서는 아니 된다"고 주장하였다.

유엔과 유네스코의 조직 구성원 변화는 1953년에 이르러 또 하나의 새로운 전기를 맞게 되었다. 1953년 3월 스탈린의 사망이 소련의 제3세계 정책에 획기적인 변화를 가져온 것이다. 정권이 바뀐 소련은 제3세계에 대해 노골적인 추파를 던졌다. 이에 불안을 느낀 미국의 아이젠하워 대통령은 1953년 6월 미 의회에 대외 프로파간다를 전담하는 독립기구의 설치를 요청하였다. 그렇게 해서 만들어진, 대외 프로파간

미국의 대소 프로파간다에 적극 활용된 '미국의 소리(VOA)'.

다만을 전문적으로 전담하는 새로운 기구가 바로 공보원(USIA; United States Information Agency)이다.

공보원의 창설은 대소 프로파간다를 더 조직적으로 수행할 것을 목표로 했을 뿐만 아니라, 정보의 자유 유통을 촉진하는 데 있어서 미국 정부와 언론 사이에 발생한 견해 차이를 극복하고 더 왕성한 정보자유캠페인을 전개하겠다는 목표가 있었다.

공보원은 VOA(Voice of America; 미국의 소리) 방송을 강화했다. VOA는 "우리가 전하는 것은 좋은 소식일 수도 있고 나쁜 소식일 수도 있습니다. 그러나 그것들은 모두 진실입니다"라고 주장했는데, 일제하의 조선인들에게 VOA는 진실을 넘어서 복음(福音)과도 같았다. 그러나 VOA는 1947년 2월 17일 소련에 러시아어 방송을 내보내면서부터 '냉전의 첨병'이 되고 말았다.

이제 공보원은 VOA의 그러한 역할을 강화하는 것을 비롯하여 미국에 관한 모든 지식을 전 세계에 보급하는 데 앞장섰다. 학자 교류를 지원하는 풀브라이트 프로그램(Fulbright Program)을 강화한 것도 그 노력의 일환이었다. 이 프로그램의 장학금으로, 1945~1985년 사이 미국에서는 9만 9414명의 외국 학자들이, 소련과 공산권을 제외한 해외 지역에서는 5만 2975명의 미국인 학자들이 연구와 강의를 했다.

미소(美蘇) 간의 프로파간다 전쟁은 1954년 4월 헤이그에서 열린 유네스코 8차 총회에 소련이 최초로 참여함으로써 새로운 국면을 맞게 되었다. 이 총회에서 소련은 서방언론이 전쟁 프로파간다를 즉각 중단할 것을 촉구하였다.

1955년에는 헝가리, 폴란드, 알바니아가 유네스코 참가를 신청하였다. 이들 사회주의 국가는 처음에는 당시의 국제정치 상황으로 미루어 유네스코에 참여하는 것이 자국의 사회주의를 발전시키는 데 여러 가지로 불리할 것으로 판단하였다. 그러나 국내에서 안정을 이룩한 뒤에는, 국제기구를 통한 서방세계와의 프로파간다 전쟁에서도 결코 뒤질 것이 없다는 확신이 생겨 유네스코의 문을 두드리게 된 것이다.

수소폭탄 실험 경쟁

프로파간다 경쟁과 더불어 미소 간의 군비확장 경쟁도 계속되고 있었다. 1952년 11월 1일 미국이 수소폭탄 실험을 하자, 이에 질세라 소련

1954년 3월 1일 비키니 환초에서 수소폭탄이 폭발하고 있다.

도 1953년 8월 12일 수소폭탄 실험을 했다. 소련 것은 히로시마를 파괴했던 원자폭탄의 20배가 되는 400킬로톤 규모였으며, 미국 것은 소련 것의 25배나 강한 폭발력을 보인 10메가톤 규모였다. 이런 놀라운 파괴력에 과학자들도 경악했다.

미국은 1954년 3월 1일 비키니(Bikini)에서 '브라보 실험'을 했다. 태평양 마셜제도(Marshall Islands)의 환초(環礁)인 비키니가 1946년의 원폭실험에 이어 다시 실험 무대로 등장한 것이다. 브라보 실험에서 터진 수소폭탄은 15메가톤으로 폭발 후 생긴 구덩이는 깊이 250피트(약 76m), 직경 1마일(약 1.6km) 이상이었다. 사방 200마일 이상 되는

1954년 3월 30일 원자력위원회 위원장 루이스 스트라우스(오른쪽)가 아이젠하워 대통령(왼쪽)에게 비키니 수소폭탄 실험에 대해 보고하고 있다.

거리에서도 폭발로 인한 폭풍을 느낄 수 있었다. 대도시 하나를 통째로 날려버릴 수 있는 위력이었다. 미국인 28명과, 마셜섬 주변에 살던 주민 236명이 방사능에 노출되었다. 근처를 지나가던 일본 어선 제5후쿠류마루호의 선원들도 방사능에 노출되었는데, 대부분의 선원들은 일본으로 돌아가 앓게 되었고 결국 한 사람은 사망했다.

원폭 개발에 큰 공을 세운 오펜하이머(J. Robert Oppenheimer, 1904~1967)는 위험인물로 분류돼 이 수소폭탄 실험에서 제외되었는데 1954년 그에 대해 불충 혐의가 공식 제기되었다. 그는 훗날 케네디 암살 후 새로 취임한 존슨(Lyndon B. Johnson, 1908~1973) 대통령에게서 원자력에너지위원회가 매년 수여하는 엔리코 페르미 상(The Enrico Fermi

Award)을 받아 명예회복을 하게 된다. 1967년 2월 사망 후에 그가 억울하게 희생양이 된 영웅이라고 주장하는 추모 운동이 일어났지만, 골수 반공주의자들은 여전히 그가 간첩이었음에도 용케 면했다고 비난했다.

많은 나라들이 미국 쪽으로 줄을 서게 된 결정적 계기는 수소폭탄이 아니라 식량원조였다. 풍요의 재앙이라고나 할까? 미국은 잉여 농산물로 골치를 앓고 있었다. 농민들의 위기는 '풍요의 위기'로 불렸다. 이 문제를 어떻게 해결할 것인가? 1954년 7월 10일 아이젠하워 대통령은 공법 480조인 '농산물상거래개발 및 지원특별법(PL-480)'에 서명했는데, 이 법에 의한 식량원조는 미국 대외정책의 강력한 수단이 되었다. 라즈 파텔(Raj Patel 2008)에 따르면, "노동자 조직, 좌파 성향의 야당과 투쟁을 벌이던 미 동맹 국가들은 미국의 '전략적 식량 창고'를 이용했고, 사회주의 국가와 인접한 국가들은 먼저 식량을 지원받으려고 서로 티격태격하기도 했다." 훗날의 역사가 말해주지만, 사실 미소 프로파간다전의 승패를 결정지은 것은 이념이 아니라 빵과 풍요의 이미지였다.

참고문헌 Binder 1952, Blanchard 1986, Farrell 1987, Fite 1981, Gaddis 2002, Garbo 1985, Gardner 1997, Henderson 1969, Osakwe 1972, Patel 2008, Perkins 2007, Sestanovich 1987, Sewell 1975, Thomson & Laves 1963, 구정은 2010, 김덕호·원용진 2008, 김봉중 2006, 김지영 2006

매카시의 몰락
매카시와 머로의 대결

21년간의 반역

매카시즘의 장본인 조지프 레이먼드 매카시에게 1952년은 최전성기였다. 그는 그해에 상원의원 재선에 성공했으며, 공화당의 대선 승리에 기여한 공을 인정받아 상원의 정부감사위원회(Committee on Government Operations) 및 그 산하의 상설 조사소위원회(Permanent Subcommittee on Investigations)의 위원장이 되어 막강한 권력을 행사하게 되었다.

권력이 커지면서 매카시는 더욱 오만해졌다. 그는 상원에서 지켜야 할 에티켓의 모든 규칙을 어겼다. 그의 좌청룡 우백호 격의 심복 보좌관 로이 콘(Roy M. Cohn, 1927~1986)과 G. 데이비드 샤인(G. David Schine, 1927~1996)은 매카시 못지않은 괴짜들이어서 매카시가 이끄는 상원 조사소위원회의 활동은 서커스를 방불케 했다. 그들이 공산당을 잡아낸다고 청문회에 소환한 사람들 가운데에는, 21년 전 결혼과 축구를 비판하는 책을 쓴 국무성 공무원, 북부 지역 흑인이 아칸소(Arkansas) 주 백인보다 지능지수가 높다는 연구 결과를 발표한 인류학자가 포함되어 있었다.

그런데 놀랍게도 매카시가 과격한 언행을 하면 할수록 그의 정치적 영향력은 더욱 커졌다. 그는 그야말로 좌충우돌을 일삼았다. 그의 화살은 어느덧 자신이 지지했던 아이젠하워 대통령에게로 향하고 있었다. 그는 아이젠하워가 임명한 고위관리 여러 명을 공격하였으며, 아이젠하워 행정부 여기저기에 역모의 혐의가 있다고 주장하였다. 그는 아이젠하워 정권 1년이 지나자 '21년간의 반역(twenty one years of treason)'이라고 주장하였다.

전 국무장관 조지 마셜(George C. Marshall, 1880~1959)도 매카시의 공격 사정권을 벗어나진 못했다. 매카시는 그가 '오명의 음모(a conspiracy of infamy)'에 가담한 반역자라고 공격했다. 아이젠하워가 대통령이 되기 전부터 시작된 이런 공격에 대해 아이젠하워는 시종일관 침묵을 지켰다. 마셜의 부하로서 그의 보살핌을 받은 아이젠하워가 그럴 수 있는가! 그렇게 분노하는 사람들이 많았다. 1952년 대선 유세 중 이런 일도 있었다. 『워싱턴포스트』 사주인 캐서린 그레이엄(Graham 1997)은 다음과 같이 회고한다.

"내가 아이젠하워를 반대하게 된 것은 마셜 장군이 관련된 사건 때문이었다. 아이크는 매카시가 마셜 장군을 무자비하게 공격하자 10월 초 위스콘신 주 순회 유세 중에 마셜 장군을 옹호하는 연설을 하기로 결정했다. 그러나 위스콘신 주 공화당 지도부는 아이크가 그런 발언을 하지 않도록 그의 선거참모들에게 압력을 넣었다. 아이크는 참모들의 조언을 받아들여 연설문에서 그 부분을 삭제했으나 그때는 너무 늦어 모든 일이 낱낱이 공개되고 말았다."

아이젠하워의 국무장관 존 포스터 덜레스도 매카시에겐 무력하기 짝이 없었다. 그는 매카시의 공격을 받은 관리를 불러 "나는 당신이 아무 잘못이 없다는 걸 잘 안다"고 말하면서도 그의 사표를 받아내고야 말았다. 아이젠하워의 모든 국무위원들이 매카시에겐 벌벌 떨었다. 심지어 육군장관 로버트 스티븐스(Robert T. B. Stevens, 1899~1983)는 매카시와 잘 지내려고 자신의 보좌관인 존 애덤스(John G. Adams, 1912~2003)에게 매카시에 대한 로비 업무를 전담시키는 일도 마다하지 않았다. 스티븐스는 애덤스에게 자신과 매카시의 관계가 우호적이 되게끔 일하라고 주문했으며, 매카시의 모든 청탁을 다 들어주었다. 후일 애덤스(Adams 1983)는 자신의 자서전에서 스티븐스가 매카시에게 아첨을 일삼았다고 폭로하였다.

매카시의 든든한 '빽'은 여론이었다. 1954년 1월 갤럽 조사에 따르면, 매카시의 지지도는 51퍼센트(반대 29퍼센트)였다. 이런 지지를 의식한 아이젠하워도 사적인 자리에선 매카시를 '부랑아(guttersnipe)'라고 비판하였지만, 공적으론 매카시에 대해 굳게 침묵했다. 이를 보다 못해 민주당 대통령 후보였던 애들라이 스티븐슨은 1954년 3월 6일 전국에 중계된 텔레비전 연설에서 아이젠하워가 매카시즘에 굴복했으며, 공화당은 정치적 성공의 공식으로 매카시즘을 채택했다고 비판하였다.

그 비판은 결코 당파적 이해관계에서 나온 것만은 아니었다. 공화당 내부에서도 매카시가 해도 너무 한다는 비판의 소리가 거세게 터져나오고 있었다. 1954년 3월 9일 버몬트 주 공화당 상원의원 랠프 플랜더스(Ralph E. Flanders, 1880~1970)는 상원에서 매카시가 매카시즘이라고 하는 '1인 정당'을 세우려 하고 있다고 비판하였다.

그런 비판으로부터 자극을 받아서였겠지만, 매카시에 대한 아이젠하워의 인내심도 서서히 그 바닥을 드러내고 있었다. 아이젠하워는 무엇보다도 매카시가 자신의 고향이라 할 육군을 건드리는 데에 몹시 분개했다. 매카시는 오래전부터 육군이 공산당 동조자들을 보호한다는 공세를 취해왔는데, 이는 돌이켜보건대 스스로 자신의 무덤을 파는 무모한 행동이었다.

머로와 매카시의 대결

보수적인 공화당 상원의원 플랜더스가 상원에서 매카시를 비난하는 발언을 한 날 저녁, CBS-TV는 시사 다큐멘터리 〈지금 봅시다〉의 '상원의원 조지프 매카시에 관한 보고(Report on Senator Joseph R. McCarthy)' 편을 방영했다. 이는 전설적인 방송인 에드워드 머로와 프로듀서 프레드 프렌들리(Fred Friendly, 1915~1998)가 만든 작품으로 미국 방송사에 한 획을 긋는 대사건이 되었다.

머로와 프렌들리는 오래전에 매카시를 그대로 두어서는 안 되겠다는 결론을 내리고, 1년 전부터 이 다큐멘터리를 위한 자료를 준비해왔다. 자료가 확보된 뒤에도, 매카시를 잘못 건드렸다간 오히려 역습을 당할 것이 두려워 적당한 때를 기다려오다가 1954년 3월 9일 방영을 택한 것이었다. 회사 측은 다큐멘터리의 방영이 못마땅했지만 머로가 CBS 내에서도 워낙 거물이었기 때문에 그저 모른 척 방관하는 입장을

CBS 〈지금 봅시다〉를 통해 머로(왼쪽)가 매카시(오른쪽)를 비판하고 나선 이후 매카시는 몰락의 길로 접어든다.

취했다. 머로와 프렌들리는 이 다큐멘터리의 파급력을 높이기 위해 『뉴욕타임스』에 안내 광고를 싣기까지 했는데, 회사 측에서 지원을 해주지 않아 자신들의 주머니를 털어야 했다.

이 다큐멘터리는 매카시에게 큰 타격을 입히는 데에 성공하였다. 방영 후 2주간 CBS-TV에 답지(遝至)한 편지만도 2만 2000통에 이르렀는데, 대부분 그 다큐멘터리에 긍정적인 반응을 보였으며 부정적인 반응을 보인 편지는 2500여 통에 지나지 않았다. 그 다큐멘터리에 관해 CBS-TV에 보내온 편지 · 전보 · 전화는 모두 10만여 건에 이르는 것으로 추산되었으며, 대부분 머로를 지지하는 것이었다.(Leab 1983)

언론도 대부분 머로의 용기를 칭찬했다. 그러나 다큐멘터리의 저널리즘 윤리에 대해선 우려를 나타냈다. 그 다큐멘터리는 원래의 제작 의도가 시사하듯, 객관성을 위장하지 않은 채 '자유의 수호자'를 자처하면서 매카시를 고발하는 입장을 취하였다. 매카시를 최대한 부정적으로 보이기 위해 그의 연설 일부를 맥락에서 분리한 채 자의적으로 사용하였으며, 매카시가 이상하고 우스꽝스럽게 보이는 장면을 강조하는 등의 방법을 구사했다. 요컨대 머로는 매카시의 수법을 폭로하기 위해 매카시의 수법을 일부 원용한 셈이었다. 일부 평론가들은 이번 경우와 달리 만약 카메라와 마이크가 매카시처럼 위험한 선동꾼의 손에 넘겨진다면 어떻게 할 것이냐는 우려를 표명하였다.

매카시에겐 반론 방송이 허용되었는데, 그는 그 기회를 잘 활용하지 못했다. 그는 30분의 반론을 외부 프로덕션에서 제작했는데, 그 수준이 머로의 프로그램에 비해 아주 조잡했다. 4월 6일에 방송된 매카시의 반론 이후 머로에 대한 지지도는 2대 1로 떨어지긴 했지만 여전히 우세였다. 만약 매카시가 자신의 반론 프로그램을 머로처럼 아주 용의주도하게 잘 만들었더라면 결과는 전혀 달라졌을는지도 모른다고 말하는 사람들도 있다.

매카시의 부상은 텔레비전의 대중화 시기와 딱 맞아떨어졌다. 매카시의 '휠링(Wheeling) 연설'이 있었던 1950년 2월 당시 미국 내 텔레비전 방송국은 98개, 텔레비전 수신기는 370만 대에 불과했다. 반면 라디오 방송국은 2029개였고, 라디오 수신기는 8300만 대로 94퍼센트의 보급률을 기록하였다. 그러나 1950년 말 텔레비전 방송국은 106개, 수신기는 1000만 대로 늘어났으며, 1954년 말에 이르러 텔레비전 방송국은 413개, 수신기는 3500만 대로 급증하였다.

짧은 기간 내에 그 정도로 급증한 텔레비전 보급량은 처음엔 매카시를 유명하게 만드는 데에 크게 기여하였지만, 나중엔 매카시를 결정적으로 몰락하게 만든 이유가 되었다. 머로의 방송이 나간 지 40여일 후인 4월 22일부터 시작된 그 유명한 '육군 매카시 청문회(Army-McCarthy hearings)'는 매카시의 몰락을 재촉한 결정타가 되고 말았다.

매카시의 몰락

이 청문회는 사실상 아이젠하워의 매카시에 대한 인내가 극에 달해 이루어진 것이었다. 아이젠하워의 결심은 늘 매카시로부터 괴로움을 당해오던 육군의 매카시에 대한 반격으로 나타났다. 그 반격은 매카시의 비리를 폭로하는 보고서를 발표하는 형식으로 이루어졌다. 보고서는 매카시와 그의 보좌관 콘이 육군에 입대한 매카시의 또 다른 보좌관 샤인의 군복무 면제를 위한 청탁을 오래전부터 해왔으며, 입대 후에도 특별대우를 요구하는 등 압력을 가했다고 밝혔다.

이에 대해 매카시는 그 보고서가 육군의 공산당 침투에 대한 자신의 조사를 방해하려는 음모라고 맞받아쳤다. 육군과 매카시의 대결은 신문에 떠들썩하게 보도되었으며, 상원도 여론의 압력을 피할 수 없어 그 대결을 조사하기 위한 청문회를 개최하게 되었다. 매카시는 자신이 위원장으로 있는 조사소위원회의 조사를 받는 기묘한 상황에 처하게 되었지만, 육군 측의 증인들에 대해 심문권을 갖는 특별대우가 허용되었다.

매카시는 처음엔 자신의 보좌관인 콘에게 모두 미루고 그 싸움에 초연하게 대처하려고 했지만, 막상 청문회장에서 텔레비전 카메라가 돌아가자 자기 홍보에 대한 유혹을 못 이겨 직접 싸움판에 뛰어들고 말았다. 그는 그 어떤 의원이나 증인보다 더욱 많이 떠들어댔다. 그는 육군 특별자문관인 보스턴의 변호사 조지프 웰치(Joseph Welch,

1954년 열린 육군 매카시 청문회에서 매카시(왼쪽)와 그의 보좌관 로이 콘이 은밀한 대화를 나누고 있다.

1890~1960)를 심문하게 되었는데, 웰치와의 대결은 매카시에게 결정적인 패배를 안겨주고 말았다. 노련한 웰치는 능숙한 말솜씨로 매카시를 흥분하게 만들었고, 매카시의 흥분은 자신의 '고약한 매너(bad manner)'를 드러나게 하고 말았다.

텔레비전으로 36일간 중계된 이 청문회에서 발언된 진술의 양은 200만 단어로 7300페이지에 이르는 기록을 남겼고, 텔레비전 시청자는 2000만 명에 이르렀다. 청문회가 텔레비전과 라디오로 중계되는 시간에 전화 통화량이 급감했고, 서점에서는 의회 진행에 관한 책이 불티나게 팔려나갔으며, 시청자들은 극심한 감정적 반응을 드러내 보였다.(Haberman 외 1955)

그렇게 전 국민적 관심의 대상이 된 청문회에서 매카시는 '고약한 매너'로 크게 점수를 잃고 말았다. 평소 텔레비전 뉴스에 보도되는 정도로만 텔레비전을 이용할 때엔 아무런 문제가 없었지만, 말싸움이 벌어지는 청문회의 경우 매카시는 아무래도 텔레비전에 어울리지 않는 '뜨거운 인물' 이었다. 갤럽 여론조사 결과에 따르면, 청문회 전 매카시에 대한 지지도는 50퍼센트, 반대는 29퍼센트였으나 청문회가 끝난 다음 실시된 여론조사에서는 반대가 50퍼센트를 넘어섰다.(Smith 1968a)

상황이 그 지경에 이르자, 신문들도 매카시에게 등을 돌리기 시작했다. 그를 못마땅하게 생각하고 있었지만 무서워서 감히 어쩌지 못했던 동료의원들도 생각을 달리 먹었다. 1954년 12월 상원은 67대 22로 매카시에 대한 '비난(condemn)' 결의를 단행했다. 매카시, 존 F. 케네디(John F. Kennedy, 1917~1963), 알렉산더 와일리(Alexander Wiley, 1884~1967) 등 3명은 기권했다. 상원의 결의는 매카시의 매카시즘을 대상으로 한 것이 아니라 매카시가 상원 클럽의 규칙을 어겼다는 것을 문제 삼고 있었다. 상원의 결의는 매카시즘이 아닌 매카시를 거부한 것에 지나지 않았던 것이다.

여기서 미리 말해두자면, 나중에 대통령이 되는 케네디는 이때까지만 해도 매우 보수적인 인물이었다. 매카시와는 같은 아일랜드계 가톨릭 신도라는 점에서 가까웠지만, 매카시 이외에도 당시 케네디가 친하게 지낸 정치인들은 모두 골수 보수파들이었고 그중엔 인종차별주의자까지 있었다. 케네디는 매카시즘에 대해 내내 방관 자세를 취했다. 매카시를 비판하자니 반공·가톨릭 지지기반을 잃고, 매카시를 지지하자니 자유주의 지지기반을 잃는 딜레마 상황에서 침묵의 길을 택한 것이다. 오죽하면 엘리너 루스벨트(Eleanor Roosevelt, 1884~1962)

가 "케네디는 비겁하다"고 꾸짖었겠는가. 어쩌면 케네디는 매카시와는 정반대로 나중에 시대의 흐름이 진보임을 감지하고 진보로 돌아섰거나 진보적 제스처를 취한 건지도 모르겠다.

상원의 매카시 징계 이후 아이젠하워는 이렇게 선언했다. "매카시즘은 이제 과거사가 됐습니다.(McCarthyism is now McCarthywasm.)" 아이젠하워는 나중에 매카시에 반대하는 공적 역할을 왜 좀 더 적극적으로 하지 않았느냐는 질문을 받고 "저는 단지 그 스컹크와 오줌 멀리 누기 경쟁(a pissing contest)을 하지 않으려고 했을 뿐입니다"라고 주장했다.(Dole 2007)

상원의 '비난' 결의 이후 매카시의 영향력은 땅에 떨어졌고 언론도 그를 완전히 외면했다. 매카시는 알코올 중독으로 시름시름 앓다가 1957년 5월 2일 메릴랜드 주 베데스다(Bethesda)에서 사망했다. 그의 이름은 잊힌 채 그의 이름에서 유래된 매카시즘만이 미국에서 전 세계로 수출되었으며, 특히 한국에서는 본고장 미국을 능가하는 매카시즘이 판을 치게 되었다.

매카시는 반공 광신도였나?

1986년 위스콘신 주에서 작은 논쟁이 벌어졌다. 1959년 5월 2일 매카시 사망 2주기를 기념해 과거 매카시가 일했던 아우타가미(Outagamie) 법원 입구에 세워진 매카시의 흉상을 이젠 철거해야 한다는 사람들과 그대로 두어야 한다는 사람들 사이에 격론이 벌어진 것이다.

다음 해인 1987년에는 밀워키(Milwaukee)에서 매카시 사망 30주기를 기념하는 행사가 '매카시 교육재단(Joseph R. McCarthy Educational

Foundation)'의 주최로 개최되었다. 모임에 참석한 사람은 300여 명이었는데, 그중 반은 보도진이었고 나머지는 거의 노인들 아니면 반공 단체인 존버치협회(John Birch Society) 회원들이었다. 이 자리엔 장제스의 부인도 참석하기로 돼 있었으나 폐렴으로 인해 불참했다. 그 자리에 참석한 사람들은 "오늘날 미국은 매카시와 같은 위대한 반공 지도자가 절실히 필요하다"고 추모했다.

『매카시: 30년 후(McCarthy: 30 Years Later)』의 저자인 M. 스탠턴 에반스(M. Stanton Evans)는 추모 연설을 통해 매카시에 관한 잘못된 기록을 바로잡아야 한다고 역설했다. 그는 공산당의 전복 음모는 지금도 계속되고 있다고 주장하면서, 매카시의 사망 직후 없어진 '하원 반미국적활동조사위원회(House Un-American Activities Committee)'와 같은 기구들이 많이 필요하다고 주장하였다. 그의 바로 뒤에는 '공산주의 영역지도(Communist Scoreboard)'가 걸려 있었다. 세계 지도에 공산주의자들의 영향력을 표시한 것이었다. 그 지도에 따르면, 공산당의 영향권은 미국의 25~50퍼센트, 유럽은 거의 대부분에 미치고 있었다. (Vanderbilt & Sherman 1987)

매카시는 반공 광신도였을까? 실제로 많은 사람들이 매카시에 대해 그렇게 이야기한다. 그는 광신도였을 뿐, 개인적인 흑심은 없었다는 것이다. 그런 사람들은 매카시가 억세고 경건한 농부로 성장했다는 사실을 강조한다. 매카시는 술과 오입질을 실컷 하고서도 다음 날 성당 미사엔 결코 빠지지 않았다는 것이다. 그의 유머 감각은 남의 바지에 물바가지를 퍼붓는 게 고작이었고, 죽어라 하고 일하는 스타일이었다는 게 매카시를 위한 변론이다.

특히 그의 신앙은 그런 류의 주장을 돋보이게 만들었다. 사실 매카시가 활약하던 시절 내내 미국에서 가톨릭은 매우 불편한 입장을 감수해야 했다. 유명한 가톨릭 신부이자 뉴욕의 대주교였던 프랜시스 스펠먼(Francis J. Spellman, 1889~1967)은 1950년 개신교 신자들을 '두건을 쓰지 않은 KKK단'이라고 불렀는데, 이젠 반대로 가톨릭이 '마녀 사냥꾼'이라는 말을 듣게 된 것이다. 많은 사람들이 매카시의 뒤엔 가톨릭이 버티고 있다고 믿고 있었기 때문이다.

뉴욕의 대주교 프랜시스 스펠먼. 매카시에 대한 비판 여론이 비등하면서 그 또한 비난을 피해가지 못했다.

가톨릭의 대변지라 할 『커먼윌(Commonweal)』은 그런 시각을 반박하면서 자신들은 1950년부터 계속해서 매카시에 반대해왔음을 강조했다. 1954년 한 상원의원이 미국의 가톨릭 대주교에게 매카시를 비판하는 발언을 해줄 것을 촉구했을 때, 『커먼윌』은 그런 요청에도 마찬가지로 반대했음을 밝히면서, 가톨릭의 입장은 그 어느 쪽이든 매카시의 일에 관여하지 않는다는 것을 원칙으로 삼아왔다고 강조했다. 요컨대 『커먼윌』은 매카시를 문제라고 생각은 하지만 가톨릭의 문제라고는 생각하지 않는다는 것이었다.

그렇지만 당시 가톨릭을 믿지 않는 사람들의 생각은 달랐다. 일부 개신교 목사들은 역사적으로 종교재판(inquisition)과 검열에 능했던 가톨릭의 전통을 상기시키면서 가톨릭의 매카시에 대한 불간섭 원칙에 비판을 가하였다. 그러나 『커먼윌』은 가톨릭 신자의 58퍼센트, 개신교 신자의 49퍼센트가 매카시를 지지하고 있다는 1954년 1월의 갤럽 조사 결과를 인용하면서, 그 미미한 차이로 미루어보건대 매카시가 가톨릭의 도구라고 믿는 주장은 터무니없는 것이라고 반박하였다.

미국 언론의 문제

매카시는 죽기 전 한 위스콘신 신문에 "나의 정치와 정책은 당신들이 내게 전폭적인 지지를 보내주었을 때와 달라진 게 없는데 왜 나에게 지면을 전혀 할애하지 않느냐"고 물었다. 물론 매카시가 그 답을 몰라서 물은 건 아니었다. 그는 한때 자신이 마음대로 주물렀던 언론의 변덕을 꼬집은 것이었다.

매카시가 맹활약을 할 때에 유럽의 지도자들은 미국에서 제2의 히틀러(Adolf Hitler, 1889~1945)가 나오는 줄 알고 걱정했지만, 매카시는 신문 헤드라인을 만들어내는 데 더 큰 관심이 있었으며, 그것이 가져다주는 힘이 그가 추구하는 목표였다. 상업주의에 눈이 먼 미국 언론의 한심한 실태를 지적한 허친스위원회(Hutchins Commission)의 보고서가 나온 건 1947년이었다. 매카시의 부상은 허친스위원회의 우려가 틀리지 않았음을 입증해준 좋은 사례였다. 매카시는 미국 언론의 구조와 속성을 꿰뚫어보고 있었으며, 자신을 위해 그것을 최대한 활용했다.

일부 신문과 매카시는 상부상조하는 관계였다. 특히 우익 성향이 강한 허스트(Hearst)와 매코믹(McCormick) 계열의 신문들은 매카시의 열렬한 지지자들이었다. 이 신문들로 말하자면 때때로 히틀러와 무솔리니(Benito Mussolini, 1883~1945)를 예찬하는 기사를 싣는 매체들이었다. 그렇다면 다른 신문들은 왜 매카시에게 놀아났던가? 여기엔 여러 이유가 있었다. 신문들의 상업성, 취재방식의 한계, 그리고 매카시의 보복에 대한 두려움 등이 작용했다.

매카시는 자신에 대해 비판적인 신문은 무조건 좌파신문으로 몰아세웠다. 『타임』은 1951년 10월 커버스토리로 매카시를 다루었는데, 매카시는 그 기사가 자신에게 비우호적이었다는 이유로 『타임』을 좌파잡지라고 비난했고 광고주들에게 광고를 내지 말 것을 요구했다. 이런 압력 때문에 한동안 매카시를 비판했던 『워싱턴포스트』와 같은 신문도 흔들렸다. 이 신문의 사주인 캐서린 그레이엄은 신문사 경영을 맡은 남편 필립 그레이엄(Philip L. Graham, 1915~1963)이 이 시기에 보인 변화에 대해 다음과 같이 회고한다.

"필립은 어려운 시기를 맞아 아슬아슬한 줄다리기를 해야 했다. 그는 원래 철저한 자유주의자였으나 포스트지를 살리기 위해 발버둥 치면서 점차 보수적인 반공주의자로 변했다. 그것은 대체로 사회 현실이 주요인이었으나 어느 정도는 포스트지와 자신에 대한 우익들의 끊임없는 공격 때문이기도 했다." (Graham 1997)

그런 이치를 꿰뚫고 있던 매카시는 신문들에 대한 의회 조사를 제안했는가 하면, 1952년 5월 18일의 한 라디오 인터뷰에서는 신문과 방송계에 엄청난 수의 공산당원들이 침투해 있다고 주장했다. 또 1954년 3월 20일 오클라호마시티(Oklahoma City)에서 행한 연설에서도 미국 신문과 방송에 공산주의자들이 침투해 있으며 그들이 사실상 신문과 방송을 지배하고 있다고 주장했다.

매카시는 방송에 대해서는 방송규제기관인 연방통신위원회(FCC)에 끊임없이 압력을 가해 방송국들을 벌벌 떨게 만들었다. 아니 방송은 굳이 매카시가 손을 댈 필요도 없었다. 방송계에서는 오래전부터 아무런 근거도 없이 작성된 공산당 동조자들의 블랙리스트가 유포되면서 대대적인 숙청작업이 벌어졌으며, CBS-TV의 경우 2500여 명의 사원들이 모두 '충성맹세'를 해야만 했다.

여하튼 매카시는 기회만 있으면 공산당이 신문과 방송을 지배하고 있다고 주장했다. 어떤 신문과 방송은 자신들이 공산당이 아니라는 것을 입증하기 위해서라도 매카시에 대해 호의적인 보도를 하지 않을 수 없었다. 게다가 미국인들의 다수가 이미 매카시를 지지하고 있는 상황도 무시할 수 없었다. 언론의 무책임한 보도가 만들어낸 국민의 오해에 이젠 거꾸로 언론이 지배당하는 일이 벌어진 것이었다.

게다가 매카시는 상업적인 언론이 좋아할 요소들을 두루 갖추고 있었다. 매카시는 센세이셔널리즘·과장·단순화·독설에 능했고, 사람들의 피를 끓어오르게 만드는 증오와 복수의 언어를 잘 구사했다. 그는 20세기 미국 역사상 가장 탁월한 선동꾼(demagogue)이었다.

매카시의 기만적 홍보술

매카시는 처음부터 자기 홍보에 굶주린 인물이었다. 1946년 선거 시 그의 캠페인 팸플릿 제목은 '신문은 이렇게 말한다(The Newspapers Say)'였는데, 대부분 매카시를 지지하는 신문들의 극찬·과장·날조·아첨으로 가득 차 있었다. 물론 대다수 자료는 매카시가 제공한 것이었다.

매카시는 자신을 '해병대 영웅(Marine Corps Hero)'으로 부각시켰다. 매카시를 지지하는 신문들의 보도에 따르면, 매카시는 굳이 군에 갈 필요도 없었는데 오로지 나라를 구하겠다는 일념 하나로 입대를 자원한 '위대한 애국자'였다. 반면 민주당 후보 맥머레이(Howard J. McMurray, 1901~1961)가 군에 가지 않았다는 것을 강조했다. 그러나 매카시의 군 경력은 대부분 과장되거나 날조된 것이었다. 다리를 저는 것도 수류탄 파편 때문이라고 주장했지만, 사실은 말에서 굴러 떨어져서 그렇게 된 것이었다.

처음부터 매카시에 대해 비판적이었던 『밀워키저널(Milwaukee Journal)』은 매카시의 '해병대 영웅' 이미지가 허구임을 폭로하는 기사를 1952년 6월 8일자로 보도했다. 이 신문은 세금 포탈, 금융관계 의혹 등 매카시의 비리까지 폭로했지만, 놀랍게도 그 기사는 별 영향을 미치지 못했다. 무엇보다도 매카시의 보복을 두려워한 통신사들이 기사를 보도하지 않는 바람에 그 사실은 널리 알려지지도 않았다.

드라마틱한 거짓말은 무미건조한 진실보다 더 매력적인 것일까? 매카시가 자랑하는 최대의 장기는 거짓말과 왜곡이었으며, 그건 늘 잘 먹혀들었다. 그는 자신이 연방정부에서 1456명의 불온 분자를 쫓아냈다고 큰소리쳤지만, 그가 말하는 불충(disloyalty) 혐의로 쫓겨난 사람은 극소수에 지나지 않았다. 그는 또 늘 국무성에 공산당원이 득실거린다고 말했지만, 죽을 때까지 국무성 공무원 가운데 당원증을 가진 공산당원은 단 한 명도 잡아내지 못했다.

듀크대학의 사회학과 교수 호넬 하트(Hornell N. Hart, 1888~1967)는 1951년 여름과 가을 몇 개월간 매카시의 발언을 추적해 분석했는데,

50개의 주장이 전혀 사실과 다르다는 것을 발견했다. 그는 분석 결과를 『뉴 리퍼블릭(New Republic)』에 발표하기 전 반박 기회를 주기 위해 매카시에게 보냈다. 매카시는 반박은 전혀 하지 않고 듀크대학 총장에게 왜 그런 교수를 그냥 두느냐며 항의하는 협박편지를 보내는 것으로 대응했다.(Hart 1952)

또 노스웨스턴대학의 법대 교수 윌러드 페드릭(Willard H. Pedrick, 1914~1996)은 1952년 매카시의 선거유세 연설 두 개를 분석했는데, 민주당 대통령 후보 스티븐슨과 그의 보좌관들을 공격한 부분은 명백한 명예훼손에 해당된다는 결론을 내렸다. 매카시의 주장엔 악의적 사실 왜곡과 날조가 흘러넘쳤다는 것이다.(Pedrick 1953)

1950년 2월 9일의 '휠링 연설' 이 그렇게 큰 반향을 불러일으킬 수 있었던 이유도 매카시가 205명이라고 하는 숫자를 댔기 때문이었다. 그 숫자는 전혀 근거가 없는 것이었지만 그 이후 매카시를 신문 1면에서 떠나지 않게 만드는 마력을 발휘하였다.

그는 늘 틀리거나 왜곡된 숫자를 말하고 이름을 대고 증언의 일부를 인용하고 보고서의 페이지 번호까지 대는 수법을 즐겨 썼다. 그는 연설을 하면 꼭 이런 식으로 말하곤 했다. "그 누구든 일반적으로 말하기는 쉽습니다. 구체적인 사실을 봅시다. 여기 몇 개 사례를 살펴봅시다." 그래서 매카시에 대한 대중의 지지는 바로 그런 '자료화의 힘 (power of documentation)' 에서 비롯되었다는 주장도 나왔다.(Rosteck 1989)

듣는 사람으로서야 매카시가 무슨 거짓말을 하든 그 자리에선 확인할 길이 없는데다, 나중에라도 확인하려고 애쓰진 않을 터이니, 그 수

'이 손안에 있소이다.' 매카시를 풍자한 허버트 블록의 만평. HERBLOCK ⓒ 1954 The Washington Post

법은 확실히 잘 먹혀들었다. 그는 가짜 자료까지 동원하는 수법도 사용했다. 그가 연설을 하거나 상원에서 발언을 할 때엔 늘 손에 무엇인가 자료를 들고 있었다. 그에겐 늘 두툼한 서류 가방과 사진 한 움큼이 따라다녔다. 말을 할 때에 서류, 사진, 복사물, 편지 등 자료를 손에 쥐고서 "이것이 증거다"라고 말하면 그 내용을 확인할 길이 없는 관객은 감명을 받게 마련이었다. 그래서 매카시의 "이 손안에 있소이다(I have here in my hand)"는 그의 상표가 되었다.

물론 매카시가 손에 쥐고 흔드는 건 대부분 증거 능력이 없는 것들이었다. 어떤 경우엔 그냥 백지를 흔들어댔다는 주장도 있다. 매카시

제3장 '아메리칸 드림'의 갈등 **171**

의 그런 수법은 토끼가 나무 위로 기어 올라갔다고 주장하는 '토끼 사냥꾼'의 이야기를 방불케 했다. 토끼가 어떻게 나무 위로 기어 올라갈 수 있느냐고 반문하면 그 사냥꾼은 이렇게 대답했다. "무슨 소리야. 토끼가 분명히 나무 위로 기어 올라갔다니까! 그 토끼를 잡으려고 내 사냥개도 나무 위로 기어 올라갔는데 뭘. 정 내 말을 못 믿겠다면 내가 그 나무를 보여줄게."(Baskerville 1964)

매카시의 '반지성주의'

그 나무를 보여주면서 증거라고 주장하는 매카시의 수법은 늘 논리를 초월하는 것이었다. 그래서 매카시의 수법을 '반지성주의(anti-intellectualism)'의 표본이라고 말하는 사람도 있다. 하버드대학 교수 재커리어 차피 주니어(Zechariah Chafee, Jr., 1885~1957)가 매카시의 공격을 가리켜 '야만적 공격(barbarian invasion)'이라고 부른 것도 바로 그런 반지성주의를 지적한 것이었다.

사실 매카시가 누리던 인기의 비결은 지성과는 전혀 무관한 것이었다. 그의 추종자들은 "그는 대담해. 그는 투사라고! (He has guts; he's a fighter!)"라는 말을 즐겨 했다. 서부극의 폭력에 익숙한 미국인들이 대담한 투사를 사랑하는 일이 그리 놀라운 일이 아니라면, 싸우는 해병대의 이미지를

매카시의 공격을 '야만적 공격'이라 부르며 반지성주의를 지적한 재커리어 차피.

풍기는 매카시가 미국인들의 지지를 받았던 것도 그리 놀랍게 생각할 일은 아닐지도 모른다. 흥미롭게도 '의회기록(Congressional Record)'을 조사했더니 매카시의 발언 도중에 박수가 터져나온 것은 대부분 그가 '배짱(guts)'을 강조한 부분이었다.

매카시는 자신의 방법을 문제 삼는 비판에 대해 "방울뱀과 스컹크를 때려잡는 데에 점잖은 방법은 있을 수 없다"고 대꾸하였다. 매카시는 모든 문제를 완전하게 옳거나 그르다는 식의 흑백논리로 보지 않으려 하는 지식인들을 용납하지 않았다. 그가 지성적으로 보일 때엔 아마겟돈(Armageddon) 등과 같이 성경에서 나오는 표현을 인용할 때였는데, 그마저도 모두 선악의 대결, 광명과 암흑의 대결 구도로 보는 데에 이용하였다.

매카시가 '지식인'이라는 단어를 말할 때엔 늘 그 앞에 수식어가 따라다녔다. 그에게 있어서 지식인은 늘 '흐리멍덩한 지식인(fuzzy intellectuals)', '좌파 지식인(left-wing intellectuals)' 또는 '생각이 뒤틀린 지식인(twisted-thinking intellectuals)'이었다. 그러나 매카시의 반지성주의는 그에게 정치적으론 도움이 되었다. 1946년 선거에서도 그는 민주당 후보가 교수 출신인 것을 겨냥하여, 주로 농민들인 유권자들에게 "나는 단지 촌놈이지, 대학 교수가 아니오(I'm just a farm boy, not a college professor)"라는 말로 인기를 끌었다. 심지어 욕설에 가깝거나 노골적인 욕설도 마다않는 그의 빈번한 속어 사용도 적지 않은 사람들에겐 매력적으로 보였다.

매카시의 반지성주의가 그에게 큰 정치적 자산이었다는 것은 그가 모든 일을 과잉 단순화하는 데에서도 잘 나타났다. 그의 '과잉 단순화

(oversimplification)'는 군중 연설에서 잘 통했다. 군중 연설에서 어떤 문제에 대해 분석적인 접근방법을 보이는 것은 군중에게 잘 먹혀들지 않았다. 매카시처럼 해병대의 박력을 보여주면서 걸쭉한 입담과 욕설을 퍼부어대는 것이 훨씬 더 도움이 되었다.

매카시의 반지성주의는 그가 사상에 대해 철저히 무관심하고 민주적 과정에 대해 관심이 결여되었던 데서도 잘 드러났다. 사실 매카시는 반공을 외쳤지만 마르크스주의에 대해선 잘 모르는 인물이었다. 또 그는 자신이 떠드는 것만 좋아할 뿐 남의 말은 도무지 들으려고 하지 않았다. 상원에서도 동료의원을 비난하는 발언을 하고 나면, 그 의원이 반박 발언을 하는 내내 전혀 듣지 않고 다른 의원들과 잡담을 나누기 일쑤였다. 그는 자신에 대한 비판에도 합리적으로 대응하는 게 아니라 주로 인신공격, 독설, 입에 담을 수 없는 욕설로 대응했다.

그런데 과연 매카시만 반지성주의 성향을 갖고 있었던 걸까? 역사학자 리처드 호프스태터는 매카시즘을 미국인들의 뿌리 깊은 반지성주의와 편협성이 드러난 것으로 이해했다. 즉 매카시만 문제 삼을 경우에 매카시가 맹활약할 수 있었던 토양이 된 미국 사회의 문제점을 놓칠 수 있다는 것이다. (Foner 2006)

매카시의 언론 조종술

언론은 매카시의 문제를 잘 알면서도 그의 포로가 되어 서비스를 충실히 제공했다. 극우신문들이야 이해가 간다 하더라도 다른 신문들은 도대체 왜 그랬을까? 앞서 그 이유에 대해 일부 이야기했지만, 이제 다른 이유를 살펴보자. 당시 매카시를 취재하는 기자들의 태도는 보도의 효과에 대해서는 전혀 생각하지 않았으며, 내 문제가 아니라는 식이었다. 그들에게 중요한 것은 특종을 하거나, 적어도 낙종은 피해야 한다는 것이었다. 특히 당시 가장 중요한 미디어였던 통신사들이 고객인 신문사들을 잃지 않으려고 그런 압력을 더욱 크게 받고 있었다.(Aronson 1982)

게다가 신문의 헤드라인 선점에 집착했던 매카시가 신문과 통신의 속성을 잘 아는데다 그들에게 최대의 서비스를 제공했다는 점도 간과할 수 없다. 매카시는 건수가 생기면 확인 과정을 거치기 전에 무조건 기자들부터 찾았다.

매카시의 심복 보좌관인 콘 또한 후일 매카시의 가장 큰 목표가 언론을 통해 여론에 영향을 미치는 것이었다고 시인했다. 매카시는 어린 시절부터 신문에 대해 잘 알았다. 그는 자신이 살던 동네의 신문인 『애플턴 포스트 크레슨트(Appleton Post-Crescent)』 편집국장 존 리들을 아버지처럼 따랐다. 매카시의 영특함을 알아본 리들은 매카시를 교육시켰고 후일 정치적 조언도 해주었다.

매카시가 늘 언론계에 공산당이 침투했다고 떠들어댔으니, 언론과의 사이가 나빴을 것 아니냐고 생각하면 오해다. 그렇게 떠드는 것은 자신의 영향력이 건재함을 과시하려는 행동일 뿐이며, 자신의 힘이 언론으로부터 나온다는 것을 잘 알고 있었다. 그는 기자들과 어울리는 데에 자기 시간의 가장 많은 부분을 쏟아부었다.

그는 가끔 기자들의 집에 놀러가 직접 요리까지 하는 등 기발한 처세술도 마다하지 않았다. 워싱턴에 새로운 기자가 부임해 오면 만사를 제쳐놓고 그들의 아파트를 물색해주었다. 그러다 보니 한 아파트에 매카시의 소개로 들어온 기자들이 몰려 살아 기자촌까지 형성하게 되었으며, 매카시는 밤이면 자주 그 아파트를 찾아 술파티를 벌이곤 했다. 그만큼 사람을 좋아해서 그런 것 아니겠느냐고 좋게 볼 수도 있겠지만, 어디까지나 계산적인 사교에 지나지 않는 것이었다. 앞에서는 큰소리치고 떠들지만 몰래 술을 창밖으로 내버리고 "술 더 줘!"라고 외치는 식의 수법을 즐겨 썼다.

매카시와 친한 기자들은 매카시가 아무리 언론을 비난해도 그게 다 매카시의 상투적 수법임을 잘 알고 있었기에 별 반응을 보이지 않았다. 매카시는 그저 호감이나 얻자고 기자들과 친하게 지낸 것이 아니었다. 그는 기자들과의 친분 덕분에 언론의 뉴스 메커니즘에 정통하게 되었다. 주요 통신과 신문의 마감시간을 다 알고 있었으며, 어떤 경우에 기자들이 그가 말한 것을 그대로 보도할 수밖에 없는지까지 다 알고 있었다. 통신과 신문의 마감시간을 이용해, 거짓말이라도 기자가 그대로 보도하지 않으면 안 되게끔 만드는 재주를 갖고 있었다.

그는 기자들과 공생관계를 형성했다. 기자들에게 "내가 뭘 말해주길 원해? 원하는 걸 말하면 내가 그대로 말해줄게"라고 말하곤 했다. 통신사 기자가 "기사거리가 필요해요"라고 말하면 매카시는 무언가 찾을 때까지 자신의 파일을 뒤져 작은 기사거리라도 꼭 제공하곤 했다. 또한 금요일이면 통신사 기자들이 일요일과 월요일에 게재할 기사를 더 필요로 한다는 것을 알고 그에 대비해 기사거리를 미리 비축해두곤 했다.

그런 식으로 매카시는 언론의 속성을 최대한 이용했다. 기자들은 매카시가 거짓말을 하더라도 확인할 시간도 없는데다 자료 또한 갖추어져 있지 않았기 때문에 거짓말인 줄 알면서도 그대로 보도하곤 했다. 게다가 언론사들 간 경쟁도 치열했으니 언론윤리를 지키겠다고 매카시를 외면할 수도 없는 일이었다.

객관주의 보도의 한계

매카시의 득세는 한 선동적인 정치인이 언론의 불편부당성과 중립성의 원칙을 어떻게 악용할 수 있는가를 잘 보여준 사건이기도 했다. 또 언론인의 객관적 보도에 대한 신념에 근본적인 의문을 제기한 사건이기도 했다.

앞서 지적한 언론의 부정적인 측면들을 논외로 치고 언론을 선의로 해석할 경우, 매카시의 득세는 이른바 '스트레이트 보도(straight reporting)'의 한계를 노출시킨 사건이었다. 뉴스 가치가 있는 인물이 뉴스 가치가 있는 발언을 했을 때에 언론은 그 어떠한 해석과 평가를 내리지 않고 그저 신속하게 보도하기만 하면 그만이라는 발상이 매카시의 득세를 가능케 한 것이었다. '스트레이트 보도'는 특히 통신사 기자들에겐 저널리즘적인 원칙이기 이전에 속보 경쟁에서 유리한 고지를 점령하기 위한 전술이었다는 점도 간과할 수 없다.

언론계도 그런 문제점을 전혀 느끼지 않은 건 아니었다. 이미 1952년 『뉴욕타임스』의 발행인 아서 헤이스 설즈버거(Arthur H. Sulzberger, 1891~1968)는 뉴욕에서 열린 저널리즘교육협회 총회 연설에서 '보다 나은 보도(better reporting)'와 '더욱 많은 해석(more interpretation)'을 강조했다. 그러나 그는 저널리즘의 대원칙으로서의 객관주의를 포기할 수는 없다고 밝혔다. 그런가 하면 『워싱턴포스트』의 편집자 허버

1981년 에드윈 베일리가 발표한 『매카시와 언론』. 베일리는 매카시즘이 언론에 지속적이고 근본적인 변화를 가져왔다고 주장했다.

트 엘리스턴(Herbert B. Elliston, 1895~1957)은 중요한 기사의 경우 '스트레이트 보도'와 '해석적 보도'를 동시에 할 수 있게끔 기자를 한 명 더 딸려 보내자는 제안을 했지만, 장사를 하는 신문들이 그런 추가 비용을 부담할 리는 만무했다.

1946년에서 1959년까지 『밀워키저널』의 기자로 활약한 바 있는 에드윈 베일리(Edwin R. Bayley, 1918~2002)는 버클리대학 저널리즘 대학원장으로 재직하던 1981년 『매카시와 언론(Joe McCarthy and the Press)』이라는 저서를 발표하였다. 그는 이 책을 위해 129개 신문의 내용을 분석하였고, 수십 명의 취재 기자를 인터뷰하였다. 베일리는 매카시즘이 언론에 지속적이고 근본적인 변화를 가져왔다고 결론을 내렸다. 매카시 덕분에 1954년경엔 미국 언론계에 해석적 보도와 뉴스 분석이 완전히 정착되었다는 것이다.

사실 『밀워키저널』 같은 신문은 이미 1950년부터 매카시에 대해 보도할 경우 매카시의 발언 다음에 괄호를 넣어 분석하거나 해석하는 말을 집어넣는 방식을 취하였다. 예컨대 매카시의 어떤 발언에 대해 국무성은 이에 대해 부인했다는 식의 추가정보를 삽입하거나, 매카시의 주장 중 틀린 부분을 바로잡는 식이었다. 1952년 9월 4일의 선거유세 연설 보도 시엔 52인치 기사 가운데 13인치가 그런 정보였다. 때론 통신도 그런 방식을 도입했다.

그러나 그런 보도방식은 널리 확산되지 않았으며, 또 널리 확산되었다 해도 이미 때가 너무 늦은 것이었다. '해석적 보도'란 근본적으로 미국 상업언론의 체질엔 맞지 않는 것이기 때문에, 앞으로도 그것이 널리 사용되리라고 보기는 어렵다.

실상 커티스 맥두걸(Curtis MacDougall, 1903~1985)의 명저인 『해석적 보도(Interpretive Reporting)』의 초판은 1938년에 출간되었지만, 미국 언론은 그 보도방식을 외면하다가 매카시로 인해 망신을 당하게 되니까 뒤늦게 수선을 떤 것에 지나지 않았다. 미국 문명을 날카롭게 비판했던 드와이트 맥도널드(Dwight Macdonald, 1906~1982)가 오래전에 고질적인 미국병으로 지적했던 '사실 물신주의(fact-fetishism)'가 미국 언론을 지배했기 때문일까?

매카시즘은 좌파의 '마지막 피난처'인가?

그렇다면 매카시는 그 많은 문제에도 불구하고 실제로 반공투쟁에 기여했던 것일까? 그렇지 않다는 주장도 있다. 매카시가 맹활약하던 시절에 일했던 FBI의 방첩활동 책임자 로버트 램피어(Robert J. Lamphere, 1918~2002)는 "매카시의 접근방법은 반공의 명분에 해를 입혔으며, 많은 자유주의자들로 하여금 공산주의 활동을 위축시키려는 정당한 노력에 대해 등을 돌리게 만들었다"고 주장했다.

매카시는 가고 매카시즘만 남았다. 그 용법도 다양해지고 있다. 캐나다 경제가 캐나다인의 전반적인 의지와는 무관하게 미국의 우익 논리에 휘둘려 갈팡질팡하고 있는 현상을 가리켜 '경제적 매카시즘(Economic MaCarthyism)'이란 말도 나왔다. 이 용법은 그럴듯하다. 그런데 매카시즘이란 용어가 그럴듯하지 않게 남용되다 보니 오히려 매카시의 추종자들이 매카시즘 비판에 대해 역공세를 취하는 기현상까지 벌어지고 있는 실정이다.

적어도 미국에서 매카시즘이란 단어가 남용되고 있는 것은 분명하다. 담배회사가 금연운동을 매카시즘이라고 비판하질 않나, 『플레이보이』가 포르노에 관한 미즈위원회의 활동을 '섹스 매카시즘(sexual McCarthyism)'이라고 비판하는 진풍경까지 벌어지고 있다. 그런가 하면 매카시즘이라는 말이 아주 어렵게 사용되는 용법도 늘고 있다. 에이즈(AIDS)에 관한 책을 펴낸 어떤 저자는 에이즈가 '공중 건강 분야의 매카시즘(the public-health version of McCarthyism)'을 만들어냈다고 주장하는가 하면, 『미국의학저널(Journal of American Medicine)』의 편집자는 소변검사를 '화학적 매카시즘(chemical McCarthyism)'이라고 불렀다. 일부 우파는 그런 실정을 거론하면서 매카시즘을 '좌파의 마지막 피난처(the last refuge of the left)'라고 주장한다.(Collier & Horowitz 1988)

처음부터 매카시에 대해 비판적이었던 『롤리 뉴스 앤 옵서버(Raleigh News & Observer)』의 편집국장 샘 레이건(Sam Ragan, 1915~1996)은 "언론이 매카시를 만들었다(The press made McCarthy)"고 주장했다. 그러나 당시 UP통신의 기자 조지 리디(George Reedy, 1917~1999)는 언론이 어떻게 대응하고 어떤 방법을 개발해내든 매카시는 언론을 이용할 수 있는 방법을 찾아내고 말았을 것이라고 말했다. 요컨대 언론이 데마고그(demagogue)를 당해낼 길은 없다는 것이다. 매카시가 언론에 남긴 숙제라 하겠다.

매카시가 아일랜드계 가톨릭 신도라는 점에 주목하는 사람들은 그가 '빨갱이 사냥'을 하면서 진짜 표적으로 삼았던 것은 '빨갱이'가 아니라 미국 사회의 주류인 와스프(WASP; White, Anglo-Saxon, Protestant) 상류층과 그들의 지배체제였다고 주장한다. 이는 나중에 하층 아일랜드계 출신으로 퀘이커 교도라는 약점을 가지고 있던 리처드 닉슨이 한동안 '빨갱이 사냥'에 앞장서고 나중에 집권해서는 동부 와스프 세력과 일전(一戰)을 벌이는 것과 흡사하다는 것이다.(오치 미치오 1999) 그런 점이 없지 않았다는 정도로 이해하면 무난할 것 같다.

사실 바로 이런 것이 미국 정치를 이해하는 데에 가장 어려운 점이다. 동부 와스프 세력은 비교적 말을 점잖게 하고 진보적 가치를 역설하기도 한다. 반면 그 체제에 도전하는 아웃사이더들은 중하층 유권자들을 선동해야 할 필요성 때문에 아무래도 거칠게 마련이다. 목적을 이루기 위한 수단과 방법의 구사에서도 호전적이다. 출신 배경과 개인적인 인간 승리의 관점이 개입되면 정치인에 대한 평가도 달라진다. 매카시는 해도 너무한 경우지만, 존 F. 케네디, 린든 존슨, 리처드 닉슨을 어떻게 보느냐 하는 것에서 평가자의 정치성향은 물론 인생관을 엿볼 수도 있다.

참고문헌 Adams 1983, Aronson 1982, Barkin 2004, Baskerville 1954, Bayley 1981, Bluem 1965, Campbell & Kean 2002, Chafe 1986, Collier & Horowitz 1988, Commonweal 1954 · 1954a, Dole 2007, Drucker 1979, Foner 2006, Friendly 1967, Graham 1997, Greenstein 2000, Haberman 외 1955, Hart 1952, Heenan & Bennis 2000, Hohenberg 1978, Joes 1985, Kroker 1982, Leab 1983, Leamer 2001, Murray 1975, O'Brien 1974, Pedrick 1953, Rosteck 1989, Seldes 1955, Sherrill 1983, Smith 1968a, Vanderbilt & Sherman 1987, Wisconsin State Journal 1986, 오치 미치오 1999

"분리는 불평등하다"
'브라운 대 토피카' 사건

'브라운 대 토피카' 사건

1954년 연방의회는 '충성 선서'에서 미국은 "신의 아래에 있는 국가다(One Nation under God)"라는 말을 추가로 기입할 것을 결정했다. 모든 학교에서는 매일 조례 시에 성조기를 향해 이 선서를 외쳤다. 1956년 미국에서 발행된 모든 동전엔 "우리는 하나님을 믿는다(In God We Trust)"라는 말이 새겨졌다.

미국인들의 지극한 신앙심은 축복받을 일이었지만, 늘 문제는 "과연 하나님도 인종차별을 원하실까?" 하는 것이었다. 한동안 인종차별은 하나님의 뜻이라는 주장이 백인사회를 지배했지만, 시간이 흐를수록 그것이 궤변이라는 사실은 점차 분명해졌다. 소련인도 꿈꾼다고 하는 아메리칸 드림을 왜 미국 시민인 흑인만 누릴 수 없단 말인가.

이런 인식의 흐름을 말해주는 사건이 1954년 5월 17일에 일어났다. 이날 연방대법원은 브라운 사건(Brown v. Board of Education of Topeka)

브라운 사건에서 승리를 끌어낸 변호인단. 1954년 연방대법원은 흑백 분리 교육에 대해 위헌 판결을 내렸다. ⓒ Brown Foundation for Educational Equity

에서 흑인에 대한 그간의 '분리 평등' 원칙을 뒤집고 교육시설의 분리에 위헌 판결을 내렸다. 이 판결이 나오기까지 어떤 일이 있었던가.

1951년 캔자스 주의 주도인 토피카(Topeka)에 사는 흑인 올리버 브라운(Oliver L. Brown, 1903~1961)은 여덟 살짜리 딸 린다(Linda)가 먼로초등학교에 가기 위해 버스를 타고 위험한 철길을 건너 1.6킬로미터를 가야 하는 게 영 불만이었다. 집에서 다섯 블록 떨어진 곳에 섬너초등학교가 있었지만 그곳은 백인학교라 보낼 수가 없었다. 교육위원회에 시정을 요구한 브라운은 이를 거절당하자 법정으로 갔다.

전미유색인지위향상협회(NAACP)의 지원을 받은 소송엔 브라운과 비슷한 처지의 다른 흑인 12명도 동참했다. 1951년 2월 지방 재판소는 기존의 '분리하되 평등하게(separate but equal)' 원칙을 지지했지만, 3년 3개월 후에야 연방대법원은 "우리는 공공교육 분야에서 '분리하지만 평등하다'는 논리가 설 자리가 없다는 결론을 내렸다. 분리한 교육시설은 본래부터 불평등하다"는 판결을 내린 것이다.

역사적인 판결이었지만, 아이젠하워 대통령은 이 판결을 매우 못마땅하게 여겼다. 기자들이 이에 대해 질문을 하자, 아이젠하워는 긍정도 부정도 하지 않으면서 "나는 법이나 규칙이 사람의 마음을 바꿀 수 있다고는 생각하지 않는다"고만 답했다. 임기 중 흑인에 대한 폭력사태가 여러 차례 일어났을 때에도 그는 아무런 조치를 취하지 않은 채 방관적 자세를 보이기만 했다.(Chafe 1986)

법이나 규칙이 사람의 마음을 바꿀 수 있다고는 생각하지 않는다는 아이젠하워의 말이 틀린 것은 아니었다. 브라운 판결이 나온 지 10년이 지난 후에도 남부에서는 학군(學群)의 4분의 3 이상이 여전히 인종적으로 분리된 상태를 면치 못했다. 오직 세월이 약이런가. 2004년 5월 17일 '브라운 대 토피카 교육위원회' 판결 50주년이 되는 날, 조지 부시(George W. Bush) 대통령은 토피카의 먼로초등학교를 방문해 다음과 같이 말했다.

"이곳은 미국을 영원히 더욱 좋게 바꾼 위대한 역사의 장소다. 50년 전 오늘 대법원 판사 아홉 명은 만장일치로 미국 헌법에는 인종에 대한 격리와 모욕을 정당화하는 부분이 없다고 판시했다. 남북전쟁은 흑인들의 노예 상태를 종식시켰다. 그러나 그들의 억압 상태를 종식시키지 못했다. 우리 학교들은 더 이상 법으로 격리되지는 않지만 아직도 기회와 우수성 면에서 평등하지 않다. 인종차별은 살아 있는 기억이다. 미국의 이상, 건국이념이 인종 격리로 상처를 입어선 안 된다. 인종 존경의 습성을 모든 세대에 가르쳐야 한다. 차별을 막는 법들을 강력하게 시행해야 한다." (박보균 2005)

'목화 따는 기계'의 혁명

브라운 사건은 흑인들에게 한 줄기 빛이었지만, 그다음 해인 1955년에 일어난 '에미트 틸(Emmett Till, 1941~1955) 린치사건'은 흑인들이 다시 어둠으로 돌아가기를 요구하는 것처럼 보였다. 시카고의 14세 흑인 소년 틸이 미시시피를 방문했다가 백인 여성에게 호루라기를 불었다는 이유로 린치를 당해 살해된 채로 미시시피강에 버려졌는데, 전

14세 어린 나이에 인종차별에 의한 잔인한 린치로 사망한 에미트 틸(왼쪽)과 그의 어머니.

목화 따는 기계가 발명되기 전, 목화 수확작업은 오롯이 흑인들의 몫이었다.

원 백인으로 구성된 배심원은 틸의 살해자들을 무죄로 판결했다. 쿠바의 시인 니콜라스 기옌(Nicolás Guillén, 1902~1989)은 시 '에미트 틸을 위한 비가'에서 이렇게 노래했다. "오, 검둥이들의 오랜 친구, 미시시피는 흐른다/물에다 혈관을 열어놓은 미시시피/넓은 가슴, 한숨지으며 야만의 기타로/딱딱한 눈물로 아, 미시시피는 흐른다."

이 사건은 흑인들의 분노를 촉발시켜 민권운동이 행동주의로 나아가게 하는 데 큰 영향을 미쳤다. 이후 전개될 흑인들의 민권운동엔 남부의 '출애굽'을 부른 기계영농이 큰 영향을 미쳤다. 흑인의 북부 이

주에 결사 저항했던 남부 백인들이 이주를 추진하고 나선 것은 목화 따는 기계라고 하는 기술 혁신 때문이었다. 햄버스탬(David Halberstam, 1934~2007)은 "아마도 목화 따는 기계만큼 미국의 장래에 지대한 영향을 미치고도 가장 적게 언급되었던 발명품은 없었을 것이다"라고 말한다.(Halberstam 1996)

남북전쟁 이래 목화 따는 기계로 약 800여 개의 특허가 출원되었지만 어느 것도 성공하지는 못했다. 성공은 존 대니얼 러스트(John D. Rust, 1892~1954)에 의해 이루어졌다. 그가 수많은 시행착오 끝에 1933년 완성한 여섯 번째 모형은 성공적이었다. 보통 노동자 한 명이 일주일 만에 딸 수 있는 양 이상을 한 시간 만에 따냈다.

1936년 모형을 완성해 대량생산 체제로 들어가려고 할 때엔 경제대공황이 극에 달해 수백만의 실업자가 발생한 터라 10여 년 후부터 본격화되었다. 1955년엔 목화 수확량의 25퍼센트, 1960년에는 55퍼센트가 기계에 의해 수확되었다. 역사의 아이러니라고나 할까? 1954년에 사망한 러스트의 원래 꿈은 영세농들을 돕는 것이었지만, 그의 발명품은 대형 농장을 키우는 일에 기여하고 말았다.

농구의 인종차별

스포츠계의 인종차별은 어떠했던가? 야구에선 1947년 재키 로빈슨(Jackie Robinson, 1919~1972)이 최초로 메이저리그에 진출했지만, 몸을 서로 부딪쳐야 하는 NBA 프로농구에 처음으로 흑인이 등장한 때는 그로부터 3년이 지난 1950년 10월 31일이었다. 워싱턴 캐피톨스에 입단한 얼 로이드(Earl F. Lloyd)가 최초의 흑인 선수다. 그해에 그를 비롯

NBA에 처음 등장한 흑인 선수 얼 로이드. 2003년 농구 행사에 참석한 로이드가 우승반지와 트로피를 들고 포즈를 취하고 있다. ⓒ Earl and Charlita Lloyd

해 척 쿠퍼(Chuck Cooper, 1926~1984)와 네이트 클리프튼(Nathaniel Clifton, 1922~1990) 등 세 명의 흑인이 데뷔했다. 이들은 치욕적인 대접을 받았다. 백인 선수들과 같은 호텔에서 지내지 못한 것은 물론이고, 어떤 백인들은 로이드와 백인 동료가 어깨동무를 했다는 이유로 침을 뱉었다.

그러나 흑인들이 워낙 농구를 잘하는 걸 무슨 수로 막으랴. 1966년 미국 대학농구 패권은 최초로 흑인 다섯 명이 주전으로 출전한 텍사스웨스턴대학팀에게 돌아갔다. 백인 우월주의자 감독인 아돌프 럽(Adolph F. Rupp, 1901~1977)이 지도한 백인팀인 켄터키대학을 상대로 이긴 것이다. 1950년대부터 흑인들이 한두 명 들어가긴 했지만 흑인들이 주전을 맡은 팀으론 최초의 기록이다.

그렇지만 흑인 선수들은 여전히 혹독한 수난을 겪어야 했다. 원정 경기에서 폭행당하고 숙소가 난도질당하고 흑인들을 출전시킨 감독은 살해 협박까지 받았다. 흑인 선수들은 "우리가 이길수록 팀은 더 힘들어져요"라며 울음을 터트리기도 했다. 2006년 미국에서 개봉한 영화 〈글로리 로드(Glory Road)〉(감독 제임스 가트너)는 이러한 실화를

영화로 재구성한 것이다.(손대범 2007)

훗날까지도 인종차별은 여전했다. 잘하는 선수는 대부분 흑인이었지만, 관중은 경제적 여유가 있는 백인이 더 많기 때문에 빚어진 일이었다. 감독에게 가장 부담스러운 순간은 관중석이 백인들로 들어차 있는 때였다. 스타팅 멤버가 입장하면 관중들은 마음속으로 흑인 선수의 숫자를 센다. 그래서 농구감독들이 헬멧이 필수인 미식축구를 부러워한다는 말까지 나왔다. 보스턴 셀틱스의 첫 흑인 선수였던 빌 러셀(William F. Russell)은 "미국에서는 홈경기에는 흑인 두 명을 내보내고, 어웨이 때는 셋, 만약 뒤지고 있을 때는 다섯을 내보낸다"고 말했다.

그러나 나중에는 절묘한 인종통합으로 이런 문제를 넘어서게 된다. 선수만 흑인일 뿐 백인 구단주에 백인 감독의 존재가 부각되면서, 모든 건 백인의 주도하에 이루어진다는 인식이 백인 관중을 위로한 셈이다.(정희준 2007) 그런 식으로 보자면, 흑인 대통령 버락 오바마도 대통령 권력은 상징적일 뿐 배후 실세 그룹이 더 중요하다고 보는 인식의 변화가 낳은 '기적'일까?

참고문헌 Chafe 1986, Gordon 외 1998, Halberstam 1996, Zinn & Stefoff 2008, 박보균 2005, 손대범 2007, 아루가 나츠키·유이 다이자부로 2008, 이새샘 2009, 이신행 2001, 정희준 2007

'버스의 흑백분리'에 대한 투쟁
로사 파크스와 마틴 루서 킹

'버스의 흑백분리'에 대한 투쟁

1955년 12월 1일 앨라배마 주 몽고메리(Montgomery) 시내의 한 백화점 재봉사로 일하던 42세의 로사 파크스(Rosa Parks, 1913~2005)는 퇴근길에 시내버스에 탔는데 흑인(Negroid) 구역인 뒷자리에 자리가 없는 것을 보고 중간 쪽의 자리에 가서 앉았다. 버스에 백인 승객들이 더 올라타자 운전기사는 "니그로는 뒤쪽으로 옮겨가"라고 소리쳤다. 흑인은 서서 가더라도 백인 승객을 위해 자리를 양보해야 한다는 것이었다.

전미유색인지위향상협회의 몽고메리 지부 회원이기도 한 파크스 부인은 운전기사의 명령을 거부했다. 그녀는 몽고메리 시 교통법규위반죄로 체포돼 다음 월요일에 법원에 출두하라는 명령을 받았다. 월요일이 오기 전 주말, 몽고메리 시 흑인들은 이에 항거하기 위해 모임을 갖고 파크스 부인이 다니던 덱스터애비뉴(dexter avenue) 침례교회의 26세 흑인 목사를 지도자로 선출했다. 그 목사의 이름은 마틴 루서

1955년 앨라배마 주 몽고메리 시에서 버스 보이콧운동을 전개한 로사 파크스(앞)와 마틴 루서 킹 목사(뒤). ⓒ Ebony Magazine

킹(Martin L. King Jr., 1929~1968)이었다.

조지아 주 애틀랜타 시에서 활동하던 저명한 목사의 아들로 태어난 킹은 애틀랜타의 모어하우스대학을 졸업하고 크로저신학교와 펜실베이니아대학에서 신학과 철학을 공부한 뒤 1955년 보스턴대학에서 조직신학연구로 박사학위를 취득했다. 그는 헨리 데이비드 소로(Henry D. Thoreau, 1817~1862)와 인도의 마하트마 간디(Mohandas Karamchand Gandhi, 1869~1948)의 비폭력 불복종운동을 근간으로 한 흑인민권운동을 조직하기로 마음먹었다.

로사 파크스가 백인 전용 좌석의 착석을 거부당한 2857번 버스. 현재는 헨리포드박물관에 전시돼 있다. ⓒ GFDL

    1955년 12월 5일 흑인들에 의해 몽고메리 시 버스 보이콧운동이 시작되었다. 흑인은 시내버스 고객의 60퍼센트를 차지하고 있었다. 흑인 4만여 명이 버스 탑승을 거부하고 걸어서 출퇴근했다. 버스 요금만큼만 돈을 받는 흑인 택시도 등장했다. 킹은 수천 명의 군중 앞에서 "보이콧을 계속해달라"고 연설했고 승차거부 운동은 381일간 지속됐다.
    물론 백인들의 보복도 있었다. 파크스는 법원에서 벌금형 10달러와 소송비용 4달러를 선고받았는데, 벌금을 물지 않았다는 이유로 또다시 체포되었다. 킹은 처음에는 음주운전 혐의로, 그다음에는 불법 보이콧운동을 공모한 혐의로 체포되었다. 보험회사들은 버스를 이용하지 않을 목적으로 사용되는 자동차 보험을 취소했다. KKK단은 시가행진을 하는 등 흑인들을 압박했다. 이런 방법들이 먹혀들지 않자 흑인들의 집과 교회에 방화가 저질러졌으며, 킹을 포함해 보이콧 지도자들의 집에 폭탄이 날아들었다.

보복과 압박에도 불구하고 이 사건은 흑인들의 승리로 끝났다. 1956년 11월 13일 얼 워런(Earl Warren, 1891~1974) 대법원장이 이끄는 연방대법원은 버스 안 인종분리 규정이 위헌이라며 파크스의 손을 들어주면서 버스의 흑백분리 지정석제도를 폐지할 것을 몽고메리 시에 권고했다. 이에 따라 흑인들은 보이콧운동을 시작한 지 381일 만인 1956년 12월 21일부터 버스 이용을 재개했다.

그러나 파크스는 이 사건으로 회사에서 해고되고 온갖 살해 협박에 시달리다 1957년 남편과 함께 미시간 주 디트로이트(Detroit)로 이사해야 했다. 그녀의 이사와 더불어 1958년 버지니아 주에서 일어난 사건은 흑인들에게 아직 갈 길이 멀었음을 말해주는 듯했다.

'블랙 라이크 미'

1958년 밀드레드(Mildred Jeter, 1939~2008)라는 19세 흑인 여성이 25세의 백인 건축 노동자 리처드 러빙(Richard Loving, 1933~1975)과 워싱턴에서 결혼식을 올리자, 버지니아 사법당국은 이들이 흑백 결혼을 금지한 버지니아 주법을 어겼다는 이유로 유죄판결을 내리면서 집행유예 대신 25년간 버지니아에 발을 들여놓지 못하도록 명령했다. 판사는 흑백 결혼의 위법성을 이렇게 설명했다.

"전지전능하신 하나님께서 백인, 흑인, 황인, 말레이인, 적색인을 창조하셨고 그들을 각기 다른 대륙에 퍼뜨려놓으셨다. 하나님의 이런 인종배치를 거스르고 그 같은 흑백 결혼을 할 명분은 없는 것이다. 하나님이 인종을 분리해놓으셨다는 사실은 하나님이 인종 간 혼합을 의

서로 다른 인종 간의 결혼으로 유죄판결을 받은 밀드레드 러빙과 리처드 러빙 부부. 사진은 1965년 1월 26일 버지니아에서의 거주 허가를 받기 위해 법정에 함께한 모습을 담았다. ⓒ AP

도하지 않으셨다는 것을 그대로 보여준다."(김성수 2009)

도대체 남부의 인종차별은 어느 정도였던가? 이를 정확히 알기는 어려웠다. 백인 인종차별주의자들은 "우리는 인종차별을 하지 않는다"고 강변했고 '평범한' 백인들은 정말로 자신이 그렇다고 생각했기 때문이었다. 백인 남성 존 하워드 그리핀(John H. Griffin, 1920~1980)은 39세이던 1959년 11월 7일부터 12월 15일까지 흑인으로 변장한 채 '디프사우스(deep south; 미국의 최남부로 사우스캐롤라이나, 미시시피, 앨라배마, 조지아, 루이지애나)' 지역을 홀로 여행했다. 어느 흑인이 자신에게 "백인이 인종차별 현실에 관해 어느 것 하나라도 이해하려면 어느 날 아침 흑인 피부색을 하고 깨어나는 수밖에 없다"고 한 말을 듣고서 시도한 모험이었다.

그는 피부를 검게 하기 위해 색소 변화를 일으키는 약을 먹고 며칠 동안 온몸에 강한 자외선을 쪼였으며 삭발을 했다. 그는 남부의 흑인들 사이로 걸어들어가 이야기를 하고 음식과 잠자리를 나눴다. 백인을 만나면 머리를 조아렸으며 눈앞에 보이는 깨끗한 화장실 대신 흑인이 사용하도록 허용된 화장실을 찾아 거리를 헤맸다. 여정을 마친 그는 피부 색깔을 빼고 백인 가정의 남편이자 아버지로 돌아가 일기 형식의 책을 썼다. 『블랙 라이크 미(Black Like Me)』(1961)라는 책이다.

그리핀(Griffin 2009)은 이 책에서 "내가 가진 개인의 자질을 보고 나를 판단하는 사람은 아무도 없으며 모든 사람이 내 피부색을 보고 판단했다"고 말했다. 그리핀이 남부에서 만난 백인들은 흑인인 그에게 상냥한 태도를 보이는 경우도 많았지만 그것은 표면에 불과했다. 겉으론 상냥하지만, 흑인은 원래 열등하고 지저분하고 성도착이 심한 집단이라고 생각하는 그들의 편견과 위선이 너무나 쉽게 드러났다.

특히 백인 여자를 가장 조심해야 했다. 그리핀이 여행 중 흑인들로부터 들은 충고에 따르면, "백인 여자는 쳐다보고 싶지도 않다고 생각해야 해요. 사실 땅바닥을 보거나 다른 데를 봐야 하죠. …… 백인들은 이 문제에서는 정말 까다로워요. 당신은 백인 여자가 있는 방향으로 쳐다보고 있는 줄 모를 수도 있지만, 백인들은 거기에서 다른 뭔가를 끄집어내려고 해요."

이런 문제들을 까발린 『블랙 라이크 미』에 대한 미국 사회의 반향은 대단했다. 소재 자체가 선정적이라 관심을 끌기에 충분했고 백인들의 치부가 백일하에 드러난 데 대한 분노도 일었다. 그리핀 가족은

위협적인 분위기 때문에 잠시 멕시코로 거처를 옮겨야 했을 정도였다.(김재중 2009a)

흑인들의 연좌운동

그러나 파크스가 뿌린 씨앗은 꾸준히 싹을 내밀고 있었다. 1960년 2월 1일 노스캐롤라이나 주 그린즈버러(Greensboro) 시에선 1960년대 내내 대대적으로 성행할 '연좌운동(sit-in movement)'이 최초로 선을 보인다. 네 명의 흑인 대학생이 백인 전용 식당에 들어가 음식을 주문하자, 서비스를 거절당한다. 흑인 학생들은 식당을 떠나지 않은 채 평화적으로 자리만 지켰다. 그다음 날엔 23명의 흑인 학생이, 또 그다음 날엔 66명이, 또 그다음 날엔 100명 이상이, 급기야 일주일째 되는 날엔 천여 명의 흑인 학생들이 연좌운동에 참여했다. 2주일이 지나자 연좌운동은 남부 5개주 15개 도시로 번져갔으며, 이후 이 운동은 흑인민권운동의 주요 전략으로 자리 잡게 된다.

전 대통령 해리 트루먼이 이 사건에 대해 보인 반응은 흑인들이 아직 갈 길이 멀었다는 것을 말해주기에 족했다. 그는 코넬대학 연설에서 '연좌운동'을 하는 흑인 학생들이 공산주의자의 사주를 받았다고 주장했다. 증거가 있느냐는 질문을 받자, 그는 '없다'고 하면서도 "하지만 이 나라에서 말썽이 일어날 때는 대개 크렘린(Kremlin)이 그 배후에 있다는 것을 나는 알고 있다"고 말했다.(Zinn 2001a)

트루먼은 "세월만이 약이다"라는 진리를 말하고 싶었던 걸까? 마틴 루서 킹과 함께 흑인민권운동의 상징이 된 파크스는 1988년까지 민주당 의원 보좌관으로 일했고 1996년 당시 빌 클린턴 대통령으로부터

1960년 2월 1일 흑인 대학생들의 연좌운동이 시작된 백인 전용 식당의 좌석. 현재는 스미소니언 국립역사박물관에 보관돼 있다. ⓒ Mark Pellegrini

자유 훈장을 받았다. 2005년 10월 디트로이트에서 92세 나이로 숨진 그녀의 유해는 생전의 공로를 인정받아 여성으로서는 사상 처음으로 의회의사당 중앙홀에 안치됐다. 미국의 위대한 인물을 의사당 중앙홀에 안치하는 것이 관행이 된 1852년 이래 파크스는 그곳에 명예 안치된 31번째 사람이 되었다. 여성으로는 처음이었고, 정부 관료가 아니었던 사람으로서도 처음이었다. 11월 2일 7시간 동안 계속된 그녀의 영결식은 거의 국민장이라 할 만했다. 당시 대통령 조지 W. 부시는 이날 국내외 모든 미국 공공건물에 조기를 달라고 명령했다. 로사 파크스가 탔던 몽고메리 시의 버스는 현재 헨리포드박물관에 전시돼 있다. 죽기 전 로사 파크스는 다음과 같이 회고했다.

"백인 운전기사가 우리에게 다가와 손짓으로 자리에서 일어나라고

제3장 '아메리칸 드림'의 갈등 **197**

명령했을 때, 나는 어떤 확고한 결단이 겨울밤의 이불처럼 내 몸을 덮어주는 것을 느꼈다. 나는 단 한 번만이라도 내가 인간으로서 그리고 시민으로서 어떤 권리를 지니고 있는지 알고 싶었다. 그때 내가 원했던 것은 자유였다. 나 자신뿐만 아니라 모든 인간이 평등하게 자유롭기를 원했던 것이다."

뉴욕타임스와 설리반의 법정투쟁

로사 파크스 사건은 10여 년 후 언론에 의한 명예훼손과 관련, 중요한 판례를 하나 탄생시켰다. 그 과정을 살펴보기로 하자.

사건 이후 킹 목사는 본격적으로 흑인민권운동에 나서게 되었다. 앨라배마 주 경찰이 갖가지 죄목을 동원해 킹 목사를 법적으로 옭아매려고 하자, 흑인들은 모금 광고를 통해 킹 목사를 돕기로 하였다. 바로 그 모금 광고가 『뉴욕타임스』 1960년 3월 29일자에 실렸다. 이 광고의 제목은 열흘 전 이 신문의 사설 제목을 인용한 것으로 '그들의 솟구치는 함성을 들어라(Heed Their Rising Voices)'였다. 광고의 주요 내용은 다음과 같았다.

"지금 전 세계가 알고 있듯이 수천 명의 남부 흑인 학생들이 미국 헌법에 보장된 대로 인간의 존엄성을 유지하며 살 수 있는 권리를 쟁취하기 위해 비폭력 시위에 대규모로 동참하고 있다. …… 그러나 이 학생들은 이러한 권리를 인정하기를 거부하는 사람들이 휘두르는 폭력의 물결에 휩쓸리고 있다. …… 앨라배마 주의 몽고메리 시에서는 학생운동 지도자들이 학원 내에서 총과 최루탄으로 무장한 경찰들에 의해 쫓겨나고 있다. …… 학생회 전체가 등록을 거부하며 대항하자

마틴 루서 킹 목사에 대한 경찰의 체포 위협을 저지하기 위해 그의 지지자들이 『뉴욕타임스』 1960년 3월 29일자에 낸 모금 광고.

학교 당국은 그들을 굶겨 굴복시키기 위해 식당 문을 잠갔다."(장호순 1998)

 이처럼 이 광고는 앨라배마 주의 정부 지도자들을 비난하는 내용이었다. 그런데 광고는 몇 가지 사실상의 오류를 담고 있었다. 학교 식당은 폐쇄되지 않았고, 경찰이 캠퍼스를 포위하지도 않았으며, 학생들은 다른 데모를 위해 학교를 떠났고, 킹 목사는 일곱 차례가 아니라

킹 목사를 위한 모금 광고를 게재한 이유로 고소 당한 『뉴욕타임스』에 승소 판결을 내린 윌리엄 브레넌 대법관.
ⓒ Robert S. Oakes

네 차례 체포되었다는 점이 달랐다.

이로 인해 『뉴욕타임스』는 앨라배마 주 법정에서 50만 달러 배상이라는 패소 판결을 받았다. 원고는 앨라배마 주 몽고메리 시의 경찰 책임자인 설리번이었다. 그러나 1964년 연방대법원은 『뉴욕타임스』에 최종 승소 판결을 내리면서 설리번은 공인이기 때문에 '현실적 악의(actual malice)'를 입증해야 한다고 판시했다. 당시 윌리엄 브레넌(William J. Brennan Jr., 1906~1997) 대법관은 다음과 같이 말했다.

"우리는, 공공적 쟁점들에 관한 논의는 금지되어서는 안 되고 활발하고 넓게 개방되어야 하며 또한 그 논의에는 정부와 공공 관리에 대한 격렬하고 신랄하고 때로는 불쾌할 정도로 날카로운 공격도 포함될 수 있다는 원칙에 대한 국민의 진지한 합의에, 이 사례가 배치되는 것으로 생각한다."(Barron 1987)

'현실적 악의'는 "허위(거짓말)의 인지 또는 진실에 대한 무모한 부주의(knowledge of falsity or reckless disregard of whether the story was truthful)"를 뜻하는데, 이 개념의 의미 또는 교훈은 다섯 가지를 들 수 있다.

첫째, 정부 관리가 명예훼손소송(civil libel suits)을 통해 과거 선동방지법(sedition law)의 목적을 성취하고자 하는 시도에 쐐기를 박았다. 둘째, 공적 이슈(public issue)에 관한 논의는 활발하게 이루어져야 한다. 셋째, 어느 정도 사실과 다른 진술은 자유스러운 토론에선 불가피하다. 표현의 자유가 '숨 쉴 수 있는 공간'을 마련하기 위해 그것은 보호되어야 한다. 넷째, 공인은 비판받을 각오를 해야 한다. 사인(私人)과는 달리 반박할 수 있는 언론매체에의 접근이 용이하다. 다섯째, 나중의 판례들에서는 공인(public figure)의 범위가 확대되어 노벨상 수상자까지도 포함되었다.(Pember 1984)

이 판결의 역사적 의미는 매우 크기 때문에 미국의 언론법 관련 학자와 법조인들은 5년, 10년 단위로 이 판결을 기념하는 학술회의와 토론회를 개최하고 있다. 뉴욕대학 법대 교수 로널드 드워킨(Ronald Dworkin)은 1996년 "세계의 민주국가들 가운데 헌법상 언론·표현의 자유에 대한 수준을 보면 미국은 그야말로 독보적이다. 그리고 이 같은 언론·표현의 자유 보호에 있어 헌법적인 기틀로서 중추적인 것이 바로 1964년 연방대법원이 내린 설리번 판결이다"라고 평가했다. 언론법 변호사 데이비드 보드니(David Bodney)는 설리번 판결 40주년을 맞은 2004년, 설리번 판결은 연방대법원의 헌법판례에 있어서 가장 중요한 것으로 "진정 우리로 하여금 미국의 삶을 얘기할 수 있게 한 분수령적인 사건이었다"고 평가했다.(염규호 1999 · 2004)

한국에서도 공인과 관련된 명예훼손 사건만 발생하면 꼭 빠지지 않고 인용되는 게 바로 이 '설리번 판결(NYT Co. v. Sullivan)'이다. 오늘날 미국에선 이 판결을 둘러싼 논란도 만만치 않다. 무엇보다도 '현실적 악의'는 이른바 '저명인사 저널리즘(celebrity journalism)'을 부추기는 등의 부작용을 낳고 있다.(배금자 1999) 언론의 입장에선 안전하다는 이유 때문이다. 언론은 자기보호와 상업주의 차원에서 그러는 것이겠지만, 그만큼 공인(公人)에 대한 불신감과 반감도 크다는 걸 말해주는 방증은 아닐까?

참고문헌 Barron 1987, Chafe 1986, Davis 2004, Gossett 1965, Griffin 2009, Newsweek 1964, Pember 1984, Zinn 1986 · 2001a, 고종석 2009, 김봉선 2009, 김성수 2009, 김재중 2009a, 배금자 1999, 염규호 1999 · 2004, 장호순 1998, 최희진 2009

"중립은 비도덕적"?
아시아 · 아프리카 반둥회의

과테말라 사건

미국 정부는 과테말라에서 1950년에 당선된 민선 대통령 하코보 아르벤스(Jacobo Árbenz Guzmán, 1913~1971)의 사회주의 성향을 영 못마땅하게 여기고 정권 전복작전에 돌입했다. 이는 1952년 트루먼 대통령이 '피비 포춘(Pb Fortune)'이라는 비밀작전을 승인함으로써 시작되었으며, 1953년 8월 후임 아이젠하워 대통령이 작전명을 '피비 석세스(Pb Success)'로 변경하고 270만 달러의 특별예산을 배정하면서 본격화되었다.

미국이 취한 일련의 작전에 의해 아르벤스 대통령 측근 70여 명이 살해되었으며, 1954년 6월 CIA는 과테말라 군부를 배후에서 조종해 아르벤스를 축출했다. 당시 과테말라 전체 인구의 2퍼센트가 전체 토지의 70퍼센트를 소유하고 있던 상황에서 아르벤스가 토지 무소유자와 인디언들을 위해 토지개혁에 착수한 것이 직접적인 축출 이유였다.

과테말라 시에 있는 하코보 아르벤스 기념 벽화. ⓒ Soman

아르벤스는 망명을 떠나고 미국 군사학교에서 교육을 받은 카를로스 카스티요 아르마스(Carlos Castillo Armas, 1914~1957)의 군사독재가 시작되었다. 토지개혁도 중단되고 반대 정당 활동도 금지되었다. 덜레스 국무장관은 과테말라가 공산 제국주의로부터 구제되었으며, 아르마스의 승리가 미주 국가들의 위대한 전통에 새롭고 영광스러운 한 장을 덧붙였다고 찬양했다.

아르벤스의 축출에는 당시 과테말라의 최대 지주로서 토지개혁에 가장 큰 이해관계가 얽혀 있던 미국의 전미과일회사(United Fruit Company)가 큰 역할을 했다. 이 회사의 의뢰를 받은 PR 전문가 에드워드 버네이스(Edward L. Bernays, 1891~1995)는 1952년부터 과테말라가 공산주의자 손에 전복될 위험에 처했다는 신화를 퍼뜨리는 데에 기여했다. 그는 『뉴욕타임스』를 비롯해 수많은 유력 매체들에게 전미과일회사에 유리하게끔 편향된 기사를 공급했으며, 직접 언론인들과 함께 과테말라를 여행하면서 미리 주도면밀하게 계획하고 통제한 장면들만을 보여주었다.

덜레스의 법률회사가 전미과일회사를 대변했으며 그의 동생인 앨런 덜레스(Allen W. Dulles, 1893~1969)가 CIA 국장인 점을 들어, 과테말라 사건의 주동자를 미국 정부보다는 전미과일회사로 보는 시각도 있다. 라즈 파텔(Raj Patel 2008)에 따르면, "1899년 설립된 전미과일회사는 세계 최대 규모의 바나나 기업이다. 전성기의 전미과일회사는 중미 국가 전역에 걸쳐 바나나 무역뿐만 아니라 운송, 우편, 금융사업에까지 손을 댔다. 빈틈없이 권력을 지켰고 이를 방해하는 세력은 거의 없었다. …… 이 회사가 중미에 빈곤을 가져온 공범의 하나라는 사실은 미국에서 거의 받아들여지지 않았다. 역사에서 지워졌기 때문이다."

덜레스의 주장과 달리, 아르마스의 승리는 영광과는 거리가 멀었다. 멀어도 너무 멀었다. 1950년부터 1980년 중반까지 약 30년간 미국의 비호 아래 자행된 과테말라 군부의 학살과 고문은 20만 명에 달하는 사람들의 목숨을 앗아갔다. 1996년 유엔의 지원을 받아 9200명의 증인을 상대로 실시한 진상조사에 따르면 피해자 가운데 좌익혁명에 가담한 자들은 단 3퍼센트뿐이었고, 나머지 97퍼센트는 좌익과 무관한 산간지대 마야족 원주민이었다. 이 학살에 미국이 개입한 것은 1997년 5월 과테말라에 대한 비밀문건들이 공개되면서 드러났다.(황성환 2006)

CIA의 개입이 40여 년 후에야 드러날 수 있게 만든 장본인은 앨런 덜레스였다. 그는 1953년 CIA 국장에 취임하기 전, CIA가 다른 부처로부터 독립된 기관으로서 예산을 마음대로 동원할 수 있게끔 하는 데에 성공했다. 바로 이것이 CIA가 독재적인 군사공작 조직으로서 마음대로 활동할 수 있는 힘의 근원이 되었다.

아시아·아프리카 반둥회의

과테말라 사건이 시사하듯, 제3세계 국가들은 점차 미국에 등을 돌리고 있었다. 미국은 유럽에서 성공을 거둔 나토(NATO) 모델을 원용해 1954년 프랑스의 영향력이 사라진 아시아 지역에 동남아시아조약기구(SEATO; Southeast Asia Treaty Organization)라는 반공 군사 블록을 창설했지만, 미국의 세력권에 편입되길 거부하는 나라들의 목소리는 점점 더 커지고 있었다.

이들의 미국에 대한 반감은 1955년 4월 18일부터 24일 사이에 인도네시아의 반둥(Bandung)에서 개최된 아시아·아프리카 회의를 통해 잘 드러났다. 인도네시아, 미얀마, 실론(지금의 스리랑카), 인도, 파키스탄이 중심이 되어 열린 이 반둥회의에는 아프리카 6개국과 아시아 23

1955년 아시아·아프리카 회의가 열린 반둥의 자유빌딩(Gedung Merdeka). ⓒ Ron4

개국이 참가하였다. 이들 국가는 세계인구의 55퍼센트를 점하고 있었지만, 소득은 겨우 8퍼센트를 차지하고 있었다.

반둥회의는 식민지주의의 종식을 가속화하고 미소 간의 냉전에서 중립을 지키는 비동맹을 추구하기 위해, 아시아와 아프리카 국가들 사이에 긴밀한 유대관계를 형성할 목적으로 개최된 것이었다. 4월 18일의 개막연설을 통해 인도네시아 대통령 수카르노(Sukarno, 1901~1970)는 "나의 가슴은 감격으로 벅차오르고 있다. 우리는 우리를 분리시키고 있는 외양적인 차이보다 훨씬 중요한 동질적인 특성에 의해 단결하였다. 우리는 식민지주의와 인종차별주의에 대한 공통된 혐오감으로 단합한 것이다"라고 말했다.(Redding 1956)

이미 1954년 6월 제네바회의 휴회기간에 중국 수상 저우언라이와 인도 수상 네루가 회동하여 '평화 5원칙'에 합의한 바 있었다. 반둥회의는 평화 5원칙과 비슷한, 평화공존·비동맹·반식민주의·민족자

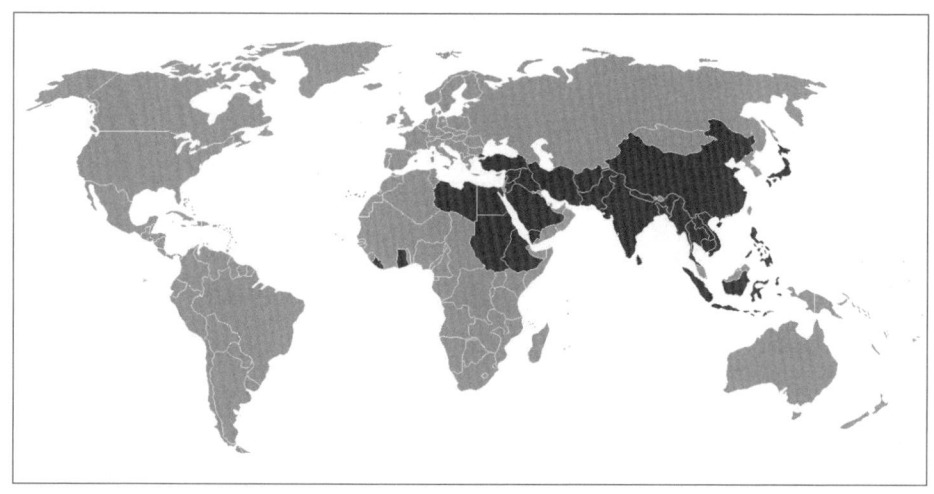

1955년 반둥회의에 참가한 29개국(검은색 부분)을 나타낸 지도. 이들 국가는 세계인구의 55퍼센트를 점하고 있었던 반면 소득은 겨우 8퍼센트를 차지하고 있었다. ⓒ 23prootie

결주의를 중심으로 한 '평화의 10원칙'을 채택하였다.

이대근(1990)은 한국전쟁이 반둥회의를 개최하게 된 직접적인 영향을 가져왔다고 말한다. 한국전쟁을 겪으면서 약소국가들은 정치적으로 독립은 했다고 하지만 언제 선진국, 제국주의 열강들의 전쟁 놀이터로 변할지 모른다는 우려를 하게 되었다는 것이다.

"그중에서 그것을 몸소 한국전쟁에 와서 자기 눈으로 보면서 뼈저리게 느낀 것은 인도였다. 한국전쟁에 개입한 중국과, 소련으로부터 떨어져나와 독자적인 사회주의의 길을 걷고 있던 유고, 그리고 아프리카권에서의 종주국 역할을 한 이집트, 이런 나라의 지도자들이—네루, 저우언라이, 티토, 나세르 등— 모여서 한국전쟁이 끝나기 전부터 자기들을 위해서도 한국전쟁을 하루빨리 종결시키려는 노력을 적극적으로 진행하게 된다. 그 후 그들은 소련과 미국 어느 쪽에도 붙어서는 안 된다고 하여 1955년 4월에 인도네시아 반둥에서 10개항의 비동맹자주화 선언을 한다."

반둥회의는 다음 모임의 날짜를 정하지도 않고 상설기구를 설치하지도 않은 채 폐막되고 말았다. 그러나 후일의 '신세계정보통신질서'(세계 남북 간의 정보 격차를 시정하기 위해 유네스코에서 제창한 정보 통신 질서)와 관련된 중요한 테마 하나가 반둥회의에서 거론되었다. 반둥회의의 최종 코뮈니케는 문화협력에 관한 부분을 다음과 같이 밝히고 있다.

"아시아와 아프리카 지역의 많은 부분에 아직도 남아 있는 식민지주의의 잔재는 이들 국가의 문화적 협력을 저해하고 있을 뿐만 아니라 자국 고유문화의 발전마저 억압하고 있다. 어떤 식민통치 세력들은 교육과 문화의 영역에서 피지배 국민들의 기본권을 유린하였으며, 이는 그 억압받은 나라들의 고유한 특성을 말살하고 다른 아시아 및 아프리카 나라들과의 문화적 교통마저 불가능하게 만드는 결과를 가져오고 말았다." (Singham & Dinh 1976)

비동맹은 "남들의 운명에 대한 무관심"?

미국은 이 반둥회의를 매우 못마땅하게 바라보았다. 미국 언론은 대부분 냉전논리와 '반공' 이라는 악센트로 반둥회의의 정신을 왜곡 보도하였다. 이 회의에 지대한 관심을 표명한 『뉴욕타임스』도 반둥회의를 비판하였다.

정부 차원에서도 반둥회의는 미국은 물론 소련에게도 커다란 관심의 대상이었다. 그러나 시각은 판이하게 달랐다. 소련은 반둥회의의 성공을 기원하는 축전을 보냈다. 그러나 미국의 아이젠하워 행정부는 반둥회의를 통해 중국, 더 나아가서는 소련의 세력이 확대될 것이라는 결론을 내리고 처음부터 이 회의의 개최를 반대하였다.

인도네시아 신문 『옵서버(observer)』 4월 19일자는 제1면 헤드라인으로 「미국, 아시아·아프리카 회의에 메시지를 보내는 것을 거부하다」, 제2면 헤드라인으로 「소련, 아시아·아프리카 회의의 성공을 기원하다」라고 보도하여 미소 간의 입장 차이를 극명하게 보여주었다.

반둥회의가 규탄하는 식민지주의, 인종차별주의, 제국주의는 주로 서방세계를 대상으로 한 것이라, 반둥회의를 미국은 못마땅하게 보고 소련은 흐뭇하게 보았다는 것은 충분히 이해할 만한 일이었다. 그러나 비동맹운동은 미소 간 군사경쟁이 강화되면서 전쟁의 위협이 높아지고 있는 데 대한 제3세계의 자구책이었다.

미국이 1955년 5월 9일 서독의 비무장원칙을 무시하고 서독을 나토에 가입시키자, 소련은 1955년 5월 14일 바르샤바조약기구를 설립하였다. 1955년 7월 모스크바의 항공쇼에 소련이 처음 생산한 대륙간폭격기가 모습을 드러내자, 미국 정부는 '폭격기 갭'을 역설하면서 전 사회에 공포 분위기를 조성하였다. 공군력에 있어서 미국이 소련에 비해 압도적 우위에 있음에도 불구하고 핵 군비 확대를 위해 그런 것이었다.(이삼성 2001)

미소 간 군사력 경쟁이 심화되는 가운데 미국은 반둥회의가 추구하는 비동맹운동에 대해 더욱 적대적인 태도를 보였다. 1956년 6월 9일의 연설에서 국무장관 덜레스는 비동맹 또는 중립의 정신을 "비도덕적이고 근시안적인 생각"이라고 규정짓고, 이는 "남들의 운명에 대한

무관심"과 다를 바 없다고 비난하였다.(Jackson 1983)

반면 미국은 비동맹운동에 대한 관심이 지나쳐서 문제였다. 반둥회의가 열리기 일주일 전인 1955년 4월 11일, 8명의 중국 대사와 2명의 유럽 언론인 등을 태우고 반둥회의에 참석하기 위해 홍콩을 이륙하던 비행기가 남중국해에서 폭발하는 사건이 발생했다. 중국 정부는 미국과 대만에 의해 자행된 테러라며 비난을 퍼부었지만, 증거를 제시하진 못했다. 진상은 한참 후에야 드러나기 시작했다.

1960년 소련으로 망명한 존 디스코 스미스는 "비행기 사고 당시 인도 주재 미국대사관에서 암호해독 관련 통신기술자로 일했는데, 사고 직전 시한폭탄 2개가 든 소포를 한 중국인에게 전했다"고 폭로했다. 그러나 소련으로 망명한 사람의 말이 큰 설득력을 얻을 리는 없었다. 15년이 더 지난 1975년 CIA 활동을 조사하던 미 상원의 한 위원회는 "동아시아에 근무하는 CIA 간부들이 반둥회의를 무산시키기 위해 참가국 지도자들을 암살해야 한다는 주장도 있었다"는 증언을 확보했다. 이마저도 확실한 증거는 아니지만, 반둥회의와 비동맹운동의 '주범'인 수카르노를 암살 또는 축출하기 위한 미국의 수차에 걸친 시도는 비밀문건 해제를 통해 확연히 드러났다.(황성환 2006)

이승만의 반둥회의 비난

1955년경 제3세계의 화두는 '평화공존'이었지만, 한국의 이승만 정부는 이를 '친공(親共)'으로 간주하고 배격하였다. 이승만은 이미 1954년에 "미국이 공존주의를 주장하게 될지라도 우리로서는 자유독립의 권리를 위하여 싸워 죽기로 결심한 것이니 모든 친일 친공 분자들은

반둥회의를 '친공'으로 몰아 강력하게 비판한 이승만 대통령.

극히 조심해서 외국인과 연락하여 시국을 혼란케 만든다는 것을 생각도 말아야 할 것"이라고 말한 바 있었다. 이승만은 이러한 '공존주의' 사상이 "반정부 분자들의 파괴모략에서 나오는 것일 뿐이니 이런 분자들을 먼저 제거하여야 할 것"이라고 경고했다. (윤근식 · 김운태 2004)

이승만의 '평화공존=친공' 사상은 반둥회의에도 그대로 적용되었다. 이승만 정부는 미국보다 더 강경한 자세로 반둥회의를 비난하였다. 이승만 정부는 특히 그 회의의 주동자인 인도를 비난하면서 아시아 · 아프리카 회의를 공산주의자들이 주동하고 참석하는 회담으로 단정 지었다. (서중석 1995)

공보처장 갈홍기는 4월 25일, 반둥회의가 공산진영과의 공존을 모색하는 회의이기 때문에 한국 대표를 보내지 않았다면서 이 회의에 참석한 일본이 "미국을 배반하고 있으며 새로운 아세아 제국을 몽상하고 공산주의자들과 접근하고 있는 것"이라고 비난했다.

갈홍기는 4월 26일에도 일본이 친공정책을 정당화하고 있다고 비난했다. 그는 일본 수상이 "일본은 진정한 반공국가이며 공산진영 국가들과 통상을 하려는 일본 정부의 의도에는 정치적 의미가 없다"고 발언한 것에 대해 "공산국가들과 통상을 한다는 것은 공산주의자들의 세계정복에 협조하는 행위밖에 되지 않는다"고 주장했다.

한 달 후 일본이 북한과 어로협정을 협의하자, 갈홍기는 "일본의 용공 정체를 폭로한 것이며 이로써 일본을 동아(東亞)에 있어서 반공세력의 일익으로 만들겠다는 미국의 계획과 정책이 얼마나 현명하지 못한 것이었으며 대일 인식이 얼마나 결여되어 있었는가를 보여주는 좋은 증거가 되고 말았다"고 말했다.(김홍수 1994)

그러나 정부의 그런 신경질적인 반응과는 달리, 반둥회의에서 제기된 '반식민주의'와 '비동맹주의'는 당시 국내의 지식인과 문인들에게도 적지 않은 파장을 불러일으켰다. 이후 제3세계의 비동맹운동이 활성화되면서 그런 관심은 더욱 고조되었지만, '비동맹'이 '친공'으로 통하는 상황인지라 큰 힘을 발휘할 수는 없었다. 오늘날 한국에서 '중립'이 필요 이상으로 부정적 뉘앙스를 갖게 된 데엔 이런 역사적 배경이 있다.

참고문헌 Braillard & Djalili 1984, Cohen 2003a, Jackson 1983, Patel 2008, Powell 1955, Redding 1956, Singham & Dinh 1976, Spanier 1972, Tye 2004, 김봉중 2006, 김홍수 1994, 박인숙 1998, 서중석 1995, 윤근식·김운태 2004, 이대근 1990, 이삼성 2001, 전성원 2010, 한수영 1997, 황성환 2006, 히로세 다카시 2000

제4장

디즈니랜드와 맥도널드

"미국 전체가 디즈니랜드"
디즈니랜드의 탄생

뉴욕과 할리우드의 교류

1954년 월트디즈니사는 ABC방송사와 디즈니랜드 설립자금을 지원한다는 조건으로 디즈니 애니메이션 방영계약을 체결했다. 디즈니가 제작하고, 1954년 10월 첫 방송 된 〈디즈니랜드 스토리〉는 디즈니 애니메이션을 소개하는 한편, 디즈니랜드의 건립 진척상황을 알려주는 프로그램이었다. 〈디즈니랜드 스토리〉는, 첫 방영 때 무려 41퍼센트의 시청률을 기록했을 정도로 놀라운 인기를 끌었다.

  이를 계기로 그간 서로 담을 쌓고 지내던 뉴욕(방송)과 할리우드(영화)의 교류가 시작되었으며, 후발주자인 ABC는 경쟁 방송사들(NBC, CBS)을 따라잡기 위해 공격적인 자세로 할리우드와 손을 잡는다. 이는 할리우드의 오락적 가치가 방송마저 지배하는 결과를 초래해 "ABC는 미국 텔레비전을 파멸시킨 장본인"이라는 주장마저 나오게 된다.

처음에 방송이 브로드웨이(연극)와 손을 잡은 것을 높이 평가하는 사람들이 텔레비전의 첫 10년을 '황금기(Golden Age)'라고 부르는 이유도 바로 여기에 있다. 당시 프로그램의 80~90퍼센트는 생방송으로 제작되었으며, 연극의 진지함이 텔레비전 드라마에도 여실히 나타나는 그런 시절이었다. 그러나 1950년대 후반 방송 테크놀로지의 발달은 그런 고전적 낭만을 점차 허용치 않게 만들었다.

디즈니랜드의 탄생

월트디즈니는 〈디즈니랜드 스토리〉를 통해 디즈니랜드에 대한 대중의 관심을 불러일으킨 뒤, 드디어 캘리포니아에 최초의 디즈니랜드를 개장했다. 1955년 7월 17일의 일이다. 개장식 연설에서 월트 디즈니(Walter E. Disney, 1901~1966)는 이렇게 말했다.

"행복의 땅에 오신 여러분을 환영합니다. 디즈니랜드는 여러분의 것입니다. 이곳에서 어른은 사랑스러운 옛 추억을 되새기고, 아이는 미래의 도전과 약속을 즐길 것입니다. 디즈니랜드는 이상, 꿈, 미국을 세운 진실을 위해 바쳐질 것입니다. 이곳이 온 세상에 기쁨과 영감의 원천이 되기를 희망합니다."

근사한 연설이었지만 개장 날은 엉망진창이었다. 위조티켓을 가지고 입장한 사람들 때문에 적정 수용인원을 넘어섰다. 섭씨 38도가 넘는 무더위가 기승을 부렸고, 배관공들이 파업을 하는 바람에 식수대에선 물이 나오지 않았다. 하이힐을 신은 여성은 아스팔트에 굽이 박히는 수난을 당했다. 당일 아침 급하게 공사를 마무리한 탓에 아스팔트가 덜 굳었기 때문이다. 탑승인원을 초과한 보트가 전복될 뻔한 아찔한 순간도 있었다. 이후 디즈니랜드 경영진은 이날을 '검은 일요일'이라 불렀다.

개장 초반, 디즈니랜드는 다섯 구역으로 나뉘었다. 20세기 초반 미국을 재현한 미합중국 메인스트리트, 정글의 모험을 형상화한 어드벤처랜드, 서부개척시대를 묘사한 프런티어랜드, 환상의 세계를 묘사한 판타지랜드, 미래 세계를 상상한 투모로랜드 등이었다. 개장 날의 소동에도 불구하고 디즈니랜드는 많은 미국인에게 사랑받기 시작했다.

캘리포니아에 최초의 디즈니랜드를 개장한 월트 디즈니.

월트는 디즈니랜드를 "사람들이 행복과 지식을 찾는" 공간으로 만들고자 했다. 그가 원했던 디즈니랜드의 존재 목적은 교육과 오락의 통합이었다. 갖가지 놀이기구와 함께 미국 역사를 보여주는 다양한 전시관을 마련한 이유가 그것이다. 월트는 "디즈니랜드 전체에는 미국적 주제가 담겨 있다. 나는 미국을 위대하게 만들었고, 더욱더 위대하게 만들 이야기들을 강조해야 한다고 믿는다"며 디즈니랜드가 미국을 위한 공간임을 천명했다. 그러나 디즈니랜드가 품고 있던 미국적 주제는 철저히 백인 중산층에게만 집중된, 또 과거의 비참했던 역

제4장 디즈니랜드와 맥도널드 **219**

사를 지워버린, 몰역사적인 것이었다. 월트는 즐거운 역사만 디즈니랜드 안에 진열했다.

헨리 지루(Henry A. Giroux 2001)에 따르면, "20세기 전후의 몇 십 년은 확실히 번영의 순간들이 있었다. 그러나 그 시기 역시 공황, 철도파업, 지뢰밭 속의 전투, 이민사회의 비참함, 고문, 제국주의 전쟁, 집단주의자와 사회주의자의 대규모 항의 시위 등도 있었다. 이런 역사적 사건들은 관람객들을 기분 나쁘게 하고 혐오스럽게 만든다는 이유로 모두 제외되었다. 헨치(John Hench, 1908~2004)가 말하듯이 '월트는 사람들을 안심시켜주고 싶어 했던 것' 이다."

사람들을 안심시키기 위해 월트는 현실세계의 갈등 또한 디즈니랜드에 집어넣지 않았다. 특히 계층 간, 인종 간의 갈등은 철저히 배제되었다. 디즈니랜드의 이런 모습은 월트의 가치관을 고스란히 보여준다. 그는 백인 중산층 가정의 행복을 매우 중시했고, 그들이 소비하기에 불편하지 않을 것들을 놀이공원은 물론, 만화영화 등에 풀어놓았다. 그들이 두려워하거나 외면하고 싶어 하는 것들은 철저히 배제한 채 말이다.

디즈니식 관리법

디즈니랜드의 성공에 고무된 월트는 1965년 플로리다에 디즈니월드를 짓기 시작했으나, 완성을 보지 못하고 이듬해 눈을 감았다. 1983년엔 도쿄, 1992년엔 파리에 디즈니랜드가 문을 열었다. 1955년 7월 17일 첫 번째 디즈니랜드가 개장한 이후 개장 50주년을 맞은 2005년에 디즈니랜드는 미국에 6곳, 일본과 프랑스에 각 2곳씩 해서 모두 10곳이

문을 열었다. 전 세계 10곳의 디즈니랜드를 방문하는 인원은 하루 평균 30만 명 선이었다. 해외의 디즈니랜드는 디즈니에서 49퍼센트, 그 지역에서 51퍼센트의 이익분배권을 갖는다. 1991년에 문을 연 '도쿄 디즈니랜드'는 곧바로 성공을 거두어 한 해 4000만 달러의 순이익을 올렸고, 개장한 지 2년 만에 도쿄 디즈니랜드를 구경한 사람의 숫자는 32년 동안 미국의 디즈니랜드를 구경한 사람의 숫자를 넘어섰다. 2005년 9월에는 홍콩에 11번째의 디즈니랜드가 문을 열었다.

디즈니사는 캘리포니아와 플로리다에 있는 디즈니대학을 통해 직원을 훈련시킨다. 통제, 효율성, 예측능력, 단일화의 원칙으로 사람을 관리하는 것이 디즈니식 접근법의 특징이다. 이는 맥도널드의 특징이기도 한데, 흥미로운 사실은 월트 디즈니와 맥도널드 황제 레이 크록(Ray A. Kroc, 1902~1984)이 모두 일리노이 주 출신으로 어려서부터 알고 지냈으며 1차 세계대전 당시에는 야전 의무대에서 함께 복무한 적도 있을 뿐만 아니라 나중에 사업을 할 때에도 내내 밀접한 관계를 유지했다는 사실이다.

둘 다 고등학교를 중퇴했으며 후에 자신들의 회사에 '대학'이라는 이름을 붙인 직원 교육기관을 세웠다는 점도 똑같다. 어린이를 대상으로 한 마케팅에 주력하였고, 나중에 사업 차원을 넘어서 미국 문화, 아니 전 세계 문화에 큰 영향을 미쳤다는 점도 똑같다. 또 디즈니랜드에서 맥도널드를 팔았으니 사업에서까지 돈독한 우정을 유지한 셈이다.

디즈니식 관리법의 원조는 헨리 포드다. 실제로 디즈니는 헨리 포드의 추종자였다. 포드 시스템의 조립라인 공정과 엄격한 작업 분배의 원칙을 도입한 디즈니의 스튜디오는 훗날 "재밋거리를 만드는 공장"으로 불리게 되었다.

물론 디즈니식 관리법은 디즈니랜드의 운영에도 적용되었다. 디즈니식 관리법은 큰 성공을 거두어 다른 회사에 3일간의 집중강좌로 판매까지 되고 있다. 이와 관련하여 헨리 지루(Henry A. Giroux 2001)에 따르면, "디즈니의 철학은 미소, 예절 바른 말씨, 공손함 등 직원의 행동부터 옷 입는 법, 디즈니식 말씨 쓰는 법, 디즈니 문화를 수용하는 법에 이르기까지 모든 방면에 적용된다. 교육적으로 강력한 기업문화를 익히기 위해 직원들은 강의실 훈련을 받게 되는데, 이곳에서는 상세히 명시된 외모의 기준 항목들을 암기하는 데 중점을 둔다. 신입사원들은 디즈니 규정에 관한 시험을 치른다. 그리고 일종의 교육전략으로 직원들에게 유치한 디즈니식 구호, 즉 '다른 사람들이 노는 동안 우리는 일한다!', '우리는 답을 알기 때문에 절대 "아니요"라고 하지 않는다' 등의 노랫말을 끊임없이 외치게 한다. 또한 '우리는 끝까지 웃는다!' 라고 외치기까지 한다."

일본의 디즈니랜드에서는 그런 교육법이 아주 잘 먹혀들었는데 프랑스에서는 저항이 매우 심했다. 프랑스에서 1만 2000명의 직원을 고용하려 했을 때 프랑스 노동총연맹이 디즈니의 엄격한 복장 규칙에 대해 '개인의 자유에 대한 침해' 라고 이의를 제기해 하마터면 직원 고용마저 불가능할 뻔했다. 어렵사리 중간 선에서 타협을 보았다고 한다.

"미국 전체가 디즈니랜드"

프랑스의 철학자 장 보드리야르(Jean Baudrillard, 1929~2007)는 자신의

'시뮬라시옹(simulation; 모사)' 개념을 설명하기 위해 디즈니랜드를 동원했다.(Baudrillard 1992) 시뮬라시옹을 이해하기 위해선 발터 벤야민(Walter Benjamin, 1892~1940)이 말한 '아우라(aura)' 개념으로 거슬러 올라가야 한다.(Benjamin 1983)

아우라는 '고유한 분위기'를 말한다. 예술작품이 향유하는 역사적 유일성과 진품성에서 느껴지는 분위기나 후광 같은 것이다. 벤야민은 1935년에 쓴 「기술복제시대의 예술작품(Das Kunstwerk im Zeitalter seiner technischen Reproduzierbarkeit)」에서 이렇게 말했다. "아무리 완벽한 복제라고 하더라도 거기에는 한 가지 요소가 빠져 있다. 그것은 시간과 공간에서 예술작품이 갖는 유일무이한 현존성, 다시 말해 예술작품이 위치하고 있는 장소에서 그 예술작품이 지니는 일회적 현존성이다. …… 복제에서 빠져 있는 예술작품의 유일무이한 현존성을 우리는 아우라라는 개념을 가지고 다음과 같이 요약해서 말할 수 있을 것이다. 즉 예술작품의 기술적 복제 가능성의 시대에서 위축되고 있는 것은 예술작품의 아우라다." 벤야민은 아우라의 붕괴로 인해 예술의 신비적·종교적 요소가 제거된 반면, 정치적·해방적 기능을 갖게 되었다는 점에 주목했다.

벤야민은 기계복제가 미술작품의 아우라를 파괴했다고 보았지만, 보드리야르의 주장은 바로 이 원본과 복제의 구분 자체가 소멸했다는 것이다. 보드리야르는 그 과정을 시뮬라시옹이라 부른다. 이는 "원천이나 실재 없이 실재적인 것의 모형들에 의해 만들어진 것, 즉 과잉현실(hyperreal)"을 가리키는 것이다.

존 스토리(John Storey 2002)는 "과잉현실의 증거는 어디에든 있다.

사실 우리가 살고 있는 사회 자체가 과잉현실이다"라고 규정하면서 다음과 같이 설명한다.

"우리가 살고 있는 사회가 어떤 사회인가? 텔레비전 연속극의 등장 인물에게 편지를 써서 결혼을 청하거나, 그들의 어려움을 동정하거나, 살 곳을 마련해주겠다거나 아니면 그저 어떻게 지내고 있는지 안부를 물어보거나 하는 그런 사람들이 살고 있는 사회다. 텔레비전에서 악역을 맡은 사람들은 길거리에서 개과천선하지 않으면 큰코다칠 것이라고 경고를 받기 일쑤다. 텔레비전의 의사, 변호사, 탐정 들은 충고와 조언의 요구를 다반사로 받는다. 나는 텔레비전에서 영국 중부 호수 지역의 아름다움에 대해 감탄하는 미국 관광객을 본 적이 있는데, 그는 적당한 칭송의 말을 고르다가 '마치 디즈니랜드 같아요'라고 했다. …… 최근 어느 지방의 이탈리아 레스토랑에 갔을 때, 그 주인은 식당이 진짜 이탈리아답다는 걸 입증하기 위해 영화〈대부〉의 주인공 말런 브랜도의 사진을 걸어놓고 있었다."

실제로 보드리야르는 디즈니랜드를 과잉현실의 대표적인 예로 여겼다. 그는 미국 국민들이 디즈니의 이미지를 바탕으로 자신들의 모습을 만들어가기 때문에 디즈니랜드는 환상이라기보다는 '실제적'이라며 다음과 같이 주장했다.

"디즈니랜드는 '실제의' 나라, '실제의' 미국 전체가 디즈니랜드라는 사실을 숨기기 위하여 거기 있다.(마치 감옥이 사회 전체가 그 평범한 어디서고 감방이라는 사실을 감추기 위하여 거기 있는 것과 약간은 유사하게.) 디즈니랜드는 다른 세상을 사실이라고 믿게 하기 위하여 상상적 세계로 제시된다. 그런데 사실은 그곳을 감싸고 있는 로스앤젤레

캘리포니아 디즈니랜드를 항공 촬영한 모습(1963년 8월). 보드리야르는 디즈니랜드를 "미국 전체가 디즈니랜드"임을 숨기기 위해 제시된 상상적 세계라고 주장했다.

스 전체와 미국도 더 이상 실재가 아니며 파생 실재와 시뮬라시옹 질서에 속한다."

자연 상태를 변형한 인공적인 체험을 실재와 혼동하는 것을 가리키는 이른바 '디즈니랜드 효과'야말로 보드리야르의 주장을 잘 대변해주는 것일 게다. 셰리 터클(Sherry Turkle 2003)은 디즈니랜드의 악어 로봇이 모조품인데도 진짜보다 더 진짜 같아 보이는 효과를 낸다며 다음과 같이 말한다.

"『미래는 결코 계산할 수 없다: 인터넷의 경고』라는 책에서 스테펀 탈보트는 교육자들을 인용해 이 효과의 유용성을 설명했다. 수년 동안 아이들을 상대로 '자연 프로그램'을 운영해보니 야생의 세계를 이해하는 데 큰 도움이 됐다는 보고였다. 숲속에 사는 동물들은 카메라에 잡힌 것처럼 그들의 살아가는 모습을 극적으로 보여주지 않는다.

중간 매개 과정이 없는 직접 경험은 이런 측면에서 한계가 있다. 지금도 어린 시절 소녀단을 따라 브루클린 식물원을 갔을 때의 일이 생생하다. 나는 그때 안내원에게 꽃이 피는 모습을 보여줄 수 있느냐고 물었다. 사람들은 내가 무슨 말을 하는지 이해하지 못하겠다는 표정이었다. 한참이 지나서야 그 의미를 알아차렸다. 월트디즈니에서처럼 저속 촬영한 연속 화면을 보고 싶었던 것이다."

디즈니는 낙관주의가 철철 흘러넘치는 세상을 원한다. 디즈니의 세계관과 꿈은 '오락 국가' 건설이다. 물론 여기엔 강한 이데올로기가 담겨 있지만, 역사와 정치마저 엔터테인먼트로 변해가는 세상에서 그 유혹을 거부하긴 어렵다.

참고문헌 Baudrillard 1992, Baughman 1982a · 1983a · 1985a, Benjamin 1983, Castleman & Podrazik 1982, Eliot 1993, Giroux 2001, Storey 2002, Turkle 2003, 강준만 외 1999-2003, 박형준 · 주성하 2005, 백승찬 2009

"미국의 맥도널드화"
맥도널드의 탄생

"탁 트인 도로는 자유의 상징"

앞서 말했듯이 디즈니랜드와 맥도널드는 쌍둥이라고 해도 좋을 정도로 서로 닮은 게 많다. 디즈니랜드가 탄생된 1955년에 맥도널드도 탄생했다는 것은 결코 우연이 아니다. 햄버거는 1940년 세인트루이스에서 개최된 박람회에 나온 어느 가게 주인이 최초로 선을 보인 것으로 알려져 있지만, 맥도널드의 탄생과 발전은 자동차·도로의 발전과 맥을 같이한다.

연방정부의 도로 건설 실무 총책은 토머스 맥도널드(Thomas H. MacDonald, 1881~1957)였다. 맥도널드라니 우연치곤 참 묘하다. 1919~1953년간 활동한 그는 노련한 행정가이자 유능한 도로 선전가였다. 그는 라디오 연설 등을 통해 "탁 트인 도로는 자유의 상징"이라고 주장했다.(Alvord 2004)

때마침 2차 세계대전 동안 유럽에 있으면서 아돌프 히틀러가 만든

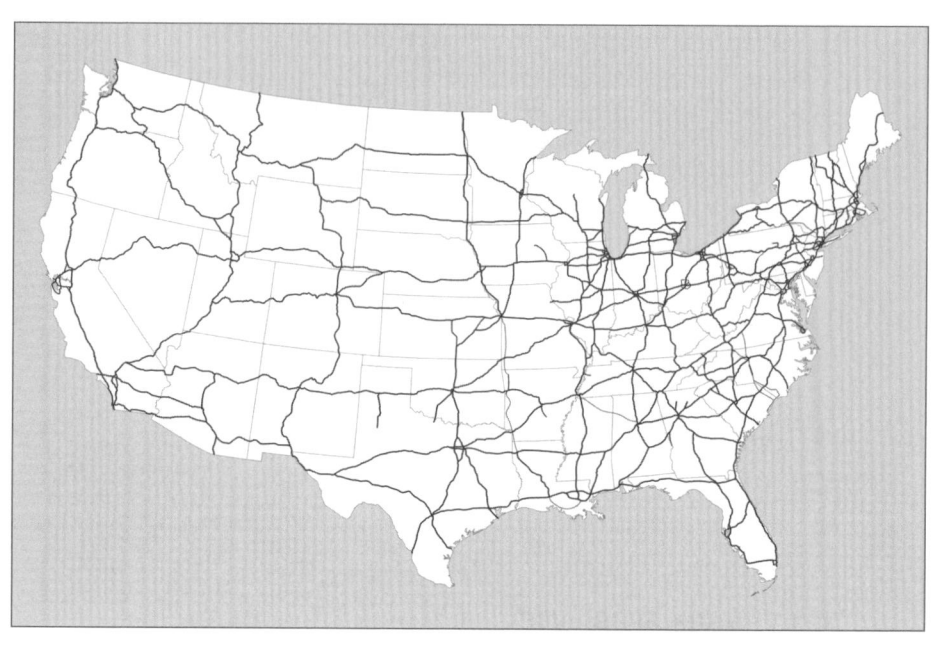

1956년 아이젠하워는 '주간 고속도로 법안'을 통과시키고 320억 달러를 주간 고속도로 건설에 쏟아부었으나 후에 도로가 도시를 망친다며 이 결정을 후회했다.(사진은 2006년 현재 주간 고속도로 현황도).

세계 최초의 고속도로 시스템인 아우토반(Autobahn)에 깊은 감명을 받았던 아이젠하워 대통령은 미국 각 주를 연결하는 도로를 만드는 주간(州間) 고속도로 법안(Interstate Highway Act)을 강하게 밀어붙여 통과시켰다. 1956년의 일이었다. 유능한 도로 선전가로 맥도널드에 이어 아이젠하워가 나타난 것이다.(Schlosser 2001)

다른 설도 있다. 아이젠하워가 아우토반을 흉내 낸 게 아니라, 히틀러의 도로 담당관 프리츠 토트(Fritz Todt, 1891~1942) 박사가 1930년대에 미국으로 건너와서 미국 고속도로를 연구한 뒤 독일에 돌아가서 만든 게 아우토반이라는 것이다.(Bryson 2009) 무엇이 먼저였건 서로 영향을 주고받았다고 보면 될 것 같다.

'GM에 좋은 것은 미국에도 좋은 것'이라는 명언과 함께 국방장관에 임명된 GM의 사장 찰스 윌슨이 "고속도로는 국가안보에 결정적으로 중요하다"고 끈질기게 역설했기 때문일까? 아이젠하워는 고속도로가 미국의 국방력을 향상시킬 수 있는 잠재력이라고 믿었다. 아이젠하워 행정부는 1956년부터 주간 고속도로 4만 1000마일을 건설하는 데에 320억 달러를 쏟아부었다. 사업 이름도 거창한 '국가방위 고속도로 시스템(National Defense Highway System)'이었다. 이로써 미국 교통예산의 75퍼센트를 고속도로에, 1퍼센트에 못 미치는 돈을 대도시 대량 수송 수단에 쓰는 시대가 시작되었다.

자동차와 도로를 국방의 문제로 보는 게 흥미롭다. 윌슨이 국방장관이 된 것에도 그런 깊은 뜻이 있었던 걸까? 이 전통은 얼마 후 로버트 맥나마라(Robert S. McNamara, 1916~2009)에 의해 재현된다. 1960년대 초 포드자동차의 회장이 된 맥나마라는 케네디 행정부의 국방장관이 되기 때문이다.

아이젠하워는 훗날 주간 고속도로법을 만든 것을 후회했다. 도로가 도시를 망친다고 보았기 때문이다. 토머스 맥도널드도 1947년 자신이 추진했던 도로 건설을 후회했다. 그는 도로 담당 관리들에게 도시에서 "자가용 자동차의 우선적 사용을 중단하고 대중교통 이용을 장려할 것"을 권했지만, 이미 때늦은 시점이었다.

세 차례(1944년, 1956년, 1968년)에 걸쳐 '연방 고속도로법'이 제정됐는데, 법안 골격은 GM의 앨프리드 슬론(Alfred P. Sloan, Jr., 1875~1966) 회장의 머리에서 나온 것이었다. 대중 교통시설인 철도 건설에 투입된 예산은 도로 건설 예산의 1퍼센트에 불과했다.(Chomsky 2000)

맥도널드의 탄생

널리 알려진 사실이지만, 자동차는 식료품 값을 크게 떨어뜨렸다. 자동차는 말의 수요를 감소시켰고, 이에 따라 말의 사료를 줄일 수 있었으며, 그만큼 식품의 경작지가 증가할 수 있었기 때문이다. 자동차의 이런 의도하지 않은 결과가 더욱 드라마틱하게 나타난 분야가 있었으니, 바로 거주 방식이었다.

자동차는 도시를 벗어난 교외 생활을 가능케 했으며, 역으로 교외 생활은 자동차산업을 비롯한 여러 산업의 호황을 가져와 전후 미국 경제를 이끄는 원동력이 되었다. 자동차를 기반으로 삼은 교외 생활양식은 식품 준비와 소비에서 편리, 효용성, 예측 가능성을 필요로 했다. 1950년대에 햄버거를 앞세운 패스트푸드 체인의 탄생은 바로 그런 요청에 부응한 것이었다.

딕 맥도널드(Dick McDonald, 1909~1998)와 모리스 맥도널드(Maurice McDonald, 1902~1971) 형제가 1937년 캘리포니아 주 패서디나(Pasadena)에 문을 연 햄버거 가게 '맥도널드'의 가맹점 사업권을 사들인 레이 크록은 1955년 4월 15일 일리노이 주 시카고 교외의 드플레인(Des Plaines)에 자신의 가게를 연 뒤 전국 체인화를 추진했다. 그는 쇠고기의 크기에서부터 화장실 청소에 이르기까지 5만여 개의 업무 표준화 기준을 만들었다. 3년 만에 가맹점은 97개로 늘어났다. 가맹점이 매년 100개씩 증가하자 크록은 자신감을 갖고 빚을 내어 그간 사실상 동업을 해온 맥도널드 형제의 모든 사업을 1961년 270만 달러에 인수했다.

빠른 속도, 많은 양, 저렴한 가격의 원리는 이미 맥도널드 형제가 '발명'한 것이었다. 크록이 한 일은 그 원리를 정교하게 발전시키는

맥도날드의 프랜차이즈화로 패스트푸드업계의 선구자가 된 레이 크록. ⓒ AP

동시에 프랜차이즈화 방식을 독특하게 시도한 일이었다. 그는 한 번에 하나의 가맹권만을 허용하고 특정 개인에게 하나 이상의 가맹권은 허용하지 않음으로써 중앙의 통제를 극대화하면서 전 조직을 일체화했다. 또 그는 다른 프랜차이즈 기업과는 달리 가맹비를 최소화하면서 가맹점의 지속적인 생존과 성장을 위해 애씀으로써 상부상조하는 관계를 유지했다. 이것이 성공의 결정적인 요인이었다.(Ritzer 1999)

크록은 1960년대 초 회사 비행기로 미국 전역을 샅샅이 돌아다니면서 맥도널드 매장을 세울 곳을 물색했다. 제러미 리프킨(Jeremy Rifkin 2002)은 교회의 뾰족탑이 크록의 전략적인 계획에서 긴요한 역할을 했다며 다음과 같이 말한다.

"그는 의도적으로 교회 근처에 레스토랑의 위치를 정했다. 맥도널드 레스토랑과 근처 교회의 순수하고 건전한 이미지가 서로 상승효과를 일으킨다고 계산한 것이다. 일찌감치 주요한 시장 고객으로 교회에 다니는 교외 가족들을 목표로 삼았음은 말할 것도 없다. 심지어 몇몇 사회 논평가들은 맥도널드의 황금빛 아치와 천국의 문의 생생한 이미지가 놀라우리만치 닮았다는 점을 지적한다. 크록은 배고픈 대중들이 혼란하고 예측 불가능한 세상의 떠들썩함에서 벗어나 편히 쉴 수 있는 그런 신성한 장소의 이미지를 창조하고 싶어 했다. …… 크록은 고도의 기술과 기계적 효율의 풍토에서 성장한 이들에게 '마음의 평화'를 제공했다. 그는 맥도널드에서 '선행'을 '효율성'으로, '영원한 구원'을 '하루 동안의 휴식'으로 대체시켰다."

데이비드 햅버스탬은, 맥도널드의 놀라운 사회적 통찰은 햄버거에 대한 미국인들의 엄청난 식욕을 간파한 것이 아니라 새로운 고속도로와 자동차에 의해 초래된 이동성의 확산과 먼 거리를 통근하는 노동자들, 그리고 도중에 신속하게 식사를 마쳐야 할 필요성을 이해했다는 데에 있다고 말한다.

미국 메릴랜드대학 사회학 교수 조지 리처(George Ritzer 1999)가 쓴 『맥도날드 그리고 맥도날드화: 유토피아인가, 디스토피아인가(The McDonaldization of Society)』를 미국의 200여 대학에서 교재로 쓸 정도로 맥도널드는 학문적 연구의 대상이 되고 있다. 이 책은 맥도널드를 다루고 있지만 어떤 의미에선 맥도널드에 관한 책이 아니다. 막스 베버의 합리화이론을 근거로 이 세상의 작동 방식을 탐구한 책이다.

리처는 맥도널드로 대표되는 패스트푸드점의 원리가 미국 사회와 그 밖의 세계의 더욱더 많은 부문들을 지배하게 되는 과정과 그것이 초래하는 비인간화를 '맥도널드화(McDonaldization)'라고 부른다. 맥도널드 모델은 전 세계로 수출되고 있으며 세계 각지에서 큰 성공을 거두고 있다. 왜 그럴까? 리처는 맥도널드가 효율성(efficiency), 계산가능성(calculability), 예측 가능성(predictability), 그리고 통제(control)를 제공하기 때문이라고 말한다.

맥도널드로 식사를 대신하는 게 효율적이라는 것은 굳이 설명을 필요로 하지 않을 것이다. 업주의 입장에선 고객들에게 무보수 노동까지 시키니 얼마나 효율적이겠는가! 판매되는 제품과 제공되는 서비스의 양적인 측면은 물론 고객의 이용 시간까지 모두 계산 가능하다는 것도 큰 매력이다. 또 맥도널드의 제품과 서비스는 언제 어디서나 동일할 것이라는 예측 가능성을 제공하며, 이는 고객들을 편안하게 만들어준다. 맥도널드는 고객이 가능한 한 빨리 먹고 나가게끔 모든 게 고안돼 있으며(특히 그 불편한 의자를 보라!) 종업원에 대한 통제는 이윽고 인력을 무인기술로 대체하는 경지에까지 이르렀다. 이 또한 업소의 이윤을 높여주고 고객에게 제품과 서비스가 한결같다는 편안함을 주는 데에 기여한다. 과거 사회주의 국가들에서 빵 하나 사기 위해 한 시간 넘게 기다리곤 했던 경험이 있는 사람들이 맥도널드의 출현을 '신의 축복'으로까지 찬양하는 것은 결코 놀라운 일이 아닐 것이다.

'홀리데이 인'의 등장

자동차와 도로가 급팽창하면서 바캉스 붐도 일어났다. 1951년 여름 바캉스 바람이 불자 테네시 주 멤피스(Memphis)에서 성공한 건축업자인 케먼스 윌슨(Kemmons Wilson, 1913~2003)은 가족과 함께 워싱턴으로 여행을 떠났다. 그는 모든 모텔들이 아이들에 대해 추가요금을 받

홀리데이 인은 윌슨의 좋은 입지를 골라내는 능력에 힘입어 1500개 체인으로 성장했다(위부터 상파울루, 베른, 아스글론 지역의 홀리데이 인).

고, 식사할 만한 곳도 없는 것에 분노해 직접 모텔사업에 뛰어들기로 결심했다.

윌슨은 1년 만인 1952년 8월 멤피스에서 내슈빌(Nashville)로 이어지는 간선도로변에 120개의 방이 있는 '홀리데이 인'을 개장했다. 식당, 선물의 집, 수영장 등을 갖추고 각 방에는 에어컨을 달았다. 다른 모텔에서는 1달러의 추가비용을 받는 텔레비전 시청도 무료로 했다. 당시 모텔 요금은 8달러에서 10달러였고, 애들이 있으면 아이당 2달러를 더 받았는데, 그는 사람 수에 관계없이 싱글룸은 4달러, 더블룸은 6달러를 받았다.

윌슨의 사업은 성공을 거둬 2년 내에 멤피스로 이어지는 3개의 다른 간선도로변에 3개의 모텔을 더 신축할 수 있었다. 간판은 도로 양 방향에서 볼 수 있게끔 15미터 높이에 크게 내걸었다. 그는 다른 건축업자들에게 체인 사업에 동참하라고 제안했지만, 겨우 3명이 참여하는 데 그쳤다. 건축업자들이 고속도로가 늘어나고 자동차 여행이 증가 추세에 있다는 것을 깨닫지 못한 탓이었다.

윌슨은 의사 변호사 등 전문직종을 대상으로 한 소유권 분양 방식을 택해, 방 하나를 3500달러에 분양하기로 했다. 호응이 좋아 1954년 홀리데이 인이 11개 더 생겨났다. 1956년 의회가 760억 달러에 달하는 예산을 세우고 전국 고속도로망 설립안을 통과시키자, 윌슨은 1957년엔 기업공개를 함으로써 무한성장의 길로 나아갔다.

윌슨의 강점은 좋은 입지를 골라내는 능력이었다. 그는 가시성이 높고 도심으로 통하는 도로변으로 증축하고 싶을 경우에 대비하여 여분의 땅이 넓은 곳을 택했다. 단발 엔진 비행기인 보난자(Bonanza)를 타고 전국 입지 선정을 다니는 게 그의 주요 일과였다. 그 또한 교통의 흐름을 정확히 파악하기 위해 이른 아침과 초저녁에 입지 선정을 했다.

그 결과 한때는 이틀 반나절마다 한 채의 모텔이 세워지고 15분마다 새로운 객실이 생겨나더니, 급기야 1500개 모텔 체인으로 성장했다. 나중에 하워드존슨, 셰러턴, 라마다 등의 경쟁자들이 생겨났지만 1970년대 초기 '홀리데이 인'은 다른 주요 경쟁사보다 세 배가 많은 20만 8939개의 객실을 보유하게 되었다.(Halberstam 1996)

자동차가 맥도널드와 홀리데이 인을 낳고, 다시 맥도널드와 홀리데이 인이 자동차의 필요성을 증대시키는 순환관계는 미국을 명실상부한 '자동차 공화국'으로 만들게 된다. 자동차는 젊은이들의 문화에 도 큰 변화를 몰고 온다.

참고문헌 Alvord 2004, Barber 2003, Bryson 2009, Burstein & Kline 1996, Chafe 1986, Chomsky & Barsamian 2004, Croteau & Hoynes 2001, Halberstam 1996, Kincheloe 2004, Lafeber 2001, Norberg-Hodge 2000, Rifkin 2002, Ritzer 1999, Sardar & Davies 2003, Sawers & Tabb 1984, Schlosser 2001, Sorman 1998, 권홍우 2010, 문원택 외 1998, 21세기연구회 2008, 홍성욱 2002

새로운 우상숭배
제임스 딘과 엘비스 프레슬리

젊은이들의 자동차 문화

"전후에 누리게 된 만족스러운 삶에서 즐기는 것은 의무가 되었고 토요일 밤은 그중 핵심이었다." 수전 올린(Susan Orlean)이 저녁시간의 역사에 관한 책 『토요일 밤(Saturday Night)』(1990)에서 한 말이다. 토요일 밤을 즐기기 위한 필수는 자동차였으며, 특히 드라이브인(Drive-In) 극장이 큰 인기를 누렸다. 10대들만의 독특한 자동차 문화인 크루진(cruisin)은 유행어가 되었다. 크루진은 자동차를 몰고 드라이브하는 것을 말하지만, 일반 드라이브와는 달리 유별난 점이 있었다. 찰스 패너티(Charles Panati 1997)는 다음과 같이 말한다.

"자동차를 신격화하는 미국적 풍토는 10대 자동차 문화가 번성하면서 어느 때보다 뚜렷해졌다. 자동차 디자이너들은 '성적 매력을 풍기는' 탄환 모양의 자동차를 만들어내려 했다. 심리학자들이 재빨리 눈치챘듯이 남근을 상징하는 곡선의 자동차들은 10대 운전자들의 잠재의식에 호소하는 것이었다. 자동차를 몰고 다니는 것은 이전에도 큰 유행 중 하나였지만, 1950년대에 등장한 크루진은 좀 유별난 데가 있었다. 그 단어 자체는 죄의식 섞인 쾌락의 추구를 암시했다."

1950년대 중반 "속도가 진보"라는 믿음이 미국 사회를 휩쓸었는데, 이를 상품의 형태로 가장 잘 구현한 주체도 자동차 회사들이었다. 이즈음의 자동차 광고는 자동차를 로켓에 비유하면서 빠른 속도를 과시하는 데에 초점이 맞춰졌다. 자동차 내 섹스가 편리하게끔 공간적 배려도 이루어졌다. 젊은이들은 섹스와 더불어 자동차 속도 경쟁에 매료되었고, 이는 곧잘 '죽음의 질주'로 치닫곤 했다. 그런 '속도광' 젊은이들 중에 하나가 바로 영화배우 제임스 딘이었다.

종교가 된 제임스 딘

1955년 9월 30일 이제 겨우 스물네 살 먹은 제임스 딘이 새로 장만한 포르셰를 타고 고속도로를 달리던 중 마주 오던 차와 충돌해 사망했다. 일반 대중은 딘의 출연작을 〈에덴의 동쪽(East of Eden)〉(1955년, 감독 엘리아 카잔) 한 편밖에 보지 못한 시점이었는데도 엄청난 충격을 받았다. 『런던타임스』는 부고 기사에 "단 한 편의 영화에 출연하고도 위대한 영화배우라는 격찬을 받은 미스터 제임스 딘"이라고 썼다. 말런 브랜도(Marlon Brando, 1924~2004)를 우상으로 섬겼던 딘은 순진성과 약탈성이라는 두 얼굴을 동시에 갖고 있었으며, 곧 브랜도의 명성을 뛰어넘었다.

딘이 사망한 지 나흘째 되던 1955년 10월 3일, 딘이 출연한 〈이유 없는 반항〉이 개봉되었다. 격찬의 홍수 사태가 벌어졌다. 동시에 새

제임스 딘이 출연한 〈이유 없는 반항〉(위)과 〈에덴의 동쪽〉(아래).

로운 폭력적 신화가 창조되었다. 10대 간의 싸움이라는 새로운 형태의 의식(儀式)이 창출된 것이다. 칼싸움과, 누가 겁쟁이인가를 겨루는 치킨 게임 경주는 10대의 공식적인 통과의례가 되었다.

이 영화의 개봉 이후 미국에서는 이웃 간의 칼부림 사건이 급격히 증가했다. 일본에선 젊은이들이 도쿄 한복판에서 '이유 없는 반항'의 의식을 살벌하게 치르는 바람에 추후 상영이 금지되기까지 했다. 몇몇 국가에서는 1950년대 내내 상영금지 조치를 취했다. 1960년에야 영화가 상영된 멕시코에서는 난동 발생으로 결국 상영금지 처분이 내려졌다. 스페인 검열당국은 1964년에야 상영을 허가했다.

제4장 디즈니랜드와 맥도널드 239

뒤이어 1956년 상영된 딘의 〈자이언트(Giant)〉(감독 조지 스티븐스)는 워너브러더스 최고의 흥행작이 되었다. 저널리스트 딕 윌리엄스(Richard Williams)는 "고 제임스 딘에 대한 숭앙과 사실상의 성인(聖人) 추대식이 우후죽순처럼 번지고 있다"고 썼다. 딘이 살아 있을 것이라는 음모론이 난무했다.

모랭(Morin 1992)이 묘사한 전설에 의하면, "그가 그 사고 후에 기적적으로 살아남았으며, 죽은 것은 무료편승을 하고 있던 소년이고, 제임스 딘은 알아볼 수 없을 정도로 얼굴이 바뀌었으며, 어쩌면 의식을 잃고서 정신병원이나 병원에 갇혀 있을 것이라고 한다. 그래서 매주 2000통의 편지가 '살아 있는' 제임스 딘 앞으로 배달된다."

딘은 1956년 〈에덴의 동쪽〉으로 아카데미 남우주연상을 수상했는데, 죽은 사람에게 상을 준 것은 아카데미 역사상 첫 번째 사례였다. 이후에도 딘은 여러 상들을 수상했다. 워너브러더스엔 딘의 1주기를 맞기까지 5만 통 이상의 팬레터가 답지했다.

딘이 몰다가 죽은 포르셰 스파이더의 잔해는 안전 운전을 하라는 경고의 의미로 로스앤젤레스의 여러 고등학교를 돌며 전시되었다. 이후 잔해를 구입한 사람은 이를 전시하며 관람료로 25센트, 운전석에 앉아보는 데는 50센트를 받아 짭짤한 수입을 올렸다. 일부 파편들은 기념품으로 팔려나갔고, 각종 기념품 목록이 끝도 없이 쏟아져나왔다. 모조 석재로 만든 높이 8센티미터의 흉상은 30달러, 청동 흉상은 150달러에 팔려나갔다. 딘의 빨간 재킷도 대유행이었다. 『지미 딘 돌아오다(Jimmy Dean Returns)』라는 제목의 잡지까지 나왔다. 당시 대부분의 영화 전문지보다 15~20센트가량 비싼 35센트였는데도 50만 부나 팔려나갔다.

딘이 세상을 떠난 후 1년 동안 그를 추종하는 '제임스 딘 추모연맹'과 다른 팬클럽에 가입한 유효회원은 미국에서만 400만 명에 달했다. 중복 가입도 있었겠지만, 참으로 놀라운 수치였다. 1956년 연말까지 쏟아진 팬레터는 20만 통에 이르렀고 그 편지에 답장을 보내는 자원봉사자들의 수도 만만치 않았다. 이렇듯 딘은 종교가 되었다.(Dalton 2003)

이미 1955년 가을 젊은 여자들 몇 명이 딘의 죽음을 듣자마자 자살했는데, 1958년에는 '제임스 딘 죽음 클럽'이 결성되어, 결국 캘리포니아에서 두 명의 우등생이 자동차 사고로 죽음을 맞았다. 〈이유 없는 반항〉의 자동차 경주를 흉내 낸 것이다. 1965년에는 3500명으로 이루어진 프랑크푸르트 딘 클럽의 회원인 두 10대 소녀가 제임스 딘의 기일에 자살을 기도했다.(Spoto 1999)

청바지가 흡수한 저항적 이미지

그간 제임스 딘 현상을 다룬 수많은 논문들이 나왔으며, 프린스턴대학에는 제임스 딘의 데스마스크가 베토벤(Ludwig van Beethoven, 1770~1827), 키츠(John Keats, 1795~1821)의 데스마스크들 옆에 놓여 있다. 제임스 딘이 남긴 또 하나의 유산은 블루진(청바지)의 저항적 이미지다. 진은 처음엔 골드러시에 몰려든 캘리포니아 뜨내기 노동자들을 위해 만들어졌다. 바바리아(Bavaria) 출신 레비 스트라우스(Levi Strauss, 1829~1902)가 최초의 청바지를 만들 때 사용한 천은 포장마차 덮개로 쓰던 것이었으며, 이 천을 남캘리포니아 노예농장에서 재배되던 '인디고페라(Indigofera)' 잎에서 추출한 푸른 염료로 물을 들였다. 그런데 어떻게 이 청바지가 저항의 상징이 되었던가? 이문재(1995)는 다음과 같이 말한다.

"노동자들에게 청바지는 박탈과 땀의 상징이었다. 까만 실크햇으로 재산과 권력을 나타내던 지배층들에게 청바지는 혐오의 대상이었다. 본격적인 청바지 붐은 청바지가 나온 지 100년 되던 1950년에 일기 시작했다. 이때부터 청바지는 작업복이 아니라 캐주얼웨어로 각광받았다. 여기에는 미국 영화가 큰 몫을 했다. 청바지는 소박하고 오염되지 않은 시골 생활을 상징하면서 도시인들을 자극했다. 제임스 딘과 말런 브랜도는 각각 영화〈이유 없는 반항〉과〈야생인〉에서 청바지를 입고 냉전시대의 야합적 평온과 소도시 일상의 촌티 나는 아둔함을 경멸했다. 청바지는 1960년대 미국에서 '행동하는 의복'으로 떠올랐다. 반전, 반핵, 자유와 평등 그리고 페미니즘의 상징으로 위력을 발휘한 것이다."

흥미롭게도 한국의 패션전문점 유투존이 1997년 5월에 실시한 '20세기 대중문화인 중 패션에 가장 영향을 미친 사람'을 묻는 설문조사에서 제임스 딘은 20.7퍼센트로 3위를 차지했다. 마돈나(26.8%)와 비틀스(25.3%)엔 뒤졌지만, 마이클 잭슨(11.6%)을 제친 순위였다. 엘비스 프레슬리는 9.6퍼센트로 5위를 차지했다.

미국에 매우 비판적인 책을 쓴 유재현(2009)이 애써 로스앤젤레스의 그리피스 천문대를 찾았던 이유는 그곳이 제임스 딘의〈이유 없는 반항〉중 가장 인상적인 장면을 촬영한 현장이었기 때문이었다고 토로한 것이 흥미롭다. 그렇다. 한국인들은 대부분 '할리우드 키드'다.

영웅적 남성미로 스타가 된 존 웨인의 1956년 출연작 〈추격자들(The Searchers)〉.

그 어떤 반미주의자도 그 굴레에서 벗어날 수는 없다. 게다가 제임스 딘에겐 반항의 이미지가 있지 않은가.

　스타의 이미지는 시대상을 반영한다. 2차 세계대전을 기준으로 하여 그 이전엔 미국 영화에 게리 쿠퍼(Gary Cooper, 1901~1961), 제임스 스튜어트(James Stewart, 1908~1997), 헨리 폰다(Henry Fonda, 1905~1982)처럼 '수줍어하는 영웅(bashful hero)'이 등장했던 반면, 전쟁 직후 외부로부터의 도전에 대한 대중의 감수성이 예민할 때에 존 웨인(John Wayne, 1907~1979)이 영웅적 남성미를 가진 스타로 나타났던 것도 사회심리적 요구에 부응했던 등장으로 이해할 수 있다.(Mellen 1978, Merritt 1975) 반면 당시 여자 스타는 준 앨리슨(June Allyson, 1917~2006)의 경우처럼 과거에 비해 더욱 순종적인 이미지의 여성상을 보여주었으며, 제임스 딘과 말런 브랜도가 활개 치던 시절의 여자 스타는 메릴린 먼로, 제인 맨스필드(Jayne Mansfield, 1933~1967), 엘리자베스 테일러

(Elizabeth Taylor) 등의 경우처럼 과도할 정도로 상업화되었다.(Jowett & Linton 1980) 제임스 딘이 말런 브랜도와 함께 1950년대 중반 이후 고통을 겪는 불가사의한 스타로 부각되었던 것은 이제 곧 미국을 휩쓸 젊은이들의 '저항문화(counter-culture)'를 예고한 셈이었다.

엘비스 프레슬리의 출현

우상은 끊임없이 생산되는 법이다. 제임스 딘의 공백을 메우겠다는 듯, 그보다 네 살 연하인 엘비스 애런 프레슬리(Elvis A. Presley, 1935~1977)가 딘의 사망 직후 로큰롤 가수로서 서서히 명성을 날리기 시작했다. 엘비스의 영웅은 말런 브랜도와 제임스 딘이었다. 그는 〈이유 없는 반항〉을 열두 번 보았고 그의 대사를 줄줄이 암기했다. 엘비스는 자신의 우상들에게서 한 가지 중요한 교훈을 스스로 터득했는데, 쓸데없이 절대 웃지 않겠다는 것이었다. 웃지 않는 것이야말로 그들이 성공한 비결이라고 확신한 그는 거울 앞에서 몇 시간씩 표정 연습을 하곤 했다.

테네시 주 멤피스에서 고등학교를 졸업하고 영화 안내원으로 잠깐 일했던 엘비스는 1953년 18세의 나이에 트럭 운전사로 취직했다. 트럭 운전사로 일하던 그가 가수의 길로 들어선 것은 우연 그 자체였다. 어머니 생일을 맞아 자신의 노래를 녹음해 선물하려고 했던 그는 당시 영세 레코드사인 선(Sun)레코드를 찾아가 노래를 녹음했다. 당시 그곳에서는 일반인도 단돈 4달러에 자신의 앨범을 녹음할 수 있었다. 그는 이때 '마이 해피니스(My Happiness)', '댓츠 웬 유어 허트에이크스 비긴(That's When Your Heartaches Begin)' 등의 노래를 녹음했다.

이 우연한 녹음으로 인해 그는 다음 해인 1954년 7월 선레코드사 사장인 샘 필립스(Samuel C. Phillips, 1923~2003)에 의해 픽업되었다. 필립스는 종종 여비서 매리언 카이스커(Marion Keisker, 1917~1989)에게 "만일 흑인 목소리를 지닌 백인을 찾아내기만 한다면, 난 억만장자가 될 텐데"라고 말하곤 했는데, 엘비스가 바로 그 목소리의 주인공이었다. 실제로 엘비스의 문화사적 의미와 가치는 그가 흑인과 백인의 문화를 접목시킨 데에 있었다.(Halberstam 1996)

로큰롤이란 말부터가 그런 탄생 배경을 갖고 있다. 로큰롤은 1952년 오하이오 주 클리블랜드(Cleveland)의 백인 디제이였던 앨런 프리드(Alan Freed, 1921~1965)가 인종주의적 편견과 비판을 의도적으로 피하기 위해 처음 사용하였으나, 백인 청중을 위한다는 것일 뿐 리듬앤블루스(R&B)와 큰 차이가 없었다. 로큰롤은 흑인 가수들이 즐겼던 것처럼 성행위를 떠올리는 은유적 언어들, 즉 뒤흔들기(shuttle), 전후좌우로 흔들기(rock), 돌리기(roll) 등을 통해 사랑의 열정이나 성적 쾌락을 암시적으로 노래했다. 로큰롤 댄스도 빠른 템포의 재즈인 부기우기(boogie-woogie)나 상반신을 선정적으로 흔들며 추는 재즈댄스인 시미(shimmy)와 같은 흑인 춤에서 유래했다.(조지형 2001)

샘 필립스는 엘비스가 부른 '댓츠 올라이트 마마(That's All Right, Mama)'라는 블루스 곡 앨범을 당시 멤피스 지역 라디오 방송국의 디제이였던 듀이 필립스(Dewey Phillips, 1926~1968)에게 들려줬고, 노래가 좋다고 생각한 듀이 필립스는 라디오를 통해 노래를 내보냈다. 엘비스의 노래가 라디오로 방송된 지 하루가 채 안돼 엘비스는 유명해졌다. 엘비스의 노래는 7번이나 다시 방송됐고 이 노래에 대해 문의하

선레코드 스튜디오에 전시된 샘 필립스의 사진. 필립스는 세기의 스타 프레슬리를 발굴했지만 RCA빅터에 3만 5000달러를 받고 팔아넘겼다.

는 전화가 47통이나 걸려왔다. '로큰롤의 제왕' 엘비스 프레슬리의 첫 출발이었다.

멤피스 지역에서 유명해진 엘비스는 자신을 '힐빌리 캣(hillbilly cat)'으로 선전하면서 미국 남부지역을 돌며 공연을 하는 동시에 자신의 앨범을 지역 곳곳에 있는 디제이에게 유포시켰다. 당시로서는 들을 수 없었던 폭발적인 사운드와 매력적인 음색을 자랑했던 엘비스의 음악은, 그의 격정적인 엉덩이춤과 함께 대중들 속으로 급속히 퍼지기 시작했다. 흑인의 '리듬앤블루스'와 백인의 '컨트리앤웨스턴(country and western)'의 혼합으로 이뤄진 로큰롤의 본격적인 등장이었다.

뜻밖에도 1950년대가 시작되면서 백인 젊은이들 사이에서 흑인의 리듬앤블루스 레코드를 구입하는 추세가 나타나고 있었다. 남부 백인들은 여전히 인종차별주의자이면서도 흑인풍의 가스펠 문화는 수용한 것이다. 가정에선 부모들이 펄펄 뛰었지만, 새로운 문화의 주역은 관리나 부모가 아니라 디제이들이었다. 1950년대 초 25달러에서 50달러에 팔린 작은 트랜지스터라디오와 47달러 95센트짜리 녹음기가 그런 변화를 이끌었다. 일주일에 1달러만 지불하면 되는 신용거래가 확산되면서, 1950년대 말 미국 기업들은 1년에 1000만 대의 휴대용 녹음기를 팔았다. 트랜지스터의 소형화 작업 성공은 자동차용 라디오의 대중화를 불러왔는데, 휴대용 트랜지스터라디오와 자동차 라디오는 시끄러운 소음을 뚫고도 전달이 가능한 강한 리듬의 음악에 적합한 기구였던바, 이는 로큰롤과 천생연분이었다.(Cowen 2003, Halberstam 1996)

특히 베이비붐을 타고 나타난 10대 시장의 잠재력은 대중음악 관계자들을 놀라게 했으며, 이는 1960년대에 폭발하게 된다. 바로 이런 시장의 변화가 도시에 거주하는 백인 중상류층을 위한 '틴 팬 앨리(Tin Pan Alley)' 음악의 전성시대를 마감하고 로큰롤의 시대를 연 동력이었다. 19세기 말 대중음악가들은 뉴욕 시의 한 구역에 모이기 시작했는데, 여기서 사용된 직립형 피아노의 '양철 같은(tinny)' 소리로 인해 이 지역은 '틴 팬 앨리'로 알려졌다. 1900년경부터 1940년대까지 미국의 주류 대중음악을 지배한 '틴 팬 앨리'에서 로큰롤로의 이행은 미국 사회의 중요한 인구적·사회적·문화적 변화를 반영했다.(Frith 1995, Shuker 1999)

CBS의 〈에드 설리번 쇼〉 출연

선레코드사 사장 샘 필립스는 당시 인기를 모으던 엘비스와의 전속계약을 1955년 11월 당시 최고의 메이저 레코드사인 RCA빅터 레코드에 3만 5000달러를 받고 팔아넘겼다. 또 다른 신인을 발굴하려던 샘 필립스의 의도로 이루어진 일이었지만 엘비스는 팔기에는 너무 큰 인물이었다. 샘 필립스가 그 사실을 알기까지는 얼마 걸리지 않았다. RCA빅터로 이적한 엘비스는 곧바로 앨범 제작에 들어갔다. 그리고 이듬해 RCA빅터에서 기다리던 '대박'이 터졌다.

1956년은 '엘비스의 해'라고 해도 무방하다. 그만큼 그의 활약이 두드러졌고 엘비스가 일명 '스타'의 자리로 급부상한 해였다. 그는 1956년 1월 28일 CBS의 재즈 연주자 듀엣 도시 브러더스(Dorsey Brothers)가 진행하는 〈스테이지 쇼(Stage Show)〉에 출연했다. 그는 이 프로에서 특유의 선정적인 엉덩이춤을 선보여 미국 사회에 큰 반향을 불러일으켰다. 텔레비전과 콘서트장에서 선정적인 춤을 춘다는 이유로 곳곳에서 항의전화가 방송국에 빗발치기도 했다.(강찬호 1999)

엘비스는 1956년 2월 '허트브레이크 호텔(Heartbreak Hotel)'로 '로큰롤' 사상 처음으로 팝차트 1위에 오르는 영광을 안았다. 150만 장의 판매고를 올린 이 노래는 8주간 빌보드 싱글차트 1위에 머물렀다. 그리고 '돈 비 크루얼(Don't Be Cruel)', '러브 미 텐더(Love Me Tender)' 등의 노래가 연속으로 차트 1위를 기록했다. 이 외에도 '아이 원트 유 아이 니드 유 아이 러브 유 (I Want You I Need You I Love You)', '하운드 도그(Hound Dog)' 등의 노래가 각각 차트 2위와 3위를 기록하는 등 엘비스는 1956년 말까지 무려 17곡을 차트에 올려놓는 기록을 세운다.

1950년대 중반 미국 최고의 버라이어티쇼인 CBS 〈에드 설리번 쇼(The Ed Sullivan Show)〉의 진행자로서 프로그램에 전권을 행사하던 에드 설리번(Edward V. Sullivan, 1901~1974)은 문화적으로 보수적인지라 프레슬리 출연을 결사반대했다. 당시 앨라배마 주의 한 백인단체는 "로큰롤은 백인을 흑인의 지위로 끌어내리려는 수단이다"라고 비난했으니, 그런 비난도 고려하지 않을 수 없었다. 그래서 엘비스는 1956년 7월 1일 경쟁 프로그램인 NBC의 〈스티브 앨런 쇼(The Steve Allen Show)〉에 출연했는데 시청률에서 최초로 에드 설리번 쇼를 이겼다. 결국 설리번도 굴복하고 말았다. "내 프로그램에 엘비스는 나올 수 없다"고 공언했던 그는 엘비스에게 세 번 출연에 5만 달러의 출연료를 주기로 계약했는데, 당시로선 엄청난 거액이었다.

　1956년 9월 9일 〈에드 설리번 쇼〉에서 엘비스는 특유의 건들거리는 모습으로, 한쪽 입꼬리가 살짝 올라간 웃음을 지으며 기타를 메고 '하운드 도그'와 '러브 미 텐더'를 불렀다. 정작 엘비스의 모습은 당시 화면에 절반밖에 나오지 못했다. 방송사가 엘비스의 '허리 윗부분'만을 보여줬기 때문이다. 연출자 말로 루이스(Marlo Lewis, 1916~1993)는 "그가 춤을 출 때에 여성 팬들의 눈길을 끌려고 바지 속에 콜라 병을 넣는다는 소문이 있었기 때문"이라고 말했다.

　『뉴욕타임스』는 '저속한 스트립쇼'라고 비난했으며, 『뮤직저널』은 나중에 "그의 불결한 노래는 간접적인 성적 경험을 제공하는 애처로운 신음과 유혹적인 가사들로 가득하다"고 비난했다. 그러나 이런 비난은 시대에 뒤떨어진, 어리석은 푸념에 지나지 않았다. 엘비스의 텔레비전 쇼에 대한 반응은 그야말로 폭발적이었기 때문이다. '설리번 쇼'의 명

1957년 프레슬리는 자신의 히트곡을 제목으로 한 영화 〈제일하우스 락〉에 출연했다(사진은 영화 홍보를 위해 촬영한 프로모션 브로마이드).

성에 한창 떠오르던 엘비스의 이름값이 합쳐져, 무려 5500만~6000만 명이 이날 브라운관 앞에 모여들었다. 엘비스는 이 쇼를 통해 가수들의 무대가 '레코드'에서 '텔레비전'으로 바뀌었음을 보여줬다.

이듬해 1월 설리번은 마지막으로 출연한 엘비스에게 무려 7곡을 부를 시간을 내줬다. 이 세 번째 쇼가 끝나자 설리번은 사실상의 항복 선언을 하지 않을 수 없었다. "나는 엘비스 프레슬리와 국민들에게 이 가수야말로 정말 품위 있고 훌륭한 청년이라고 말하고 싶습니다. 우리는 당신보다 더 명성 있는 사람들과 쇼를 하면서도 이처럼 유쾌해본 적이 없었습니다. 당신은 정말이지 멋지군요."(Halberstam 1996)

1957년엔 '올 슉 업(All Shook Up)', '테디 베어(Teddy Bear)', '제일하우스 락(Jailhouse Rock)' 등의 곡이 연속으로 차트 1위를 기록했다. 이로써 엘비스는 1956년 1957년 자신의 히트곡들이 한해의 절반인 25주간 각종 차트 정상을 차지하는 대기록을 세웠다. 그는 이때까지 2200만 달러를 혼자 벌어들였다. 엘비스는 이 시기 영화에도 출연했다. 자신의 히트곡과 똑같은 제목인 〈러브 미 텐더〉(1956년, 감독 로버트 D. 웹)와 〈러빙유(Loving You)〉(1957년, 감독 할 캔터)가 그것이다.

엘비스가 가장 인기가 높았다는 것일 뿐 다른 록 스타들도 많았다. 로큰롤과 록은 어떻게 다른가? 둘을 같은 것으로 혼용해 쓰는 사람들도 많지만, 록은 로큰롤에서 변화된 다양한 스타일에 붙이는 좀 더 일반적인 명칭이다.(Shuker 1999) 여기선 둘이 같거나 비슷한 것으로 보아도 무방하겠다.

전기 기타와 앰프가 개발되면서 전국 순회 콘서트가 용이해지자 관중은 구름처럼 몰려들었다. 보수적인 백인들은 전반적으로 록에 대해 극도의 반감과 우려를 나타냈다. 로큰롤의 1세대인 빌 헤일리(Bill Haley, 1925~1981)는 "로큰롤은 인종차별과의 싸움을 돕고 있다. 우리는 전국을 돌며 흑백이 뒤섞인 그룹들 앞에서 공연을 해왔으며 같은 무대 위에서 공연하는 백인과 흑인 가수들로 인해 기쁨을 맛보며 단지 음악을 즐기려 아이들이 섞여 나란히 앉아 있는 것을 보아왔다"고 말했다. 사실 그랬다. 그런데 바로 그 점이 보수적인 백인들의 반감과 우려를 낳게 한 이유였다. 1956년 6월 18일 『타임』은 록 공연을 "히틀러의 대중집회"에 비유했으며, 1958년 『뉴욕타임스 매거진』의 한 필자는 "무엇이 10대들에게 마치 부흥집회에서처럼 자제력을 잃어버리게 만드는가? 이들은 지옥에 가게 될 것인가?"라고 물었다.(Romanowski 2001)

'미국인들에게 예수와 같은 존재'

인기의 정상을 달리던 엘비스는 1958년 3월 돌연 군에 입대했다. 특별대우를 받을 수도 있었지만 그는 일반 사병으로 입대했다. 미국인들이 오죽 애국심이 강한가. 일부 팬들은 "베토벤을 징집하겠는가?"라며 그의 징집에 분개했지만, 그를 마땅치 않게 보던 기성세대는 프레슬리를 다시 보기 시작했다. 아니 존경하기 시작했다. 독일의 미군부대에서 복무한 프레슬리는 미국을 상징했고, 유럽인들은 불길함을 느꼈다. 독일 공산당 기관지 『노이에스 도이칠란트(Neues Deuschland)』는 그가 16세의 독일 소녀와 데이트하는 사진을 싣고 그를 "공작새처럼 깃을 활짝 편 '냉전용 무기'"라고 불렀다.

그럴 만도 했다. 페르난데스아메스토(Felipe Fernández-Armesto 1997)에 따르면, "유럽에서는 그가 악몽의 인물처럼 보였다. 팬들을 기절시키고 비명을 지르게 만드는 그의 스타일은 미국의 위협을 간단히 요약해주었다. 아무렇게나 행동하는 그의 태도는 팬들을 도덕적으로 오염시키는 것 같았고, 엉덩이를 회전시킴으로써 성적으로 오싹한 느낌이 들게 했으며, 목소리의 끊김은 절정의 순간을 암시하는 듯했다. 또

1958년 9월 29일 독일로 가는 함선에 승선한 프레슬리.

성적인 매력은 마음을 홀리는 것처럼 느껴졌으며, 노래 솜씨가 음란했고 건방진 모습이 특징이었다."

  2년간의 군 생활 동안 엘비스는 음악적으로 중대한 변화를 겪었다. 그 변화는 제대 후 발표한 엘비스의 음악에서 확연히 드러났다. 1960년 3월 제대한 엘비스는 곧바로 음반을 발표했는데 이 중 인기를 얻은 곡은 '스틱 온 유(Stuck on You)', '잇츠 나우 오어 네버(It's Now Or Never)', '아 유 론섬 투나잇(Are You Lonesome Tonight)' 등이었다. 2년간의 공백기 동안 매니저 톰 파커(Thomas A. Parker, 1909~1997)의 마케팅 덕분에 식을 줄 몰랐던 엘비스의 인기는 이 곡들을 통해 다시 한번 확인되었다. 그러나 이 곡들은 '로큰롤'보다는 엘비스 자신이 무너뜨린 스탠더드 팝에 가까운 음악이었다. 이후 엘비스는 계속 이런 음악을 발표했다.

  엘비스는 영국의 비틀스(Beatles)에게 큰 영향을 미쳤다. 리버풀(Liverpool)에서 무명으로 활동하던 때 비틀스는 미국에서 몰아치는 엘비스의 로큰롤 바람을 맞았다. 엘비스를 두고 존 레넌은 "엘비스 이전에는 아무것도 없었다"고 회고했고, 폴 매카트니(Paul McCartney)는

"구세주가 나타났다"고까지 말했다.

1960년 5월 12일 엘비스는 ABC-TV에 출연했다. 〈웰컴 홈, 엘비스〉란 이름의 6분짜리 프로그램이었다. 엘비스는 이 프로 출연료로 12만 5000달러를 받았다. 엘비스의 인기를 실감케 하는 액수였다. 엘비스는 이 쇼를 마지막으로 8년 동안 텔레비전 쇼에 출연하지 않았다. 1961년 실황공연을 한 번 했을 뿐이었다.

엘비스는 이무렵 음악보다 영화에 더 신경을 썼는데 이때 나온 영화가 〈플레이밍 스타(Flaming Star)〉(1960년, 감독 돈 시겔), 〈와일드 인 더 컨트리(Wild in the Country)〉(1961년, 감독 필립 던), 〈팔로우 댓 드림(Follow That Dream)〉(1962년, 감독 고든 더글러스) 등이었다. 이 영화는 기념할 만한 가치가 있는 것으로 평가받았지만 엘비스는 이런 영화들 이외에 질이 떨어지는 영화에도 출연했다. 그러나 엘비스의 영화는 질이 떨어지든 그렇지 않든 언제나 흥행에 성공했다.

1969년부터 엘비스는 주로 라스베이거스에서 공연을 열었다. 그의 공연은 웅장한 사운드와 화려한 조명, 그리고 수많은 여성 팬들의 환호 속에서 펼쳐지곤 했다. 1969년부터 1976년까지 라스베이거스 힐튼호텔에서 열린 엘비스의 837회의 공연은 연속 매진되는 기록을 세웠다. 이같이 라스베이거스에서 최고의 인기를 누리던 엘비스는 한편 1973년 1월 호놀룰루(Honolulu)에서 36개국에 위성 중계된 실황공연을 열었다. '하와이의 알로하'란 이름의 이 공연은 1억 명의 전 세계 팬들이 시청하는 대성황을 이뤘고 이후 발매된 실황공연 앨범은 인기리에 판매되었다.

엘비스는 사망할 때까지 멤피스에 있는 '그레이스랜드(Graceland)'

1977년 6월 26일 자신의 저택 '그레이스랜드'에서 잠든 엘비스 프레슬리. 그레이스랜드는 1982년부터 일반인에게 개방되어 관광명소가 되었다. ⓒ Daniel Schwen

라 불리는 자신의 저택에 칩거했다. 그는 자가용 비행기가 다섯 대씩이나 있었으며 수많은 벤츠와 보석을 소유했다. 엘비스의 주변에 있던 인물 중 그로부터 벤츠나 보석을 선물받지 않은 사람이 없을 정도였다. 또 다른 가수들을 별로 좋아하지 않았던 엘비스는 자신이 싫어하는 가수가 텔레비전에 나오면 권총으로 브라운관에 구멍을 내기도 했다.(서병후 1978)

1973년 10월, 부인 프리실라 프레슬리(Priscilla B. Presley)와 공식적으로 이혼하게 된 엘비스는 점점 자신의 기력을 상실했다. 그의 공연은 점점 상투적으로 변해갔고 무대 위에서 그는 힘을 잃어갔다. 폭식으로 몸매가 망가졌고 마약에 한층 더 빠져들었다. 또한 수많은 여자들과 염문을 뿌리기도 했다. 그렇게 차츰 쇠진해가던 엘비스는 1977년 6월 26일 인디애나폴리스(Indianapolis)에서의 공연을 끝으로 8월 16일 그의 저택 '그레이스랜드' 에서 심장병으로 사망했다.

1982년부터 일반인에게 개방된 '그레이스랜드' 는 매년 7500만 명이 방문하는 관광명소가 됐고 그의 유품들이 경매를 통해 엄청난 가격에 팔려나갔다. 그리고 1992년에는 그의 얼굴을 실은 우표가 5억 장이나 발행돼 미국 우표 발행사상 최고의 수익률을 기록하기도 했다. 비록 비틀스, 프랭크 시내트라 등에게 몇몇 분야에서 뒤지기는 하지만 엘비스 프레슬리는 최다 차트 수록 앨범, 최다 톱 10 레코드, 최다 연속 톱 10 레코드, 최다 양면 히트 레코드, 24년간 연속 차트 등의 기록을 가지고 있다.

그렇듯 엘비스는 사망 후 전설이 되었다. 엘비스 사후 4억 8000만 장의 앨범이 팔려나갔고 지금까지도 그를 기억하는 올드팬이 존재한다. 그들은 엘비스 관련 사진 등을 자신의 방에 온통 도배하고 그에 관련된 자료들을 수집한다. 엘비스를 흉내 내는 사람들이 라스베이거스에서 공연을 하고 그와 비슷한 사람을 찾는 대회가 성황리에 열리기도 한다. 심지어는 그를 연구하는 강좌가 대학에 개설되었으며, 『타임』은 "프레슬리는 이미 미국인들에게 예수와 같은 존재가 됐다"고 평하기도 했다. 이 또한 풍요와 고독이 낳은 현상일까?

참고문헌 Cowen 2003, Dalton 2003, Eliot 1981, Englert 2006, Ewen 1976, Fernãndez-Armesto 1997, Frith 1995, Guralnick 1979, Halberstam 1996, Jowett & Linton 1980, Mellen 1978, Merritt 1975, Morin 1992, Omi 1989, Panati 1997, Romanowski 2001, Schoemer 1997, Shuker 1999, Spoto 1999, Wernick 1989, 강준만 외 1999-2003, 강찬호 1999, 구정은 2009, 국민일보 1997, 김규원 1996, 문화일보 1997, 서병후 1978, 세광출판사 편집국 1995, 유재현 2009, 이문재 1995, 임진모 1997, 조지형 2001

소비 종교의 번성
쇼핑몰의 등장

빅토르 그루엔의 비극

"국고로부터 90억 달러를 돌려받은 소비자들은 풍요를 누리기 위해 200만 개의 소매점으로 쇄도하였다. …… 그들은 선풍기를 에어컨으로 바꾸는 것이 자신들의 힘으로 경제를 성장시키는 일임을 이해하였다. 500만 대의 소형 텔레비전과 150만 대의 전기육절기(電氣肉切機) 등을 구입함으로써 그들은 1954년의 호황(boom)을 보증하였다."

1954년에 나온 『타임』의 기사다. 1950년대 중반은 "절약은 반(反) 미국적이다"라는 말이 나올 정도로 풍요가 만끽되고 소비가 권장되었다. 이때에 쇼핑몰이 탄생한 것은 우연이 아니다. '몰(mall)'은 원래 품위 있는 산책에 좋은 장소라는 뜻이다. 이를 쇼핑과 연결시킨 사람이 빅토르 그루엔(Victor D. Gruen, 1903~1980)이다. 오스트리아 빈(Wien) 출신인 그는 1938년의 독일-오스트리아 합병을 피해 단돈 8달러를 들고 미국에 도착했다. 그는 1954년 디트로이트에서 노스랜드

1956년 세계 최대의 쇼핑센터로 화제를 모은 사우스데일 몰. 사진은 2009년 6월 11일에 촬영한 모습이다.

몰(Northland Mall)을 성공시킨 뒤, 1956년 미네소타 주 미니애폴리스 교외의 에디나(Edina)에 사우스데일 몰(Southdale Mall)을 개장했다.

사우스데일 몰은 세계 최대의 쇼핑센터로 거의 모든 언론이 총출동한 경이로운 사건이었다. 72층짜리 건물로 10에이커(약 4,0469m²)에 달하는 실내 쇼핑구역에 5200대의 차를 주차할 수 있는 45에이커(약 18,2108m²)의 주차장은 사우스데일 몰이 소비의 신전(神殿)이 아닌가 하는 생각이 들게 했다. 어디 그뿐인가. 사우스데일 몰은 계절에 관계없이 실내 온도를 조절함으로써 밀폐된 공간 안에 마법의 세계를 방불케 하는 환상적 환경을 재현하는 데 성공하였고, 소비자들은 이곳에서 바깥 세계의 소음, 산만함, 사고, 긴장으로부터 해방될 수 있었다. 이후 미국의 거의 모든 쇼핑몰이 이를 모방함으로써 사우스데일 몰은 쇼핑몰의 원형이 되었다.

사회주의자로서 쇼핑센터를 이웃들을 위한 모임장소로 구상했던 그루엔은 자신이 교외의 확장을 억제하고 자동차 양산을 억제할 제도를 설계하고 있다고 확신했다. 물론 전혀 잘못된 확신이었다. 쇼핑몰로 인해 교외로의 이전과 도심 공동화의 속도가 훨씬 빨라졌다. 1960년에는 전 인구의 3분의 1이 교외 지역에 살게 되며, 그 비율은 점점 더 늘어난다. 그는 자신이 만들어놓은 결과에 질겁해서 서둘러 빈으로 돌아갔고 1980년 좌절한 채로 사망했다.

'쾌락과 죄의식 사이의 갈등'

쇼핑몰과 광고는 상호 상승효과를 냈다. 1949년 텔레비전 광고비용은 1230만 달러, 1950년엔 4080만 달러, 1951년엔 1억 2800만 달러에 이르렀다. 1950년대 전반 최고의 히트 광고는 1955년 필립모리스사의 말보로(Marlboro) 광고였다. 카우보이를 등장시킨 광고의 고전으로 평가받는 이 광고가 인기를 끌자, 다른 담배회사들도 비슷한 시도를 했지만 카우보이와 서부는 이미 말보로의 것으로 각인돼 별 재미를 보지 못했다.

미국에선 1954년부터 담배의 폐암 유발 가능성이 거론됐지만, 이 말보로 광고는 그런 우려를 이후 오랫동안 잠재우게 하는 위력을 발휘한다. 오죽하면 2006년 10월 미국에서 꼽은 '가장 영향력 있는 허구 인물 101명' 가운데 말보로맨이 1위에 올랐겠는가. 그러나 역대 10명의 말보로맨 가운데 한 명인 웨인 맥래런(Wayne McLaren, 1940~1992)은 1992년 52세의 나이에 폐암으로 죽으면서 "나는 흡연이 인명을 살상시킨다는 명백한 증거를 남기며 죽어간다"고 말했다.(김관욱 2010)

광고업자들의 고민은 소비자들의 '쾌락과 죄의식 사이의 갈등'을 어떻게 하면 해결해줄까 하는 데 있었다. 그 결과, 구매자의 죄의식을 누그러뜨리는 광고가 필요하다는 결론에 도달했다. 예컨대 캐딜락 자동차는 열심히 일한 삶에 대한 보상이라는 점을 강조했다. 이 광고는 "이 운전대 앞에 앉을 권리를 획득한 분이 바로 여기 있습니다"라면서 다음과 같은 신파조 해설을 내보냈다.

"31년 전 6월의 어느 화창한 날이었지요. 한 소년이 분주한 거리에 있는 신문 판매대 옆에 서서 캐딜락의 친근한 경적 소리를 들었어요. '거스름돈은 그만둬라' 운전하는 남자는 신문을 받아들면서 미소를 짓고는 미끄러지듯 거리로 사라졌어요. 소년은 동전을 손에 꼭 움켜쥐고서 '저것이 바로 나를 위한 자동차구나!' 라고 생각했지요. 그런데 이곳 미국은 소년이 가슴속에 새긴 꿈을 이룰 수 있는 곳이기에 그는 이제 실업가가 되었어요. 가족에게 안겨주고 싶은 세계를 얻기 위해 부단히 싸운 거예요. 이 시대에 타협이란 결코 있을 수 없으니까요."(Halberstam 1996)

이 광고는 이후 나온 수많은 광고들의 분위기를 결정했다. 심지어 10센트짜리 맥도널드마저 "엄마에게 휴식을!"로 시작하여 "당신은 오늘의 휴식을 얻을 자격이 있어요"로 끝맺었다. 1955년 10월 25일 첫선을 보인 가정용 전자레인지(microwave oven)를 비롯하여 각종 전자제품들도 주부의 휴식을 돕겠다며 시장에 쏟아져나왔다.

광고는 새로운 스타를 탄생시켰다. 대표적인 스타는 전자회사 웨스팅하우스의 전속 광고모델 베티 퍼니스(Betty Furness, 1916~1994)였다. 그녀는 배우 출신의 전속 광고모델로 활약하면서 눈부실 정도로 새로운 미국식 부엌과 그에 따른 주방기구들을 예찬했다. 당시 광고는 생방송이라 대사를 외워서 해야 했다. 텔레프롬터의 등장으로 대사를 외울 필요가 없게 된 건 1952년 대선 이후부터였다.

퍼니스는 일주일 동안 매일 20회에서 25회 출연함으로써 가장 많이 텔레비전에 출연하는 유명인사가 되었다. 한 프로에 광고를 하더라도 하루 세 번 다른 옷으로 갈아입고 나타나곤 했다. 1956년 대선 당시 정당들의 전당대회에 따라붙은 광고에선 28벌의 갖가지 의상을 입고 출연해 보시자들을 즐겁게 만들어주었다. 광고 덕분에 미국에서 가장 유명한 사람이 된 그녀는 광고를 끝맺을 때마다 "웨스팅하우스라면 믿으셔도 좋습니다"라고 말했다.

1952년 6월 '모빌웨어' 환풍기의 경우, 그간 전혀 안 나가던 물건이었는데 그녀의 광고 이후 폭발적 판매를 기록했다. 그녀가 출연한 광고 중 유일하게 실패한 상품은 식기세척기였다. 연구 결과, 여성들은 현대적인 부엌이 지나치게 자동화되어서 만약 손으로 접시 닦는 일마저 그만둔다면 그나마 부엌에서의 발판을 잃어버리게 될 것이고 결국 남편들이 왜 아내가 필요한지에 대해 의문을 갖게 될까 봐 두려워한 것으로 밝혀졌다.(Halberstam 1996)

소비 종교의 삼위일체

쇼핑몰과 광고는 신용카드와 더불어 소비 종교의 삼위일체가 되었다. 1920년대부터 본격적으로 사용되기 시작한 신용카드는 1950년대에 대중화되었다. 1949년 백화점 경영자인 앨프리드 블루밍데일(Alfred Bloomingdale, 1916~1982)이 다이너스클럽(Diners Club) 카드를 만들자,

이제 소비자는 식사비, 숙박비, 교통비를 전국에 산재한 다이너스클럽 가맹점에서 카드로 결제할 수 있게 되었다. 1958년엔 아메리칸익스프레스(American Express)와 까르뜨블랑슈(Carte Blanche)가 신용카드 경쟁 대열에 뛰어들었고, 그와 동시에 아메리카은행과 체이스맨해튼은행은 고객이 자유롭게 돈을 쓰고 나중에 갚을 수 있는 회전 융자제를 도입했다.

사회학자 다니엘 벨(Daniel Bell 1990)은 1976년에 출간한 『자본주의의 문화적 모순(The Cultural Contradictions of Capitalism)』에서 1950년대 신용카드의 분할 지불 방식이 "돈을 빌리는 일에 공포감을 품고 있던 프로테스탄트적 윤리에 최대의 공격을 가한 것"이었다고 평가했다. 흔히 '제3의 화폐'로 일컬어지는 신용카드는 이른바 '플라스틱 혁명(plastic revolution)'을 몰고 왔다. 여기엔 기만적인 언어 조작이 가세했다. '돈을 빌린다'고 말하는 대신에 '크레디트(credit)'라는 말을 사용한 것이다.

1992년 신용카드라는 실탄으로 무장한 미국인들은 한 달에 평균 12시간을 쇼핑몰에서 보내는 것으로 나타났다. 수면, 식사, 일, 텔레비전 시청 다음으로 많은 시간이다. 쇼핑몰의 대형화도 가속화돼 1993년에 문을 연 미국 최대의 매장인 '몰 오브 아메리카 오브 미니애폴리스(Mall of America of Minneapolis)'는 400만 제곱미터의 규모를 자랑했고, 이후 등장한 캐나다의 '웨스트 에드먼턴 몰(West Edmonton Mall)'은 500만 제곱미터에 이르렀다.

"우리는 여러분이 길을 잃기를 바랍니다." 미니애폴리스에 개장한 '몰 오브 아메리카'를 설계했던 디자이너가 개막식장에서 한 말이다.

1993년 문을 연 미국 최대 매장 '몰 오브 아메리카' 중앙에 방문객들을 위한 레고 작품이 전시돼 있다.

이는 오늘날 모든 대형 쇼핑센터의 불문율이 되었다. 모든 설계와 환경 조성은 고객들이 길을 잃게끔 해야만 한다. 아니 정신까지 잃게 만들어야 한다. '몰 오브 아메리카'는 한가운데에 대형놀이공원을 포함하여 각종 오락적 요소를 도입함으로써 쇼핑과 오락의 경계를 없애고자 하였다. 그래서 "'몰 오브 아메리카'는 쇼핑몰이 아니라 서커스장이다"라는 말까지 나왔다.

바로 여기서 '그루엔 전이(Gruen transfer)'라는 병이 생겨났다. 초창기 쇼핑몰을 건축했던 그루엔의 이름을 따서 붙인 이 병은 분명 살 물건을 정하고 쇼핑을 나갔던 사람이라도 물건을 보고 돌아다니는 동안 계획에 없던 것들을 충동적으로 사고 돈을 낭비하고 마는 현상을 가리킨다. 사회학자들은 현대식 쇼핑몰이 생기고 나서 얼마 되지 않아 이런 현상이 나타나는 것을 목격하고 그와 같은 이름을 붙였다. 바로 이 그루엔 전이 덕분에 쇼핑몰이 계속 늘어나게 되었다고 해도 과언이 아니다.(Twitchell 2003) '그루엔 전이'에 대해 더글러스 러시코프(Douglas Rushkoff 2000)는 다음과 같이 말한다.

"그루엔의 원래 의도가 그렇지 않았음에도 불구하고 쇼핑 환경의 모든 것을 갖춘 쇼핑몰의 발명은 소매업자들로 하여금 방향 감각을 상실한 고객들을 마음대로 조작할 수 있는 전례 없는 능력을 가지도록 했던 것이다. 일대일 강요 설득에서 혼란에 빠진 고객이 영업 사원에게 결정권을 떠넘기는 유도 퇴행과 권위 양도 현상이 벌어지는 것처럼 그루엔 전이는 쇼핑몰을 찾는 고객을 건물 내에서 방향을 잃고 길을 헤매는 어린아이처럼 만들어버린다."

러시코프에 따르면, 사람들이 쇼핑몰을 찾는 데에는 대략 여섯 가지 이유가 있는 것으로 밝혀졌다. 첫째, 쇼핑몰 자체를 구경하기 위해서. 둘째, 일상으로부터 탈출하고 고독을 해소하기 위해. 셋째, 자유롭게 이것저것을 구경하는 탐험 욕구 때문에. 넷째, 유쾌함을 느낄 수 있고 시간감각이 없어지기 때문에. 다섯째, 새로 나온 기술과 유행을 알 수 있기 때문에. 여섯째, 쇼핑몰이 제공하는 사교적 분위기 때문에.

'몰 오브 아메리카'를 찾은 베르나르 앙리 레비(Bernard-Henri Lévy 2006)의 감상기에 따르면, "이곳은 '뉴에이지' 소비 사원(寺院)이다. 이곳은 자본주의의 승리를 구가하는, 비즈니스를 위해 사는 '네오 아메리칸'의 영광을 예찬하는 또 하나의 교회다. 한 가지 다른 점이 있다면(그래서 더 흥미로운데), 이곳은 생활과 오락의 장소이기도 하다는 점이다. 이 '몰 오브 아메리카'의 부회장 존 휠러와 홍보팀장 애너 레위츠키의 설명에 따르면, 이곳은 미니애폴리스에서, 아니 미네소타 주 전역에서, 사회로부터 고립된 외로운 사람들, 인터넷과 가상현실에 중독된 사람들이 잠시 실제 세계를 어루만지고 공동체를 느껴보기 위해 찾아오는 곳이다."

약 50년 후의 감상기지만, 쇼핑몰이 풍요의 눈요깃거리를 제공하면서 고독을 치료하는 사원의 역할을 하게 된 것은 이미 1950년대 중반부터였다. 1955년 12월 미국의 양대 전국 노조인 미노동총연맹과 산업별회의가 합쳐져 AFL-CIO(American Federation of Labor-Congress of the Industrial Organization)로 다시 태어나지만, 소비 종교의 위력 앞에서 노동운동이 갈 길은 뻔했다. AFL-CIO 창립 당시 노동조합 조합원은 전체 노동자의 35퍼센트에 이르렀다. 1959년에 발생한 철강파업은 미국 경제 전체를 마비시킬 정도로 위력을 발휘하지만, 그게 끝이었다. 46년 후인 2005년 노조 조직률은 12.5퍼센트로 급감하며 기업노조 가입률은 7.9퍼센트로 떨어진다.

참고문헌 Baudrillard 1991, Bell 1976 · 1990, Brinkley 1998, Bryson 2009, Halberstam 1996, Lévy 2006, Panati 1997, Rifkin 2001, Ritzer 1999, Rushkoff 2000, Twitchell 2003, 권홍우 2010, 김관욱 2010, 김문환 1989, 우태희 2008, 이진경 2007, 장학만 2005

제5장
풍요한 사회

'팍스 브리태니커'의 2차 종언
수에즈운하 사건

폴란드·헝가리 사태

1953년 8월 소련 총리 말렌코프(Georgy M. Malenkov, 1902~1988)는 세계적 긴장을 완화하기 위한 조치들을 발표하면서 '평화 공세'에 착수했다. 1953년 9월 니키타 흐루쇼프(Nikita S. Khrushchyov, 1894~1971)가 집단지도체제하에서 스탈린의 후계자 말렌코프를 누르고 소련공산당 제1서기가 되면서 '평화'라는 단어는 더욱 힘을 얻게 되었다.

집단지도체제의 일원으로 있다가 1955년에 최고 지도자로 부각된 흐루쇼프는 1956년 2월 14일 소련공산당 제20차 당대회에서 스탈린이 주장한 자본주의와 사회주의 간 전쟁 불가피론을 비판하면서 평화 공존론을 제시했다. 제국주의가 존재하더라도 전쟁이 불가피한 것은 아니라고 말하면서 사회주의로 이행하는 길은 다양하다고 역설한 것이다.

이어 흐루쇼프는 열하루 뒤인 2월 25일 비공개회의에서 「개인숭배

흐루쇼프는 1956년 2월 당대회에서 스탈린의 극악무도함을 비판했다. 이는 이후 4년간 지속될 '스탈린 격하운동'의 본격적인 신호탄이었다(사진은 1936년 스탈린[오른쪽]과 흐루쇼프[왼쪽]가 함께한 모습).

와 그 결과에 대해서」라는 문건을 네 시간 넘게 낭독했다. 그는 스탈린이 수많은 사람을 죽음으로 내몰고 레닌주의와 결별한 극악무도한 사람이라고 비난했다. 이후 4년간에 걸쳐 이루어질 이른바 '스탈린 격하운동'의 본격적인 신호탄이었다. 흐루쇼프의 회고에 따르면, "참석자들은 숨을 죽인 채 경청하고 있었다. 커다란 회의장에는 마치 파리 한 마리 날아다니지 않는 것 같은 침묵만이 자리를 차지하고 있었다. 당원들에게는 늘 두렵고 어려운 존재였던 사람들이 저지른 잔인한 만행을 알게 된 그들이 얼마나 크게 놀랐는지에 대해서는 뭐라고 설명하기 어렵다."(Volkogonov 1996)

흐루쇼프의 평화공존 선언과 스탈린 격하 발언은 동유럽에서 더 공개적이고 민주적인 사회를 요구하는 반(反)스탈린 민족주의 운동을 촉발시켰다. 폴란드에서는 1956년 6월 포즈난(Poznań)에서 1만 명의

1956년 6월 폴란드 포즈난에서 봉기한 노동자들이 "우리는 빵을 원한다"는 피켓을 들고 거리를 행진하고 있다.

노동자가 빵과 자유를 요구하는 봉기를 했으며, 이는 소련에 대한 전국적 저항으로 확대되었다. 이는 즉시 진압되었지만 폴란드 변화의 발단이 되었다. 소련은 티토주의자로 알려진 고무우카(Władysław Gomułka, 1905~1982) 체제를 인정하기로 타협했다.

헝가리에서도 1956년 10월에 부다페스트(Budapest) 각 대학들의 데모 행진을 계기로 반소 반정부 운동이 벌어졌다. 새로운 임레 너지(Imre Nagy, 1896~1958) 정부는 소련군의 철수, 비밀경찰 폐지, 생활개선 등을 약속했다. 더 나아가 헝가리의 중립과 바르샤바조약기구에서의 탈퇴를 선언함으로써 소련을 자극했다. 11월 소련은 군대를 동원해 너지 정부의 타도와 반소분자의 일소에 착수했으며, 혁명은 11월 말에 거의 다 진압되었다.

미국은 이런 사태 이전에 동구권에 대해 '미국의 소리'나 CIA의 재

1956년 분노한 군중들이 부다페스트에 있던 스탈린 동상을 넘어뜨린 후 머리 쪽으로 모여들고 있다. ⓒ The American Hungarian Federation

정지원을 받는 '자유유럽방송(Radio Free Europe)' 같은 방송을 통한 반소 선전활동을 하면서 사실상 동유럽인들의 봉기를 부추겨왔으나, 막상 사태가 발생하자 완전히 외면했다. 아이젠하워는 "우리에게 부다페스트는 티베트만큼이나 접근이 불가능하다"고 말했다.(박인숙 1998)

평화공존론과 한국

흐루쇼프의 평화공존론은 북한에도 영향을 미쳤다. 북한에서 평화통일론을 처음 공식화한 것은 1956년 4월 23일부터 28일까지 평양에서 열린 조선노동당 제3차 대회에서였다. 대회 마지막 날 「조국의 평화적 통일을 위하여」라는 제목의 선언문이 채택되었다. 이 선언문은 미국과 이승만이 새로운 전쟁을 일으키려 한다고 비난하고 조국통일을 평화적인 방법으로 해결할 수 있다고 주장하였다.

흐루쇼프의 평화공존론은 남한의 진보당에도 영향을 미쳤다. 당시 『동양통신』 기자이면서 진보당 당원이었던 정태영(1931~2008)에 따르면, "1956년 2월 소련공산당 제20차 당대회에서 흐루쇼프가 스탈린을 비난하는 문건이 그 당시 『사상계』에 실렸습니다. 그때 문제가 된 것이 스탈린 독재 즉 개인숭배에 대한 배격과 평화공존론의 공식화였습니다. 소련이 평화공존을 부르짖는다는 것은 공산주의 이론으로 볼 때 폭력혁명의 포기이자 확대해석하자면 의회민주주의를 택하게 되었다는 것으로 보일 수도 있습니다. 그렇게 되면 자연히 국제정세는 완화될 것이고 따라서 남북대결 양상도 완화되리라고 보았던 거죠. 그러니까 진보당의 정치이념인 사회적 민주주의는 세계사의 전개방향과 때맞춰 참 적절한 시기에 나왔다고 보여져요. 그런데 그 이후 국제정세가 전개되는 과정을 보면 오히려 극도로 악화되었지요."(정태영 1990)

그러나 소련과 북한이 긍정적으로 평가하는 것을 수용하는 일은 용공 혐의를 스스로 뒤집어쓰는 것에 다름 아니었다. 조봉암(1898~1959)과 진보당의 평화통일론은 이승만뿐만 아니라 민주당에 의해서도 불온시되었다. 민주당계 신문인 『동아일보』 1956년 5월 9일자는 진보당의 평화통일론에 대해 "현실을 무시하는 하나의 패배주의"라고 비판하였다. 반둥회의에 대한 지지마저도 매우 위험한 것이 되었다. 김일성이 앞서 언급한 제3차 당대회에서 다음과 같이 반둥회의에 대해 적극적인 의미를 부여했기 때문이다.

"작년 4월 29개국 대표가 참가한 반둥회의는 식민주의를 반대하여

공고한 평화를 지향하는 수억만 아세아, 아프리카 인민들의 일치한 념원을 표명하였으며 유명한 5개 원칙에 립각한 이 지역 인민들의 장성하는 단결을 뚜렷이 보여주었으며 제국주의자들에게 커다란 타격을 주었습니다." (정규섭 1997)

수에즈운하 사건

1956년 7월 네루, 나세르(Gamal A. Nasser, 1918~1970), 티토(Josip B. Tito, 1892~1980) 등 제3세계의 3거두는 유고슬라비아에서 만나 비동맹주의를 재천명하였다. 바로 그 7월에 이집트의 나세르는 수에즈운하를 국유화하고 영국과 프랑스 군의 침공을 물리침으로써 제3세계 민족주의의 영웅적 존재가 되었으며 나세르의 아랍민족주의, 비동맹주의, 사회주의 노선은 '나세리즘(Nasserism)'이라 불리게 되었다.

이 사건은 세계사적으로 매우 중요한 의미를 갖는다. 그 전말을 자세히 살펴보자. 1952년 육군 중령으로 쿠데타를 주도해 정권을 잡은 나세르는 1956년 7월 26일 토지개혁에 착수하면서 운하를 공동 관리해오던 영국과 프랑스의 수에즈운하 지배를 종식시키기 위해 화물선 밑창에 구멍을 뚫어 운하 입구에 침몰시켜 운하를 봉쇄한 뒤 수에즈운하 회사를 국영화했다. 나세르는 앞으로 수에즈운하에서 생기는 모든 수익은 이집트 남부, 아스완댐 건설공사에 투입된다고 밝혔다.

미국의 입장은 어떠했던가? 미국은 중동에서 서방의 영향력을 유지하고 소련의 팽창을 저지하기 위해 1955년 바그다드협약(Baghdad Pact)을 통해 영국, 터키, 파키스탄, 이란, 이라크로 구성된 군사동맹을 결성했다. 미국은 나세르를 혐오했지만 이집트를 끌어들이기 위해

나세르는 수에즈운하의 국영화 이후 이집트 국민들의 절대적인 지지를 받았으며 이후 서방세계에 도전한 첫 아랍인으로서 '아랍세계의 영웅'으로 떠올랐다.

1955년 12월 나세르의 아스완댐 건설에 대한 자금지원을 약속했다. 미국은 돈을 제공하는 대가로 이집트가 이스라엘군과의 싸움을 중지하고 평화로 나아가기를 희망했다. 나세르가 이를 거부하자 미국은 약속을 취소했다. 격노한 나세르는 스스로 자금을 마련하고 서방세력을 물리치기 위해 수에즈운하 국유화 조치를 단행했던 것이다.

'팍스 브리태니커'의 2차 종언

나세르의 수에즈운하 국영화 조치에 맞선 영국과 프랑스는 운하를 되찾기 위해 미국과 아무런 상의 없이 비밀리에 군사행동을 계획하고 이 계획에 이스라엘을 끌어들였다. 1956년 10월 말 이스라엘군이 이집트를 공격하였고 영국과 프랑스도 군대를 파견했다. 이 군사행동에 아이젠하워는 분노했다. 이 사건을 빌미로 소련이 중동에 개입할까 봐 우려했기 때문이다. 미국은 즉각 런던에 대한 IMF 차관을 봉쇄함으로써 파운드화 가치를 떨어뜨렸다. 아이젠하워는 영국에게 유엔의 정전결의안을 받아들이라는 압력을 가하며 전쟁을 멈추지 않으면 영국에 대한 석유 공급도 중단하겠다고 위협했다. 게다가 11월 5일에는 소련의 흐루쇼프가 영국과 프랑스의 이집트 철수가 이루어지지 않으면 서유럽에 미사일을 사용하겠다고 위협했다. 결국 11월 중순 영국, 프랑스, 이스라엘 군은 후퇴했다. 이 사건을 통해 '서방세계에 도전한 첫 아랍인'이 된 나세르는 아랍세계의 영웅으로 떠올랐다.(박인숙 1998, 한겨레신문 문화부 1995)

영국이 미국의 경제압력에 굴복한 초유의 사건이 벌어진 셈이다. 이 사건의 여파로 수상이 사임하는 등 영국 정계가 요동쳤다. 미국 저널리스트 윌리엄 그라이더(William Greider 2002)는 "영국의 힘은 1914년부터 이미 기울기 시작했는데도 미국은 2차 세계대전 뒤까지 계속 영국에 금융지원을 하면서 영국으로 하여금 어리석은 지도자가 되게끔 했다"며 수에즈운하 사건을 계기로 "영국인들은 오랜 환상에서 깨어난 것"이라고 했다. 1931년 그동안 국제 결제수단으로 통용되던 파운드화의 지위가 파운드화 사용권 내로 제한되면서 '팍스 브리태니커'의 1차 종언이 있었다면, 이 사건은 '팍스 브리태니커'의 2차 종언이자 최종 종언을 의미했다. 명실상부한 '팍스 아메리카나'의 시대를 확인한 셈이다.

소련이 초강경 자세로 나세르를 지지함으로써 수에즈운하 사건은

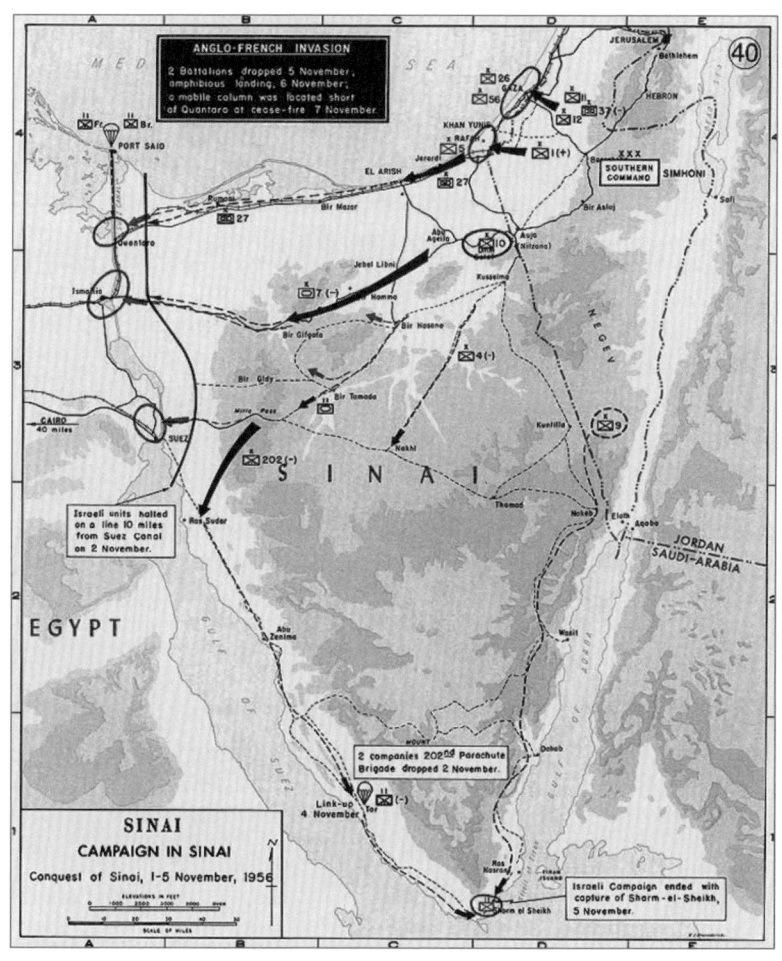

1956년 수에즈운하 위기 당시 11월 1일에서 5일 사이에 시나이 지역의 분쟁 상황을 나타낸 지도.

소련에게 큰 외교적 승리가 되었다. 이후 전 아랍권이 소련에게 급격하게 호의적인 자세를 취했다. 그러나 바로 이런 점이 한국에선 이승만 정부가 비동맹운동에 대해 적대적인 태도를 취하는 이유가 되었다. 반면 한국의 진보당은 1956년 11월 발당대회에서 이집트의 수에즈운하 국유화를 지지하는 '이집트에 대한 영불 침략 반대 결의안'을

제5장 풍요한 사회 277

채택했다. 훗날 한국에서 5·16 쿠데타에 대한 초기의 호의적 반응은 쿠데타로 집권한 나세르의 활약이 국내에도 널리 알려진 것에 힘입은 바 컸다.

1957년 미 의회는 대통령에게 "공산주의가 지배하는 어떤 나라로부터의 군사적 침략에 대항하여 원조를 요청하는 중동국가가 있다면, 군사적·경제적 원조를 제공하거나 군사력을 사용해도 된다"는 권한을 준, 이른바 '아이젠하워 독트린'을 승인했다. 이 독트린은 다음 해 레바논을 지키기 위해 미 해병대를 파견할 때에 적용된다.

참고문헌 Greider 2002, Overy 2003, Ridings & McIver 2000, Service 2007, Volkogonov 1996, 김진웅 1999, 박인숙 1998, 서중석 2002, 손호철 2003, 심지연 2001, 정규섭 1997, 정태영 1990, 한겨레신문 문화부 1995

미국의 공포와 히스테리
스푸트니크 충격

1956년 대선-드와이트 아이젠하워 재선

1955년 9월 24일 아침 아이젠하워가 덴버의 친척을 방문하던 중 심장발작을 일으켰다. 그 소식을 들은 닉슨 부통령은 오랜 친구인 검찰총장 빌 로저스(William P. Rogers, 1913~2001)를 불렀다. 두 사람은 그 같은 상황에서 부통령이 어떤 법적 지위를 행사할 수 있는지 검토하기 시작했는데, 로저스는 전혀 알지 못했다. 부끄러워진 로저스는 헌법 사본을 찾기 시작했는데 때마침 보이지 않자 자기 사무실에 전화를 걸기 위해 수화기를 들었다. 그때 닉슨이 "제발 그만하십시오. 만약 부통령과 검찰총장이 헌법에 뭐라고 쓰여 있는지 모른다는 것이 바깥에 알려지면, 우리는 완전한 바보 한 쌍으로 보일 겁니다"라고 말했다.(Dole 2007)

그러나 닉슨이 아이젠하워를 승계할 일은 일어나지 않았다. 이 심장발작 이후 또 한 번의 심장발작으로 아이젠하워의 재선 가능성이

아이젠하워의 재선을 주도한 공보비서관 제임스 해거티(가운데). 사진은 1955년 7월 29일 NASA 관계자와 세계 최초의 인공위성 개발에 대해 논의하는 모습을 담았다.

어두워졌지만, 아이젠하워에겐 『뉴욕타임스』 출신의 공격적인 공보비서관 제임스 해거티(James C. Hagerty, 1909~1981)가 있었다. 아이젠하워는 해거티의 탁월한 언론플레이에 힘입어 역경을 잘 극복하고 1956년 대선에서 다시 민주당 후보 애들라이 스티븐슨을 누르고 재선에 성공하였다. 그것도 일반투표 57퍼센트, 선거인단 투표 457대 73이라는 압도적인 승리였다.

심장발작 사건이 시사하듯, 대부분의 전문가들은 아이젠하워의 리더십을 무기력한 것으로 평가했다. 그는 일요판 신문만 읽을 뿐 신문도 거의 읽지 않았다. 늙고 힘도 없고 정치적 재능도 없고, 대기업들에 의해 조종되는 대통령이라는 비판과 조롱과 경멸의 대상이 되기도 했다. 아이젠하워는 "민주주의는 자기절제의 기회일 뿐이다"라는 말을 좋아했고 이 말에 따라 행동했다. 인기나 없었으면 모르겠는데, 국민적 인기를 누리면서도 그렇게 행동했기에 더욱 비판의 대상이 되었다.

아이젠하워의 어법은 자신의 생각을 말하지 않고 일반적인 묘사와 설명을 선호하는 것으로 악명이 높았다. 프랭클린 루스벨트(Franklin D. Roosevelt, 1882~1945)와 해리 트루먼은 기자들이 곤란한 질문을 하면 적절히 잘 피한 반면, 아이젠하워는 무슨 질문이건 답을 했다. 그런데 그 답이란 게 하나 마나 할 정도로 싱거운 것이었다. 오랜 군인 생활 중 몸에 익힌 브리핑 버릇 때문인지 그는 인간적 갈등은 한사코 피하려고 드는 어법을 구사했다. '브리핑 어법'이라고 해도 좋을 정도였다. 그는 '나(I)'라는 단어를 거의 쓰지 않았으며, '우리(we)'와 '당신들의 정부(your government)'라는 표현을 즐겨 썼다.

아이젠하워는 "사람들은 중도를 용납할 수 없는 것처럼 말하지만, 도덕을 제외한 모든 인간 문제는 회색 영역에 속한다. 세상사란 흑백이 아니며, 타협이 있어야만 한다"고 했다. 그는 어찌나 '중도(middle of the road)'와 '중용(golden mean)'을 좋아하는지, 그가 애독하는 책 중의 하나도 좌우(左右)를 막론하고 대의(大義)에 대한 맹신(盲信)에 비판적인 에릭 호퍼의 『신봉자』였다.

저널리스트 리처드 로비어(Richard H. Rovere, 1915~1979)는 "아이젠하워가 즐겨 쓰는 '역동적 보수주의(dynamic conservatism)', '진보적 온건주의(progressive moderation)', '온건한 진보주의(moderate progressivism)' 등과 같은 말들은 선거자금은 부자들에게서 받고 선거유세는 부자가 아닌 사람들을 대상으로 해야 하는 정치인들의 딜레마를 말해줄 뿐이다"라고 말했다.(Rovere 1978)

그러나 세월이 흐르면서 아이젠하워의 리더십을 재평가하는 시도가 왕성하게 이루어진다. 그런 수정주의의 선도자인 정치학 교수 프레드 그린슈타인(Fred I. Greenstein 1979-1980 · 1982)은 아이젠하워의 무기력·무관심은 의도된 것이었으며, 이를 '드러내지 않는 전략 (hidden-hand strategy)'이라고 주장한다. 오히려 '활동적 대통령(Activist President)'으로 보아야 한다는 것이다. 훗날 "제2의 아이젠하워"가 아니냐는 평가를 받기도 한 로널드 레이건(Ronald W. Reagan, 1911~2004) 대통령도 골프광이었던 아이젠하워에 대해 "그의 골프에 관한 온갖 농담들에도 불구하고 그는 대통령직을 엄청나게 탁월한 솜씨로 잘 수행했다"고 주장했다.

아칸소 리틀록 센트럴고등학교 사건

1957년 PR전문가 빌 캐더슨은 '프랑스 코냑'의 미국 시장 진출을 위해 아이젠하워의 67회 생일(1957년 10월 14일)을 마케팅에 활용하는 '코냑 쇼'를 연출하였다. 그는 67회에 딱 들어맞는 67년 묵은 프랑스 코냑 몇 병을 그의 생일선물로 보내겠다고 언론에 흘린 뒤 그 코냑에 대해 1만 달러 보험에 가입하였다. 대통령에 관한 보도라면 사족을 못 쓰는 언론은 당연히 그 코냑이 아이젠하워에게까지 전달되는 과정을 상세히 보도하였고 그 와중에 프랑스 코냑은 미국 국민에게 널리 알려지게 되었다.

1950년대 후반의 안온한 평화와 풍요를 말해주는 에피소드다. 그러나 흑인들은 여전히 그런 평화와 풍요로부터 배제되고 있었다. 1957년 9월 아칸소 주지사 오발 포버스(Orval Faubus, 1910~1994)는 아칸소 주 방위군에서 차출한 완전무장 군인 270명을 리틀록(Little Rock)에 있는 센트럴고등학교에 배치했다. 백인 전용학교였던 그곳에 흑인 학생 9명이 등교하지 못하게 막으려고 취한 조치였다. 미국인과 전 세계인들

아이젠하워 대통령이 리틀록에 파견한 101공수부대 군인들이 흑인 학생들을 호위하고 있다.

은 텔레비전을 통해 학교에 들어가려던 학생들이 성난 군중으로부터 야유와 저주의 침 세례를 받으며 경비병의 저지를 당해 발길을 되돌리는 모습을 지켜보았다.

 연방지방법원은 포버스에게 아이들의 등교를 허락할 것을 명령했다. 그러자 주지사는 주방위군을 철수시키고 지방경찰대에 흑인 학생들의 보호 임무를 맡겼다. 경찰들 중에는 명령 수행을 거부하는 사람도 있었다. 내내 사태를 방관하던 아이젠하워는 연방법원의 권리를 보호하기 위해 101공수부대 소속 군인 1100명을 리틀록에 파견했다. 민권운동가들로부터 '너무 소극적이고 너무 늦은 조치'라는 불평을 듣긴 했지만, 재건 이래 최초로 미국 군대가 흑인의 권리보호를 위해 남부에 파견된 것이었다. 국가방위군은 그해 내내 리틀록 센트럴고등학교에 주둔했고, 흑인 학생 9명이 저주와 학대를 받으면서도 꿋꿋이 버텼다.

흑인 학생들에 대한 저주와 학대는 어느 정도였던가? 데이비드 핼버스탬(Halberstam 1996)에 따르면 "그들에게 가해지는 공격은 끝이 없었다. 발로 차기, 발 걸어 넘어뜨리기, 뒤에서 때리기, 복도를 지나갈 때 욕설을 퍼부으며 괴롭히기, 식당에서 뜨거운 수프 쏟아붓기 등이 자행되었다. 그들의 사물함은 정기적으로 부서졌고 책은 도난당했다. 학교 관리자들은 대표적인 공격자들이 누구인지 정확하게 알았을 뿐만 아니라 그들 스스로 자랑스럽게 으스대기까지 한다는 것도 알고 있었다. 한 여학생은 교감인 엘리자베스 헉커비에게 자신은 철저히 자기 권리를 행사하고 있는 것뿐이라고 말했다. …… 돌이켜보면 이 아홉 학생들이 어떻게 이 모든 것을 참고 견뎌냈는지 놀라울 뿐이다."

이어 핼버스탬은 "이 리틀록 사태에서는 모든 사람이 다 무언가를 얻었다"며 다음과 같이 말한다. "인권운동 지도자들은 현대의 언론매체, 특히 텔레비전 카메라 앞에서 인종 분리주의 세력들에게 도전하는 방법을 배웠다. 자신의 새로운 역할 앞에서 확신을 갖지 못하던 방송국들은 거의 영상들로만 구성된 보도물을 만들 줄 알게 되었다. …… 물론 아칸소 주지사 포버스만큼 많은 것을 얻은 사람은 아무도 없었다. 그는 자기 자신을 연방정부의 대대적인 간섭에 희생당한 인물로, 그리고 주의 권리를 믿고 주의 시민들의 뜻을 믿었던 외로운 사람으로 그려내는 데 성공했다. …… 리틀록 사태 이전만 해도 불투명했던 주지사 3선이 확실하게 보장되었다. …… 네 번째 임기도 계속해서 이어졌다. 다섯 번째 역시 마찬가지였다. 그리고 마지막으로 여섯 번째까지 당선되었다."

이 사건을 통해 '텔레비전 정치학'의 이치를 꿰뚫어본 '달인'이 있었으니, 그는 바로 마틴 루서 킹이었다. 핼버스탬은 "킹은 자신이 시위를 하게 될 무대로 여러 도시들을 제안받았으나, 언제나 혹독하고 잔인한 인종 분리주의자들이 있는 도시를 선택했다"며 다음과 같이 말한다.

"킹은 자기를 담당하는 텔레비전 기자들을 잘 다루었다. 그는 방송 뉴스 기자가 필름으로 포착해서 뉴욕에 제공할 수 없는 대치 상황은 결코 원하지 않았다. 또한 가능하다면 뉴스쇼의 마감시간에 댈 수 없을 정도로 너무 늦은 시각에 시위가 발생하는 일도 원하지 않았다. 이렇게 해서 인권운동이 시작되었고, 이런 방식으로 텔레비전은 미국의 정치적·사회적 변화 과정을 증폭시키고 가속화시켜 나갔다."

리틀록 사건이 일어난 1957년 킹은 애틀랜타로 본거지를 옮겨 남부기독교지도자회의를 조직해 본격적인 민권투쟁에 돌입했다. 그해 말 킹은 기도 순례 형식으로 워싱턴까지 최초의 민권운동행진을 벌였다. 이 행진엔 5만 명의 흑인이 참가했으며, 두 번째 행진에는 흑인 수십만 명이 참가했다.

지미 호파의 노동운동

이 시기 노동운동으로 명성을 떨친 인물은 제임스 리들 호파(James R. Hoffa, 1913~1975), 일명 지미 호파였다. 1930년대부터 노동운동에 뛰어든 호파는 1957년 트럭운전사조합(International Brotherhood of Teamsters)의 노조위원장이 되었다. 마피아와 긴밀한 관계를 유지했던

1957년 불법 도청 혐의로 기소된 지미 호파(오른쪽)가 도청전문가 버나드 스핀델과 귓속말을 나누고 있다.

그는 강경노선으로 정부와 마찰을 빚었고, 나중에 케네디 행정부에선 법무장관 로버트 케네디(Robert F. Kennedy, 1925~1968)와 적대관계에 돌입한다.

 호파는 1967년 사기, 뇌물수수 등의 혐의로 13년형을 언도받지만, 복역 중에도 '트럭운전사조합' 노조위원직 사임을 거부하며 1971년까지 위원장을 지냈다. 호파 측으로부터 상당한 선거자금을 받은 리처드 닉슨은 1971년 12월, 1980년까지 어떠한 조합 활동도 하지 않는다는 조건으로 호파에게 감형 조치를 취한다. 그는 법정투쟁을 벌이며 노조위원장직을 되찾기 위해 노력하던 와중에 마피아와 갈등을 빚어 1975년 7월 30일 디트로이트 부근 교외의 한 식당에서 실종된다. 호파는 로버트 케네디가 저격으로 살해당했다는 소식을 전해 듣고 쾌재를 불렀다지만, 그 자신도 얼마 지나지 않아 살해되고 시신조차 찾을 수 없는 죽음을 맞은 것이다.

노먼 주이슨(Norman Jewison) 감독의 1978년 작 〈투쟁의 날들 (F.I.S.T.)〉은 호파의 일대기를 각색한 것이며, 호파 역은 실베스터 스탤론(Sylvester Stallone)이 맡았다. 대니 드비토(Daniel M. DeVito, Jr.) 감독의 1992년 영화 〈호파(Hoffa)〉는 호파 역을 맡은 잭 니콜슨(Jack Nicholson)의 카리스마 연기가 인상적이다.(이재광·김진희 1999a)

스푸트니크 충격

1957년 8월 소련은 대륙간 탄도탄 발사 실험에 성공한 데 이어 두 달 뒤인 10월 4일엔 인류 역사상 최초로 무인 인공위성 스푸트니크(Sputnik) 1호 발사에 성공하였다. 소련어로 '어린 동반자'라는 뜻을 가진 스푸트니크는 약 83킬로그램의 무게로 크기는 농구공보다 약간 컸는데 시속 1만 8000마일(약 3만km)의 속도로 지표면 위를 회전하며 무선신호를 보내왔다. 소련은 11월에 스푸트니크 2호를 발사했다. 이번엔 무게가 508킬로그램으로 이전 것보다 크기도 컸고, 작은 개 한 마리를 인공위성의 모니터 기기에 붙들어매어, 우주여행이 신체에 미치는 영향에 대한 정보를 보내오도록 했다.

당시엔 대기권으로의 재돌입 계획이 없었기 때문에 라이카(Laika; 소련어로 '짖는 개'라는 뜻)라는 이름의 그 테리어 우주견은 우주여행의 첫 희생자가 되었다. 소련은 라이카가 우주에서 약 일주일간 생존했다고 발표했는데, 라이카의 '유해'는 1958년 4월 14일 지구로 귀환하던 스푸트니크 2호가 폭발하면서 우주로 흩어졌다. 그러나 2002년 10월, 스푸트니크 2호 실험에 참여했던 과학자 디미트리 말라셴코프

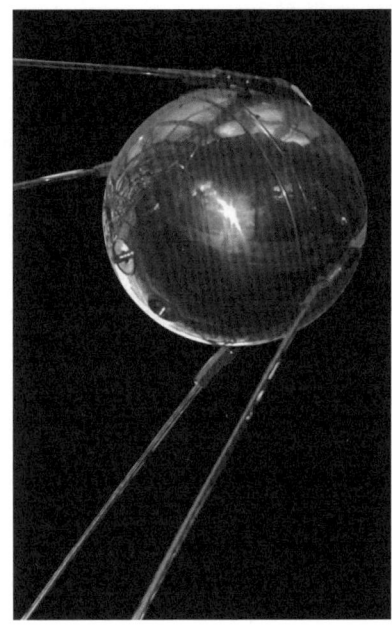

인류 최초의 인공위성 스푸트니크 1호(왼쪽)와 2호.

(Dimitri Malashenkov)가 "라이카는 로켓 단열재가 떨어져나가면서 41도까지 치솟은 내부 온도와 공포로 괴로워하다 발사 5~7시간 만에 숨졌다"고 밝히면서 라이카의 최후가 세상에 알려지게 됐다.(최희진 2009)

스푸트니크는 미국에 큰 충격을 주었다. 당시 저널리스트 윌리엄 맨체스터(William R. Manchester, 1922~2004)는 "미국인들은 자신들이 과학기술의 창의력을 거의 독점하고 있다고 믿고 있었다. 그런데 이제는 그 자부심을 잃어버렸다. 그들에게 뒤통수를 맞은 것이다. 미국에게 이는 대공황에 맞먹는 크나큰 충격이었다"고 썼다. 그 충격은 사회 각 분야에 큰 영향을 미쳤다. 이 충격을 계기로 진보주의 교육사조는 퇴조하기 시작했으며, 기초학력 보강과 학업성취 향상을 주장하는 교육사조가 등장했다.

국제관계에서 그 충격은 소련에 대한 두려움으로 비화되었다. 데이비스(Davis 2004)는 "이 두 사건이 미국을 충격과 공포의 공황 상태로 몰아넣었다. 소련이 미국에 앞서 우주를 정복하는, 생각할 수도 없는 일이 벌어진 것이다. 스푸트니크 1호와 2호 발사로 야기된 미국의 편집증은 상상을 초월할 정도였다. 그것은 두 가지 양상으로 나타났다"며 다음과 같이 말한다.

"서릿발 같던 냉전 초기에 소련이 거둔 성과는 선전의 효과 이상이었다. 스푸트니크의 존재는 소련이 미국 본토까지 닿을 수 있는 강력한 미사일을 소유하고 있을지도 모른다는 무서운 증거이기도 했다. 좀 더 현실감 있게 말하면, 소련이 대륙간 탄도 미사일 개발에서 주도권을 잡고 두 강대국의 힘의 균형을 무너뜨릴 수도 있다는 뜻이었다. 스푸트니크는 핵 개발에서 우위를 점하고 있다는 미국의 생각을 말끔히 씻어내도록 했다. 그리고 그것은 뒷마당에 핵 대피용 방공호를 파야 하는 이유이기도 했다. 핵폭탄의 공포는 인간의 우주 진출이라는 현실과 지속적으로 불어오는 편집증적인 반공산주의 열풍과 합쳐져 이른바 과대망상적 대중문화를 만들어내며, 1950년대의 공상과학(SF) 소설과 영화로 활짝 꽃을 피웠다."

이어 데이비스는 "그보다 더욱 심각하면서, 심각한 것 못지않게 히스테릭하기도 했던 공포가 인종차별제도 폐지 압력 속에 미국 교육제도를 강타했다"며 다음과 같이 말한다.

"분별 있는 사람들이 볼 때, 우주로 도약하고 있는 소련의 기술에 비해 미국의 기술이 이처럼 지리멸렬을 면치 못하고 있는 이유는 간

1957년 12월 6일 발사대에서 폭발한 미국 최초의 인공위성 뱅가드.

단했다. 미국의 잘못된 교육제도 때문이었다. …… 미국 교육의 수준 저하에 대한 비난은 피해자들이 즐겨 말하는 이른바 '진보주의 교육'에 쏟아졌다."

1957년 12월 6일 뱅가드(Vanguard) 로켓이 미국 최초의 인공위성이 되려는 찰나에 발사대에서 폭발했다. 미국이 진주만 공습을 당한 날과 비슷해서 많은 사람들을 불안하게 했는데, 결국 재앙이 터지고 만 것이다.

'존버치협회'와 루니크 충격

이런 일련의 충격은 강력한 반공단체를 출현시키는 계기가 되었다. 1958년 로버트 웰치(Robert W. Welch Jr., 1899~1985)를 중심으로 결성된 존버치협회(John Birch Society)가 그것이다. 이는 선교사이며 미군 정보장교였던 존 버치(John M. Birch, 1918~1945)가 1930년대에 중국으로 건너가 장제스의 국민당과 함께 활동하다가 1945년 중국 공산주의자들에게 살해당한 후 그를 기념하기 위해 만든 단체였다. 회원들은 주로 공산주의에 엄청난 공포심을 가진 부유한 사업가들, 전역한 군 고위간부, 나이 어린 여성 등이었다.(Mark 2009)

1934년 8월에 발족한 반(反)뉴딜그룹인 자유연맹(Liberty League)의 경제적 보수주의(자유방임주의)와 매카시즘의 반공 이데올로기를 접맥한 존버치협회는 미국 대통령을 공산주의의 끄나풀로 추정하는 등 지독한 음모론(conspiracy theory)을 바탕으로 활동했다. 공산주의 음모에서부터 "유대인들이 세계 지배의 음모를 꾸미고 있다"고 하는 유대인 음모론에 이르기까지 그 메뉴도 다양하다.(소에지마 다카히코 2001)

웰치는 아이젠하워가 매카시의 몰락을 방조한 것, 한국전쟁에서 공산주의자들과 휴전을 한 것, 인도차이나·베를린·헝가리의 반공운동에 대해 원조를 거부한 것, 또 뉴딜정책과 프랭클린 루스벨트 정부의 급진적 리버럴리즘이 도입한 복지국가정책을 확대했던 점 등을 예로 들면서 아이젠하워는 공산주의자가 아니면 공산주의의 책동에 넘

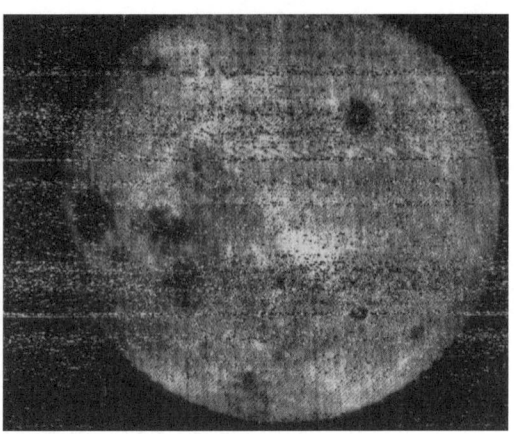

1959년 10월 26일 소련에선 10월 4일 발사된 소련 탐사선 '루니크 3호'(왼쪽)가 전송한 달 반대편 사진(오른쪽)이 텔레비전 뉴스를 통해 공개됐다.

어간 얼간이라고 주장했다. 그는 고위관료들과 이전 대통령들을 싸잡아 공산주의자로 몰아갔다.(권용립 2003)

스푸트니크 충격과 뱅가드 충격은 한국에도 영향을 미쳤다. 미국은 1958년 초 '어네스트존(Honest John)' 미사일부대, 핵포병대 '펜토믹 사단(Pentomic Division)', 팬텀기 편대를 배치하는 등 한국의 군사기지화를 강화했으며, 1959년부터는 한국군과 공동으로 전술핵무기 사용을 포함하는 전술훈련을 시작했다.

1959년 10월 21일, 아이젠하워는 로켓 개발의 아버지였던 물리학자 베르너 폰 브라운(Wernher von Braun, 1912~1977)을 비롯한 독일 과학자들을 받아들여 미군 군사연구소들과 항공우주국(NASA)에서 연구할 수 있도록 하는 행정명령에 서명했다. 2차 대전 때 독일을 위해 로켓

개발을 주도했던 브라운은 패전의 기운이 짙어지자 1945년 미국에 투항했다. 적국의 과학자들을 자국 최고의 연구기관들에 임용하는 것을 놓고 미국 내에서도 논란이 벌어졌으나, 스푸트니크 충격과 뱅가드 충격 앞에서 이것저것 따질 때가 아니었다.(구정은 2009)

소련은 계속 미국의 속을 쓰리게 만들었다. 아이젠하워의 서명이 있은 지 닷새 후인 10월 26일 사상 최초로 실제 달의 반대편 사진이 소련의 텔레비전 저녁 뉴스 프로그램을 통해 공개되었다. 스푸트니크 발사 2주년 기념일인 그해 10월 4일 발사된 소련 탐사선 '루니크(Lunik) 3호'에 장착된 카메라가 29장을 찍었는데, 그중 17장이 소련의 우주센터까지 무사히 전송됐다. 화질이 나빴거나 식별이 어려운 사진이 많았는지 공개된 것은 6장이었다. 그 6장의 사진이 인류가 최초로 본 달 반대편 이미지다. 스푸트니크 충격과 뱅가드 충격에 이은 루니크 충격은 1960년 미국 대선의 주요 이슈로 떠오른다.

참고문헌 Brinkley 1998, Cater 1964, Chafe 1986, Childs 1958, Davis 2004, Dole 2007, Greenstein 1979-1980 · 1982, Greenstein & Wright 1981, Halberstam 1996, Hughes 1963, Joes 1985, McAuliffe 1981, Marbut 1971, Mark 2009, Marlin 1961, Mott 1962, Pollard 1956 · 1961, Pratt 1970, Reichard 1978, Rossiter 1960, Rutland 1957, Wright 1980, 구정은 2009, 권용립 2003, 김진웅 1999, 김창수 2001, 박세길 1988, 사루야 가나메 2007, 서영찬 2009, 소에지마 다카히코 2001, 연동원 2001, 유재일 1992, 이성호 1998, 이재광 · 김진희 1999a, 최명 · 백창재 2000, 최희진 2009

신분을 좇는 사람들
풍요한 사회

흐루쇼프-닉슨의 부엌 논쟁

냉전의 일환으로 우주 경쟁을 하던 미국과 소련 양국도 겉으로는 해빙을 위한 제스처를 취했으며, 이는 문화 교류의 하나로 상대편 나라에 무역 전시관을 여는 것으로 나타났다. 1959년 6월엔 뉴욕에 소련 전시관이, 다음 달엔 모스크바에 미국 전시관이 열렸다. 미국 전시관이 공식 개장하기 하루 전인 7월 24일, 미국 부통령 리처드 닉슨이 소련의 지도자 니키타 흐루쇼프를 맞았다. 여기서도 양국 사이의 경쟁심은 그대로 드러났다.

흐루쇼프는 이미 1957년 봄 "고기와 버터와 우유의 1인당 생산량에서 미국을 따라잡고 앞서자"는 슬로건을 내걸 정도로 자본주의 체제와 경제 경쟁까지 해보겠다는 전의에 불타고 있었다. 물론 시간이 흐르면서 실현 불가능한 꿈이라는 사실이 분명해지지만 말이다.

닉슨이 세탁기, 토스터기 등 신식 기기가 갖춰진 부엌을 자랑하자

1959년 7월 닉슨(왼쪽)은 미국 전시관 관람차 모스크바를 방문해 흐루쇼프(오른쪽)를 만났다.

다혈질이었던 흐루쇼프가 폭발했다. "당신네 미국인들은 우리 소련 인민이 이런 걸 보고 놀라리라 생각하나 보죠. 천만의 말씀입니다. 우리도 다 있어요."(흐루쇼프) "소련 국민을 놀라게 할 의도는 없었습니다. 단지 선택의 자유를 가져보라는 것뿐입니다. 우리는 모든 가정이 같은 방식으로 지어져야 한다는 정부 고위층의 결정을 받아들여서는 안 된다고 생각합니다."(닉슨)

모형 부엌에서 갑작스럽게 열린 논쟁에 수많은 취재진이 놀란 기색을 보였지만, 흐루쇼프와 닉슨은 물러서지 않았다. 목소리는 고조됐고 삿대질까지 오갔다. 닉슨은 소련이 핵미사일 위협을 계속한다면 전쟁이 일어날 것이라고 했고, 흐루쇼프 역시 '나쁜 결과'에 대해 경고했다. "우리 것(미사일)이 당신들 것보다 좋을 겁니다."(흐루쇼프) "잘 알죠. 우리도 좀 있거든요."(닉슨)

흐루쇼프가 먼저 냉정을 찾았다. 그가 "모든 나라, 특히 미국과 평화롭게 지내길 원한다"고 하자, 닉슨 역시 "손님 접대를 제대로 하지 못했다"며 누그러졌다. 둘의 '토론'이 다음 날 미국 언론에 대서특필되면서 닉슨은 자국에서 화제의 인물이 되었다. 닉슨이 스푸트니크 충격으로 상처받은 미국인들의 자존심을 세워준 셈이다. 흐루쇼프도 밑진 것은 없었다. 부엌 논쟁(Kitchen Debate)은, 흉악할 것이라고만 생각했던 소련 우두머리의 인간적 면모와 애교를 두드러지게 만들어 잠시나마 해빙(解氷) 무드 조성에 일조했다.(백승찬 2009, 오치 미치오 1999)

밴스 패커드의 광고 비판

사실 닉슨이 자랑한 미국의 풍요는 스푸트니크 충격이 덮친 그때에 전성기를 구가하고 있었다. 너무도 풍요로워 '소비 종교'의 번성을 비판하는 목소리가 적잖이 나오던 때였다. 비판자 중의 대표적 인물은 밴스 패커드(Vance Packard, 1914~1996)로, 1957년 베스트셀러 『숨겨진 설득자(The Hidden Persuaders)』에서 소비자들이 스스로 인식하지 못하는 사이에 광고에 의해 조종되는 광고계의 실태를 폭로하면서 광고에 심리학이 동원되는 일을 비판했다.

패커드가 인용한 어느 기업 중역의 말에 따르면, "미국은 이미 부유하기 때문에 소비자들은 현재 생산되는 상품의 상당량(40퍼센트 정도)을 당장 살 필요가 없고 그 필요량은 앞으로 점점 줄어들 것이다. 만일 소비자가 상품의 상당량을 소비하지 않는다면 불경기가 찾아올지 모른다."

같은 맥락에서 1957년 『시카고 트리뷴(Chicago Tribune)』의 마케팅 이사 피에르 마티노는 "광고의 가장 중요한 사회적 기능은 개인을 현대 미국의 고속 소비경제에 통합시키는 것이다"라고 주장했다. 그는 자신의 책 『광고에서의 동기부여(Motivation in Advertising)』(1971)에서 "일반적인 개인은 아무것도 만들지 않는다. 그는 모든 것을 사고 우리 경제는 갈수록 빨라지는 그의 구매속도에 따라 움직이는데, 그의 구매행위는 많은 부분이 광고에 의해 창출된 욕구에 기반을 두고 있다"며 다음과 같이 말했다.

"우리 미국인들의 생활수준은 전 세계 어느 국민보다 높다. 우리의 생활기준이 가장 높고 그것은 곧 우리의 욕구가 가장 높은 것을 의미하기 때문이다. 지식인들은 광고가 창출하는 새로운 욕구들을 좇는 생활의 불안정과 불만족을 한탄하며 그 과정을 제한할 것을 주장하지만 우리 체제 전체의 복리는 소비자로 하여금 계속 원하게끔 만드는 동기가 얼마나 많이 부여되는지에 달린 것이 분명하다."

광고에 의해 창출된 욕구는 상품의 신분 표현 기능을 강화시켰다. 이런 '신분 상징(status symbol)'의 기능을 잘 보여준 대표적 상품이 자동차였다. 한때 GM은 "흑인들에게는 캐딜락을 팔지 말라"는 방침을 고수했다. 소비자들에게 '백인으로서만 누릴 수 있는 특권'을 만끽하게 해주려는 마케팅 전략이었다. 오히려 그렇기 때문에 성공한 흑인들은 어떻게 해서건 캐딜락을 사려고 애를 썼다. 백인에게 사례금을 주고 대신 캐딜락을 사달라고 부탁하는 일까지 벌어졌다.

이미 1899년 소스타인 베블런이 『유한계급론(The Theory of the Leisure Class)』에서 역설한 상품의 신분 표현 기능은 이제 '유한계급'을 넘어 보통사람들에게까지 확산되었으며, 기업들은 이를 주요 마케팅 전략으로 삼았다. 패커드는 1959년 『신분을 좇는 사람들(The Status Seekers)』에서 소비의 과시효과 때문에 "이웃사람에게 지지 않으려 허세를 부리는(Keeping up with the Joneses)" 현상을 조사했고, 1960년 『낭비 조장자들(The Waste Makers)』에선 소비를 조장하기 위해 기존 제품들을 진부한 것으로 만들어버리는 기업들의 '고의적 진부화(planned obsolescence)' 전략을 비판했다.

존 케네스 갤브레이스의 『풍요한 사회』

좀 더 학술적으로 미국의 풍요를 고찰한 하버드대학 경제학자 존 케네스 갤브레이스(John K. Galbraith, 1908~2006)는 1958년 『풍요한 사회(The Affluent Society)』를 출간했다. 먹을 것이 너무 적어서가 아니라 너무 많아서 죽는 사람이 늘고 있는 미국의 풍요를 분석한 책이다. 갤브레이스는 대다수 미국 가정이 텔레비전 세트, 자동차, 냉장고 등의 상품을 구입해서 욕구를 채운다고 할지라도 계속되는 광고를 통해 끊임없이 다른 텔레비전 세트, 다른 자동차, 다른 냉장고 들을 소비하도록 설득당할 수밖에 없다고 말했다. 그는 소비자들이 개인적인 만족과 즉흥적으로 변하는 기호를 충족하는 데 급급해 사회제도의 개혁과 다음 세대를 위한 준비에 관심을 기울일 틈이 없다면서 "이것이 과연 아메리칸 드림이란 말인가?"라고 반문했다.

좀 학술적으로 말하자면, 『풍요한 사회』는 당시 경제학계에서 일종의 통념으로 자리 잡고 있던 '소비자주권(consumer sovereignty)'과 '사회적 균형'을 비판했다. 갤브레이스는 '기업의 생산활동이 궁극적인 측면에서는 소비자의 기호와 선택에 따라 규정된다'는 '소비자주권' 개념에 대해, 소비자의 욕망이 생산자의 광고와 판매술에 힘입어 적극적으로 창조되는 현실을 전적으로 무시하고 있다고 반박했다. 특히 갤브레이스는 소비욕망을 만족시키는 과정 자체로 인해 소비욕망이 창조된다는 '의존효과'를 설명하며 이러한 의존효과가 '풍요한 사회'의 특징적인 현상이라고 설명했다.

또한 어떠한 통제도 가하지 않고 자유시장에 맡겨두면 결국 모든 자원이 민간부문과 공공부문 사이에서 균형 있게 분배된다는 '사회적 균형(Social Balance)'에 대해서도, 갤브레이스는 다시 '의존효과'를 등장시키며 '풍요한 사회'에서는 민간부문에서 의존효과가 강하게 발생하기 때문에 모든 자원이 공공부문의 희생과 민간부문의 우선적 배분의 경향으로 나아갈 수밖에 없다는 '사회적 불균형' 이론을 피력했다. 이러한 '사회적 불균형' 현상의 시정방안으로 갤브레이스는 '판매세'를 도입해 의존효과로 부풀려진 소비를 억제하고 그 수입을 공적부문에 투입할 것과 인플레이션을 억제하기 위한 '가격·임금의 공적 심사제' 도입을 주장했다.

이 책으로 인해 갤브레이스는 주류경제학계로부터 '경제학의 이단아'로 낙인찍혔지만, 『풍요한 사회』는 수백만 권이 팔려나가고 수십 개 국어로 번역되어 소개될 만큼 세계적인 베스트셀러가 되었다. 또한 이 책은 데이비드 리스먼의 『고독한 군중』과 함께 1950년대에 가장 큰 영향력을 행사한 사회비평서로 평가되었다.

이 시기에 패커드와 갤브레이스 외에도 여러 저자들이 광고를 주제로 다룬 책들을 출간했다. 마틴 메이어(Martin Mayer)의 『매디슨 애비뉴, U.S.A.(Madison Avenue, U.S.A.)』(1958), 오티스 피즈(Otis Pease)의 『미국광고의 책임(The Responsibilities of American Advertising)』(1958), 제임스 플레이스테드 우드(James Playsted Wood)의 『광고 이야기(The Story of Advertising)』(1958) 등이다. 이 책들은 대체로 광고로 인한 '풍요의 위험'을 경고했다.

갤브레이스는 풍요의 호사스러움을 비판하면서 사치품을 쓰는 일이 인간의 '선한 본성'을 거스르는 행위라고 생각했다. 이에 위선의 혐의를 제기하는 사람들도 있다. 트위첼(Twitchell 2003)은 "갤브레이스는 베블런의『유한계급론』의 편집 작업을 했었는데 때문에 그가 그 과정에서 베블런의 사고에 동화되었을 가능성이 크다"며 다음과 같이 꼬집는다.

"너무 사적인 부분에 대해서까지 언급하는 것 같지만 갤브레이스는 여름이면 남부의 별장으로 가서 생활한다. 그는 버몬트 주에 광활한 농장을 가지고 있는데 그 농장에는 돌로 울타리를 두른 아름다운 집이 있고 집 주위에 오래된 참나무들이 늘어서 있다. 그런 곳에서 그는 여름 한 철을 보낸다. 겨울이면 비행기를 타고 스위스 크슈타트(Gstaad) 별장으로 가서 스키를 즐기는데 여기서도 겨울 한 철만 보낼 뿐이다. 아, 물론 그는 하버드대학이 있는 케임브리지에 머무는 동안에는 낡아빠진 볼보를 몰고 양복 한 벌을 몇 년씩 입으며 구두도 수선한 것을 신는다."

트위첼이 전하고자 하는 메시지는 이런 것이다. "우리 학자들이 물질의 세계를 인정하지 않고 때로는 심한 불쾌감을 내보이는 이유 가운데 하나는 그것이 필요하지 않기 때문이다. 학자들은 그들에게는 지적인 삶이 있고 예술이 있고 인류의 훌륭한 사상과 말들을 접하고 있기 때문에 그런 것들이 필요하지 않다고 말한다. 그러나 그것이 전부는 아니다. 대부분의 학자들이 소비를 통해 다른 사람들과의 유대감을 확인하려는 욕구를 갖지 않는 이유는 학교라는 세계의 특성 때문이다. 학교라는 세계는 교회라는 세계를 모방하는데 이 세계는 아주 애착이 가는 참으로 좋은 세계다. 왜냐하면 지위와 서열이 잘 알려지고 인정되고 안정적이기 때문이다. 물건 같은 것을 사는 짓은 그 같은 요소를 빛내주기보다는 도리어 퇴색시킨다."

훌라후프·바비 신드롬

미국이 '풍요한 사회' 임을 말해주는 상징적 상품이 1958년과 1959년에 잇달아 나타나 일종의 사회적 신드롬을 형성했다. 바로 훌라후프(hula hoop)와 바비(Barbie)인형이다. 1.98달러의 가격을 붙인 훌라후프는 1958년 여름 등장한 지 3개월 만에 2500만 개가 팔려나갔으며, 15개월 만에 1억 개가 넘게 팔렸다. 프로이트학파 심리학자들은 훌라후프의 원이 여자의 성기를 상징하며, 그 안에 들어가는 것이 성행위 또는 자궁으로의 회귀를 뜻한다고 설명했다.

그럴 수도 있겠지만, 훌라후프 열풍은 우선적으로 '풍요한 사회'를 배경으로 1950년대부터 시작돼 1960년대에 무르익은 '대중매체의 폭발'이 일으킨 신드롬이었다. 대중매체들은 앞다투어 훌라후프를 잘 돌리는 방법, 지나치게 돌릴 때 일어날 수 있는 허리 병을 예방하는 방법 등을 알려주었고, 텔레비전은 유명인사들을 등장시켜 훌라후프를 돌리게 함으로써 신드롬 형성에 결정적 기여를 하였다.

훌라후프 신드롬은 1960년에 사그라질 정도로 단명했지만, 오늘날까지 지속될 만큼 장수한 것이 바비인형 신드롬이다. 이 신드롬은 1959년 3월 9일 미국 장난감박람회에, 얼룩말 무늬 수영복 차림에 굽

1958년 미국을 강타한 훌라후프 유행이 독일에도 영향을 미치면서 과도한 훌라후프 사용으로 인한 허리 병이 사회문제가 되기도 했다. ⓒ Rolf Unterberg

높은 뾰족구두를 신은 모습으로 등장했다. 30센티미터의 크기였다. 당시엔 아기인형이 주류였는데, 바비인형은 실물과 같은 10대 소녀의 모습이었다. 폴란드 이민자 가정의 10형제 중 막내로 태어나 1945년 플라스틱 전문 디자이너인 남편 엘리엇 핸들러(Elliot Handler)와 함께 마텔(Mattel)사를 설립한 루스 핸들러(Ruth Handler, 1916~2002)의 작품이었다.

루스는 딸 이름 바버라(Barbara)에서 '바비'라는 이름을 얻고 독일

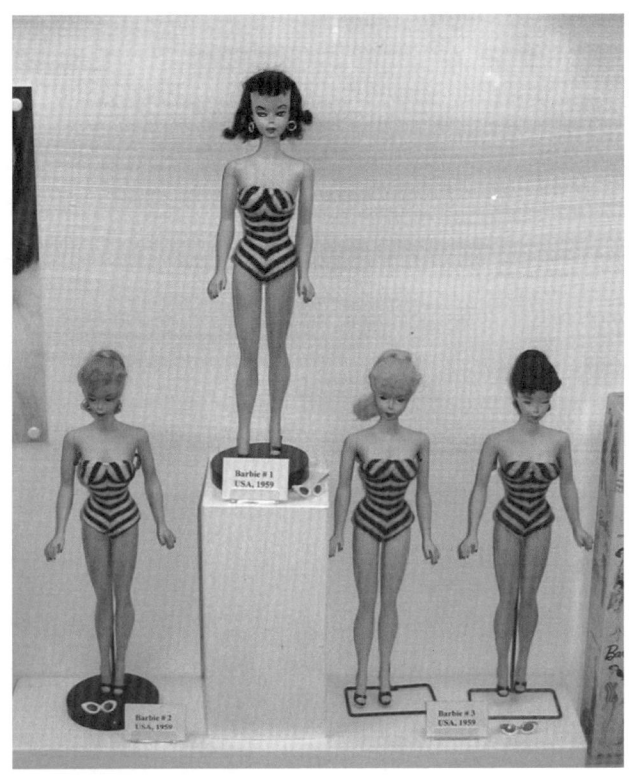

1959년 바비인형의 첫 번째 에디션. 사진은 체코 프라하의 장난감 박물관에 전시된 모습을 담았다. ⓒ Сергей Бережной

신문에 연재되던 포르노그래피의 여주인공 '릴리(Lilli)'에서 인간으로서는 상상하기 어려운 39-18-33이라는 몸매를 가져왔다. 바비인형이 나오기가 무섭게 대중문화의 우상으로 떠오르자, 페미니스트들은 바비가 어린 소녀들에게 비현실적인 몸의 이미지를 심어주며 바비의 눈동자에 숨어 있는 여성스러움에서 굴종의 냄새가 난다고 비판했다. 바비의 모습이 지나치게 성적이라는 비판도 제기됐다. 보수파는 바비가 가족에는 전혀 관심이 없다는 이유로, 마초들은 바비가 자신만만하게 하늘을 향해 가슴을 펴고 있다는 이유로 비판했다. 이런 모든 비판에 대해 훗날(1977년) 핸들러는 『뉴욕타임스』와의 인터뷰에서 다음과 같이 말했다.

"어린 소녀들은 누구나 미래의 꿈을 펼쳐볼 수 있는 인형을 갖고 싶어 합니다. 그런데 열여섯이나 열일곱이 되었을 때의 모습을 연출하고 싶은 아이들에게 절벽 가슴의 인형을 주면 좋아하겠어요? 바비의 가슴은 그래서 예쁘게 만들었어요." (Davis 2004)

원래 인형은 수명이 매우 짧은 상품임에도 바비인형이 장수할 수 있었던 것은 끊임없이 세상의 변화에 발맞춰 바비의 역할을 변화시킨 덕분이었다. 1960년대 바비는 주부, 간호사, 패션모델로 나타난다. 미국의 부모들은 바비의 형제, 자매, 남자친구를 만들도록 요구했다. 인간관계를 형성하도록 가르쳐야 한다는 바람이었다. 마텔사는 인형시장에서 남자인형은 장사가 안된다는 이유로 주저했으나 사회의 요구가 비등해 결국 굴복했다. 여성해방의 물결이 밀어닥치면서 1971년 다소곳하게 눈을 내리깔았던 바비가 당당하게 정면을 쳐다보기 시작했다. 바비는 금메달을 단 올림픽선수(1975년)로 나타나는 등 활동적인 여성이 되었다.

1964년 크리스마스에 바비가 여성들을 위한 주요 선물로 등장하자 『새터데이 이브닝 포스트(Saturday Evening Post)』는 그녀를 '근본적으로 세속적인 소녀'라며 이렇게 말했다. "바비의 세계에서 뭔가 깊은 가치를 찾으려는 사람은 완전히 헛짚은 것이다. 소유를 강조하고 외모를 숭상한다는 점에서 이 인형은 현대 미국적 가치관의 축소판이라 할 수 있다. 아름다움과 물질, 가벼운 것들만 추구하는 우리 자신의 모

습을 그대로 옮겨놓은 것이다."(Panati 1997)

그러나 어이하랴. 그게 바로 다른 나라 사람들이 부러워하는 미국의 특성인 것을. '미국적 가치관의 축소판'이기에 바비의 영향력은 놀라웠다. 1980년 처음으로 '미스 USA' 바비에 검은 피부를 입혀 출시했는데 3년 뒤 바네사 윌리엄스(Vanessa L. Williams)가 진짜 최초의 아프리카계 출신 미스 USA가 됐다. 바비는 1984년엔 "우리 소녀들은 무엇이든 할 수 있다. 세계의 운명은 한 아름다운 소녀의 손에 놓여 있다"고 세상을 향해 폭탄선언을 한다. 이어 컴퓨터를 사용해 일하는 여피 바비(1985년), 우주조종사 바비(1986년), 의사 바비(1988년)가 잇달아 데뷔했다.(민병두 2001a)

바비가 남녀평등을 만들고 평등의 시대가 바비의 변화를 재촉했지만, 그렇다고 '섹스어필'까지 사라진 것은 아니다. 바비보다 훨씬 더 섹시한 라이벌 브래츠(Bratz)가 등장하자, '섹시 경쟁'이 벌어진다. 바비인형은 우뚝 솟은 가슴과 가느다란 허리에도 불구하고 상당히 무성적인 존재처럼 보이지만, 브래츠 인형에는 거리의 아이들 같은 거친 면과 섹스가 결합되어 있다. 브래츠의 공식 웹사이트에는 관능적인 엉덩이와 멜론만 한 가슴을 뽐내는 이 인형들의 사진이 올랐다.

이에 질세라 마텔사는 입술과 엉덩이가 더 풍만한 '마이 신(My Scene)' 바비를 새로 출시한다. 이어 2002년에 '란제리 바비'가 나오면서 바비가 브래츠를 압도하는데, 이는 일명 '포르노 바비'라 불린다. 항의가 빗발치자 매장에서 철수시켰지만, 이후로도 인형들의 섹스 경쟁은 계속된다. 바비인형은 처음 10년간 5억 달러의 매출고를 올렸고 2001년까지 140개 나라에서 10억 개 이상의 바비 시리즈가 팔렸다. 2초마다 한 개꼴로 팔린다는 통계도 나왔다. 미국 소녀의 90퍼센트 이상이 적어도 한 개 이상, 평균적으로는 일곱 개의 바비를 갖고 있다. 이는 풍요의 축복인가, 위험인가?

참고문헌 Davis 2004, Drucker 1979, Emery & Emery 1996, Ewen 1976, Galbraith 1958 · 1971 · 1975 · 1976 · 1994, Gelfert 2003, Graaf 외 2002, James 2009, Kahlweit 외 2001, Kline 1989, Linn 2006, Panati 1997, Twitchell 2003, Veblen 1995, Volkogonov 1996, Wheeler 1958, 강준만 외 1999-2003, 권홍우 2010, 김철규 2001, 네이 마사히로 1998, 민병두 2001a, 백승찬 2009, 오치 미치오 1999, 조선일보 문화부 1999

"텔레비전은 물건을 팔아먹기 위한 매춘부"
퀴즈쇼 스캔들

퀴즈쇼 열기와 웨스턴 붐

1950년대 후반은 매체 테크놀로지의 측면에서는 텔레비전의 성숙기였다. 1955년 텔레비전 수상기는 3000만 대를 돌파하여 64.5퍼센트의 보급률을 기록했으며, 1958년엔 4000만 대를 돌파하여 83.2퍼센트의 보급률을 기록하게 된 것이다. 이런 보급률 급증엔 1956년 멜버른올림픽 중계 등 스포츠 중계가 적잖은 역할을 했다. 보급률 급증과 더불어 나타난 현상은 텔레비전의 철저한 상업성 추구였다. 1950년대 후반 미국 텔레비전을 휩쓸었던 2대 조류는 퀴즈쇼 열기와 웨스턴 붐이었다.

1955~1956년 시즌에서 최고의 인기프로그램은 CBS의 〈6만 4000달러 퀘스천(The $64,000 Question)〉이었다. 이 프로그램의 원조는 1달러에서 시작하여 매번 도전할 때마다 두 배씩 상금이 높아지는 라디오 퀴즈프로그램 〈64달러 퀘스천(The $64 Question)〉이다. 이 프로그램이 어찌나 인기가 있었던지 지금도 영어사전에서 그 흔적을 찾을 수 있

1957년 인기 퀴즈프로그램 〈트웬티원〉. 사회자 잭 배리(오른쪽)가 참가자인 찰스 반 도렌(가운데)과 비비언 니어링에게 질문하고 있다. ⓒ Orlando Fernandez

다. '$64 question'에 '까다로운, 어려운 문제'라는 설명이 쓰여 있다.

라디오의 〈64달러 퀘스천〉을 모방한 텔레비전판 〈6만 4000달러 퀘스천〉은 고액의 상금과 더불어 흥분과 긴장을 더하는 연출상의 기교로 온 미국 사회를 떠들썩하게 만들었다. 어느 출연자가 3만 2000달러까지 도달하면 신문들은 일제히 "아무개는 6만 4000달러에 도전할 것인가?"라고 보도하였으며 6만 4000달러 고지에서 이기면 그 우승자는 심지어 『뉴욕타임스』 1면에까지 대서특필되었다. 〈6만 4000달러 퀘스천〉의 성공은 수많은 유사 퀴즈프로그램을 양산시켰다. 1957년 2월 NBC의 퀴즈프로그램 〈트웬티원(Twenty-One)〉에서 우승한 대학 강사 찰스 반 도렌(Charles Van Doren)은 『타임』 표지인물로까지 등장하였다.

퀴즈쇼 열기가 계속되고 있는 가운데 1957~1958년 시즌의 최대 인기프로그램 장르는 웨스턴이었다. 시청률 10위까지 프로그램 가운데 웨스턴은 한때 일곱 개까지 점유하기도 했다. 1959년 9월에도 시청률 10위까지의 프로그램 가운데 여섯 개는 웨스턴이었다. 1959년 말 네트워크 방송사의 드라마 125개 가운데 웨스턴은 28개를 차지했다. (Baughman 1983)

웨스턴물의 범람은 변형된 웨스턴물을 낳게 했으며, 그 대표적인 작품이 NBC가 1959년부터 방영한 〈보난자(Bonanza)〉다. "웨스턴 소프오페라(western soap opera)"로 불린 〈보난자〉는 그 후 무려 14년간 일요일 저녁에 고정 편성되는 불후의 작품으로 남았으며, 한국에서도 큰 인기를 누린다. 미국민의 서부개척시대에 대한 동경에 힘입은 웨스턴물은 1950년대의 무사안일했던 아이젠하워 시대를 "생동하는 미국"의 가치를 내걸고 "뉴프런티어시대"를 선언한 케네디 시대로 대체할 것을 요구하는 미국민의 정서구조를 반영한 것이었는지도 모른다.

웨스턴은 때로 지나친 폭력묘사 때문에 사회적 문제가 되긴 했지만 그래도 퀴즈쇼가 준 충격에 비하면 약과였다. 퀴즈쇼는 미국 사회에 "도덕성 위기"라는 일대 충격을 안겨주었기 때문이다. 1958년부터 서서히 밝혀지기 시작한 이른바 "퀴즈쇼 스캔들"은 1959년 11월 2일 "미국 지성의 상징"으로 예찬받으며 『타임』의 표지인물로까지 등장했던 도렌이 미 의회조사위원회에서 자신이 1956년 이래로 프로듀서의 지시에 따라 미리 정답을 알면서도 상황에 따라 때로 고민하는 표정을 지으면서 답을 말하는 등 온갖 종류의 기만을 수없이 일삼아왔다고 고백함에 따라 그 절정에 달하였다. 이제는 어엿한 컬럼비아대학 교수이자 텔레비전 프로그램의 사회자로서 저명인사의 대우를 받던 도렌의 그와 같은 충격적인 고백은 곧 뒤이어 터진 라디오 디제이들의 페이올라(payola) 스캔들 폭로와 함께 미국 사회를 온통 벌집 쑤셔놓은 듯이 들끓게 만들었다.(Castleman & Podrazik 1982)

페이올라는 돈을 지불한다는 뜻의 '페이(pay)'와 당시 LP레코드플레이어인 '빅트롤라(Victrola)'의 합성어로, 돈을 지불하면 음반을 틀어주는 라디오 방송의 관행을 말한다. 이 비리 스캔들을 조사하기 위해 의회청문회까지 열렸다. 그런데 흥미로운 것은 이 스캔들 조사가 로큰롤과 흑인음악에만 집중되었다는 점이다. 이는 로큰롤을 통제하려는 보수적 투쟁이었는데, 여기에 메이저 음악관련 단체가 인디펜던트의 확장을 저지하려는 경제적 이해관계, 프랭크 시내트라와 같은 저명 음악인들의 로큰롤에 대한 강한 혐오감이 가세했다.(Shuker 1999) 경제학자 타일러 코웬(Tyler Cowen 2003)은 "페이올라 청문회는 무엇보다 사회 전체의 인정을 받지 못한 특정 음악장르만을 겨냥해서 자행된 마녀 사냥"이었다고 말한다.

퀴즈쇼 스캔들과 TV토론

사태의 심각성을 깨달은 네트워크들은 자발적으로 대부분의 퀴즈프로그램들을 폐지하면서 비등하는 여론의 눈치를 보기에 급급했다. 그런 가운데서도 도렌이 출연했던 퀴즈프로그램 〈트웬티원〉의 프로듀서 앨버트 프리드먼(Albert Freedman)은 "텔레비전 프로그램은 오락적 가치에 의해서만 판단되어야 한다"고 항변하였다. 정도의 차이일 뿐 모든 프로그램이 현실을 재현하는 과정에서 어느 정도의 조작을 시도

1960년 대선에 출마한 케네디와 닉슨이 최초로 텔레비전 대토론에 참석해 열띤 논쟁을 벌이고 있다.

하며, 오락프로그램인 퀴즈쇼가 가능한 한 시청자들의 사랑을 많이 받는 스타를 만들어내기 위해 그 조작의 정도를 다소 폭넓게 잡은 것이 무슨 문제가 되느냐는 게 프리드먼의 주장이었다. 그는 "우리의 유일한 잘못은 너무 성공했다는 데에 있다"고 말했다.

그러나 프리드먼의 주장이, 텔레비전이라는 '환상매체'에 몰입하던 시청자들이 그 환상의 실상을 깨달으며 느낀 분노와 비애를 잠재울 수는 없었다. 심지어 돈벌이에만 혈안이 된 네트워크들을 국유화시켜야 한다는 주장까지 대두되었다. 위기의식을 느낀 네트워크들은 퀴즈쇼를 폐지하는 것만으로는 모자란다는 판단하에 당시로선 이익이 전혀 남지 않던 보도프로그램을 갑자기 2배로 증가시키겠다고 서둘러 발표하였다.

1960년 대통령 후보 케네디와 닉슨의 그 유명한 텔레비전 '대토론(Great Debates)'도 바로 그러한 배경에서 CBS가 주동을 하여 이루어진 것이었다. 네트워크들은 기꺼이 방송시간을 무료로 '헌납'해가면서 텔레비전 대토론을 주선하여 텔레비전도 보도매체로서 공익에 크게 기여할 수 있다는 것을 입증코자 했다. 실제로 1억 명 이상의 시청자를 끌어모은 4회에 걸친 '대토론'은 네트워크들이 의도했던 효과를 낳았으며 게다가 영상이미지가 강한 케네디를 대통령으로 당선시키는 데에 큰 기여를 하였다.

사실 퀴즈쇼 스캔들은 미국 방송저널리즘의 전환점으로 작용했다. '앵커맨'이란 개념이 등장한 것은 1952년으로 거슬러 올라가지만, 전반적으로 1950년대의 텔레비전 뉴스는 신문과 비교해 뉴스로서의 가치를 아직 인정받지 못하고 있었으며, 텔레비전 네트워크들도 뉴스를 오락프로그램으로 돈을 벌기 위해 마지못해 해야 하는 것으로 간주하는 경향이 강했었다. 물론 CBS의 머로 같은 뛰어난 방송언론인이 없었던 건 아니지만 그는 주로 라디오를 통해서 활약했을 뿐이고 그의 텔레비전 프로그램〈지금 봅시다〉도 1957년에 폐지되었다. 그러나 퀴즈쇼 스캔들은 네트워크들로 하여금 보도프로그램에 큰 신경을 쓰지 않을 수 없게 만들었다.(Baughman 1981 · 1982)

텔레비전과 월터 리프먼

텔레비전 퀴즈쇼 스캔들은 도덕성을 강조하던 칼럼니스트 월터 리프먼에게 큰 충격으로 다가왔다. 그는 당시 온 미국을 떠들썩하게 만들

정도로 선풍적인 인기를 누리던 거의 모든 텔레비전 퀴즈쇼들이 조작된 사기극이었다는 사실에 분개해 그간 쌓아두었던 텔레비전에 대한 불편한 심기를 폭발시켰다.

리프먼은 "텔레비전이 범하고 있는 사기행위는 너무도 극심해 텔레비전 산업의 근본을 문제 삼지 않을 수 없다. 그 사기행위는 너무도 크고 너무도 광범위하고 너무도 잘 조직돼 있어 몇몇 뛰어난 사람들을 그 늑대소굴에 집어넣는다고 해도 치유되거나 사면될 수는 없을 것이다"라고 말했다.

퀴즈쇼 스캔들을 "미국 사회의 도덕 상황을 반영하는 사건"이라고 본 리프먼은 텔레비전을 "물건을 팔아먹기 위한 매춘부"로 정의하면서, 시청자의 인기가 아니라 무엇이 좋은가 하는 기준에 의해 텔레비전 네트워크들이 운영될 수 있는 방법들을 고안해내야 한다고 역설하였다. 리프먼은 한 방안으로 상업 텔레비전 네트워크들의 이익을 모아 비상업 텔레비전 네트워크를 새로 만드는 데에 써야 한다고 제안하였다.

당시 CBS-TV에서 〈CBS리포트(CBS Reports)〉라는 프로그램을 제작하던 프로듀서 프레드 프렌들리는 리프먼의 텔레비전 혹평에 충격을 받아 그를 텔레비전에 출연시키기 위해 리프먼에게 접근하였다. 당신과 같은 사람의 출연이 곧 상업 텔레비전을 개선시키는 방법이 아니겠느냐고 리프먼을 설득했다. 리프먼은 프렌들리의 집요한 설득에 굴복하여 결국 텔레비전에 출연하게 되었다. 인터뷰 프로그램 형식으로 모두 여섯 번에 걸친 리프먼의 텔레비전 출연은 신문들에 의해 "텔레비전이 성숙기에 접어들었다"는 호평을 받았으며, 텔레비전의 새로

월터 리프먼은 퀴즈쇼 사기극 스캔들에 대해 불편한 심기를 드러냈다.

운 위력에 맛을 들인 리프먼도 그 후 텔레비전에 여러 번 출연하게 된다.

그렇지만 신문이나 리프먼이 텔레비전에게 호통을 칠 수 있을 만큼 그리 떳떳한 것은 아니었다. 리프먼은 윌슨(T. Woodrow Wilson, 1856~1924)에서 닉슨에 이르기까지 모두 12명의 대통령을 거치면서 그들과의 교제를 한껏 즐겼다. 그는 시어도어 루스벨트(Theodore Roosevelt, 1858~1919)를 존경했고, 윌슨의 연설문을 써주고 그의 선거유세를 도왔으며, 아이젠하워의 선거전략을 짜주고, 케네디의 정치자문을 맡았으며, 또 대부호들과 잦은 골프모임을 갖기도 했다. 그가 외국여행을 나서면 국가원수들은 그와 만나기 위해 애썼다. 소련의 흐루쇼프가 국내 정치의 갑작스런 위기상황으로 인하여 리프먼과의 약속을 며칠만 연기하자고 말하자 리프먼은 그와의 약속을 아예 없던 것으로 취소하고 말았다.(Fox 1980)

리프먼에게도 권력과의 교제가 늘 유쾌한 것만은 아니었다. 그는 늘 권력으로부터 배반을 당했다. 그는 윌슨에게 크게 실망하고 나서 권력자들과 일정 거리를 유지하려고 했지만, 권력 근처에서 놀고 싶어 하는 칼럼니스트 체질은 어찌할 수 없었던 모양이다. 그는 프랭클린 루스벨트, 케네디, 존슨 등과 사귀다 나중엔 등을 돌리는 일을 반복

했다.(Steel 1974)

그래서 리프먼을 기회주의자로 보는 사람들도 적지 않다. 루스벨트와의 관계에 있어서도, 리프먼은 둘의 사이가 좋을 때엔 루스벨트에게 독재권력을 행사할 것을 넌지시 말한 적도 있었다. 그러다가 나중엔 뉴딜정책에 대해서 혹평을 내리고 루스벨트의 정적들을 지지하였으니, 그 내막이야 어찌되었건 기회주의자라는 비판이 나온 것도 무리는 아니다.(Farrell 1980)

권력자들과의 그런 쓰라린 경험 때문이었는지, 그는 기자들의 권력자들과의 친분에 대해 비판적인 발언을 하기도 했다. 그는 존슨 대통령과 결별하기 몇 개월 전 국제적인 언론단체인 IPI(International Press Institute)에서 행한 연설을 통해 "현대 언론인들의 세계에서 가장 중요한 형태의 타락은 권력의 피라미드에 기어 올라가는 언론인들의 권력 향유 그리고 권력자들과의 친분"이라고 경고하였다. 리프먼은 적어도 자신만큼은 권력자들과 일정한 선을 그어가며 친분관계를 유지했다고 믿고 싶어 했겠지만, 그러한 경고야말로 그 스스로 권력에 이용당했음을 실토하는 것에 다름없었다.

리프먼이 누렸던 풍요도 논란이 되었다. 리프먼이 1963년 『헤럴드 트리뷴(Herald Tribune)』에서 필립 그레이엄의 『워싱턴포스트』로 자리를 옮기면서 받은 대우는 사람들을 깜짝 놀라게 만들었다. 그는 『워싱턴포스트』를 위해 1년에 8개월만 일하고 일주일에 두 개의 칼럼만 쓰고 또 『워싱턴포스트』의 자매 주간지인 『뉴스위크(Newsweek)』를 위해 1년에 16개의 칼럼을 쓰는 것으로 7만 달러의 연봉과 칼럼 신디케이션(syndication; 공동 게재) 수입의 90퍼센트를 받게 되었다. 연봉 3만

5000달러에 칼럼 신디케이션 수입의 50퍼센트를 받던 『헤럴드 트리뷴』에서의 대우에 비하면 파격적인 계약조건이었다.

게다가 『워싱턴포스트』는 리프먼에게 아파트, 비서 두 명, 연구조수 한 명, AP텔렉스 서비스, 리무진 서비스, 여행경비 일체 등을 제공 또는 부담하기로 했다. 리프먼이 개인 사정으로 인해 칼럼을 아예 쓰지 않게 되더라도 10년간 5만 달러의 연봉에 개인 경비로 매년 2만 달러를 받을 수 있었다. 또 사망 시 미망인에게는 10년간 매년 2만 5000달러를 지급하기로 했다. 어떻게 해서든 리프먼을 활용하여 경쟁지들을 따라잡고야 말겠다는 그레이엄의 집념은 후일 결코 빗나가지 않았다는 것이 입증되었으며, 리프먼은 그러한 상황을 최대한 만끽하였다.(Halberstam 1979) 미국의 풍요가 가져다준 축복인 셈이다. 과연 그것이 저널리즘의 본령에도 바람직한 것인지는 의문이지만 말이다.

참고문헌 Baughman 1981 · 1982 · 1983, Cashmore 2001, Castleman & Podrazik 1982, Cowen 2003, Farrell 1980, Fox 1980, Friendly 1967, Halberstam 1979, Shuker 1999, Steel 1980

얼어붙은 미소관계
쿠바 혁명과 U-2기 격추사건

쿠바 혁명

미국의 지지를 받은 쿠바의 바티스타(Fulgencio Batista, 1901~1973) 정권은 쿠바 민중을 착취하면서 미국의 이익만을 보장했다. 쿠바의 모든 주요 산업은 미국인 소유였다. 당시 총인구 600만 명 중 500만 명이 무주택자였으며 실업자는 50만 명에 이르렀고 어린이의 3분의 2가 초등학교 교육도 받지 못했다. 부정부패에 항의하는 시민들을 학살하는 참사도 발생했다.

사실상 미국의 지배기간 중 쿠바는 카지노와 섹스관광으로 그 이름을 날렸다. 폭력배와 마약이 들끓고 매춘부는 1950년대에 10만 명에 이르렀다. 그리하여 쿠바는 '카리브해의 라스베이거스'니 '카리브해의 매음굴'이니 하는 영예롭지 못한 별명을 얻었다. 당시 쿠바 민중은 혁명이 일어나지 않는 것이 오히려 이상할 정도로 비참한 상황에 처해 있었던 것이다.

1958년 쿠바 크리스털마운틴 요새에서 라울 카스트로(왼쪽)가 체 게바라(오른쪽)와 어깨동무를 하고 있다.

바로 그 역사의 현장에 피델 카스트로(Fidel Castro)라는 한 인물이 있었다. 대지주의 아들로 태어난 카스트로는 어릴 때부터 착취당하는 농민들의 비참한 생활상을 목격하면서 혁명을 꿈꾸었다. 그는 자신의 동생 라울 카스트로(Raúl Castro)와 함께 프랑스 혁명의 정신에 대해 공부하면서 농민들에게 저항할 것을 부추겼다. 부모는 자식들이 미쳤다고 생각했다. 그들은 피델을 정신병원에 가두려고 했지만 피델의 가슴속에서 이미 타오르고 있는 혁명의 불꽃을 잠재울 수는 없었다.

아바나 법과대학을 졸업한 카스트로는 자신과 뜻을 같이하는 사람들을 규합해 1953년 7월 26일 혁명을 시도했지만 실패로 끝나고 말았다. 그는 15년 형량을 선고받았다. 재판에서 카스트로는 "당신들이 어떻게 재판하든 역사는 나에게 무죄를 선고할 것이다"라는 명언을 남겼다. 카스트로는 2년 뒤 특별사면으로 석방돼 멕시코로 건너가 다시 혁명 동지들을 규합해 유격훈련에 들어갔다. 바티스타 정권은 그런 관대한(?) 조치가 정권의 몰락을 가져오게 할 줄은 꿈에도 몰랐을 것이다. 카스트로는 유격훈련을 하던 중 아르헨티나 출신의 한 젊은

1959년 4월 15일 혁명에 성공한 카스트로가 워싱턴을 방문했다.

의학도를 만나게 되는데 그가 바로 체 게바라(Ernesto Che Guevara, 1928~1967)다.

카스트로의 집념은 결국 성공을 거두었다. 그가 이끄는 게릴라들은 1959년 1월 1일 바티스타 독재정권을 몰아내고 혁명에 성공했다. 당시 카스트로의 나이는 서른네 살이었다. 바티스타는 도미니카로 도주했다.

멕시코 혁명(1910~1917)에 이어 라틴아메리카에서 두 번째로 성공한 쿠바 혁명은 이데올로기의 좌우를 떠나 많은 사람들에게 큰 감명을 주었다. 쿠바 혁명 당시 쿠바에 집이 있었고 아바나(Havana)를 중심으로 활동했던 미국의 작가 어니스트 헤밍웨이(Ernest Hemingway, 1899~1961)는 "나는 쿠바 혁명을 필연으로 본다"며 지지의 일성을 올렸다. 프랑스의 철학자 장 폴 사르트르는 이 혁명을 "자본주의도 공산주의도 아닌 그저 해야 할 일을 하기 위한 혁명"으로 표현했다.

당시 카스트로는 공산주의자는 아니었으며, 외세의 착취를 거부하는 민족주의자였다. 물론 그의 혁명 동지들 가운데엔 공산주의자들이 있었지만, 당시 카스트로는 자신의 이데올로기를 '휴머니즘'으로 규정했다. 카스트로를 공산주의자로 만든 것은 쿠바를 고립시켜 소련과 가까워지지 않을 수 없게 만든 미국의 근시안적인 외교정책이었다.

미국 역사학자 스티븐 앰브로스(Stephen E. Ambrose, 1936~2002)는 "처음 미국의 일반 대중은 카스트로를 환영했으며 낭만적으로 그려진 그의 이미지를 받아들였다. 그들은 카스트로의 민주적 개혁 조치들을 찬양했다. 카스트로는 쿠바의 지도적 자유주의자들을 내각 주요 직책에 영입함으로써 이러한 분위기에 일조했다"며 다음과 같이 말한다.

"그러나 미국 정부 내에서 카스트로는 열광적 환영을 받지 못했다. 앨런 덜레스(Allen W. Dulles; CIA 국장)는 '공산주의자들과 다른 극단적 급진주의자들이 카스트로 운동에 침투한 것으로 보인다'고 아이크에게 보고했다. …… 아이크는 '우리의 유일한 희망은 카스트로주의자도 아니고 바티스타주의자도 아닌 비독재자로서 일종의 제3의 세력이다'라고 말했다. 한편 쿠바에서는 카스트로 운동 세력들이 그가 직면

한 현실과 함께 그를 보다 좌파로 몰아가고 있었다."(Ambrose 1996)

U-2기 격추사건

그래도 1959년까지만 해도 괜찮았다. 미국과 소련 사이에 평화 무드가 고조돼 있었기 때문이다. 이를 잘 말해준 기발한 이벤트가 1959년 6월 8일 오전 10시 대서양 해상에서 벌어졌다. 미 해군의 디젤 잠수함 '바베로' 호가 수면 위로 떠올라 미국 본토를 겨냥해 무게 5.4톤, 사정거리 927킬로미터의 레귤러스(Regulus) 순항 미사일을 발사했다. 이 미사일은 22분 뒤 목표 지점인 플로리다 해군기지 연병장에 떨어졌다. 폭발물이 제거된 미사일 속엔 편지 3000장이 들어 있었다. 이 '편지를 실은 미사일' 이벤트는 핵을 포함한 군비의 평화적 이용을 홍보하기 위한 것이었다.(권홍우 2010)

그런 평화 무드를 타고 1959년 9월 흐루쇼프는 다시 미국을 방문해 아이젠하워와 정상회담을 가졌다. 그 이전 베를린 문제로 야기된 양국 사이의 갈등을 완화하기 위한 차원의 회담이었다. 캠프데이비드(Camp David; 메릴랜드 주에 있는 미 대통령 전용 별장)에서 미국 측은 소련이 요구해오던 핵실험 금지 회담 개최에 동의했으며, 소련 측 역시 동유럽에서의 군축(軍縮)으로 화답했다. 두 사람은 1960년 5월에 파리에서 정상회담을 다시 갖기로 합의했다. 그러나 파리 정상회담 직전에 발생한 U-2기 사건이 어렵게 형성된 화해 분위기에 찬물을 끼얹는 결과를 초래했다.

U-2기는 소련의 방공망이 미치지 못하는 고고도(高高度)를 아음속(亞音速)으로 순항하며 소련 깊숙한 곳까지 촬영할 수 있도록 개발된

정찰기였다. 공기가 희박한 고고도에서도 작동하는 특수 엔진과 가느다란 동체에 25미터의 긴 날개를 가진 이 정찰기는 '엔진 달린 글라이더'에 가까웠다. CIA는 U-2기를 '기상관측기'로 위장해 소련 영공을 수시로 통과하며 모스크바와 레닌그라드(Leningrad)의 주요 산업기지는 물론 핵발전소와 미사일 발사대, 비행기 격납고 등을 샅샅이 항공 촬영했다. 소련은 U-2기를 쫓아 미그(MiG)기를 출격시켰지만 U-2기의 고도에 도달할 수 없어 번번이 '닭 쫓던 개 지붕 쳐다보는 신세'였다. 결국 소련이 선택한 것은 대공미사일의 성능을 개선하는 일이었다. 소련은 U-2기 항로에 개량형 SA-2 미사일을 집중 배치한 뒤 때를 기다렸다.

정상회담이 열리기 2주 전인 1960년 5월 1일 CIA의 조종사 프랜시스 게리 파워스(Francis G. Powers, 1929~1977)가 조종하는 U-2기가 파키스탄 페샤와르(Peshawar)를 이륙해 사거리 안에 들어오자 소련은 무려 24발의 미사일을 발사했다. 기체 후미를 맞은 U-2기는 나선형을 그리며 추락했다. 비상탈출을 한 파워스는 낙하산을 펼치고 지상에 닿자마자 체포됐다.

미국의 대응은 서툴렀다. 이 사건에 대해 미국은 민간인이 몰던 기상관측 비행기가 실수로 소련 영공으로 들어갔을 것이라고 발뺌하는 성명을 발표했다. 그러나 5월 6일 소련 측이 생존한 조종사와 정찰기 구들을 찍은 사진을 공개함으로써 그 성명은 거짓임이 드러났다. 결국 미국도 영공 불법침입과 스파이 활동을 시인할 수밖에 없었다. 이 사건으로 예정됐던 미소 정상회담이 취소됐다. CIA는 이후 U-2기의 소련 영공 통과 작전을 중지했지만, 양국 관계는 급속히 경색되었다.

(위)1960년 소련 영공에 몰래 침입한 U-2기. ⓒ NASA
(아래)흐루쇼프가 U-2기의 잔해를 살펴보며 보고를 받고 있다. ⓒ CIA

1962년 2월 10일 독일 베를린 근교의 글리니케(Glienicke) 다리. 동베를린과 서베를린을 잇는 이 다리의 동쪽과 서쪽 끝에 각각 한 사람이 섰다. 이들은 천천히 다리 위를 걷기 시작했다. 중간 지점에서 만난 두 사람은 아무 말 없이 가볍게 고개를 끄덕인 뒤 지나갔다. 미국과 소련 사이의 첫 스파이 교환이었다. 미국이 내놓은 인물은 뉴욕에서 고

정간첩으로 활동하다 검거된 KGB 대령 루돌프 아벨(Rudolf Abel, 본명 Vilyam G. Fisher, 1903~1971)이었다. 맞교환 상대는 소련에 붙잡힌 U-2기 조종사 파워스였다. 1년 9개월여 만에 미국에 돌아온 파워스에겐 차가운 시선이 쏟아졌다. 스스로 목숨을 끊지 못하고 살아 왔다는 것 자체가 스파이에겐 치욕적인 불명예였기 때문이다. 로스앤젤레스의 한 방송사에서 헬기 조종사로 일하던 파워스는 1977년 추락사고로 불운한 삶을 마감했다.(이철희 2008-2009)

이런 일련의 사건은 그간 진실해 보이던 아이젠하워 행정부도 예외 없이 '거짓말 정부'라는 오명을 쓰게 만들었다. 하워드 진(Howard Zinn, 1922~2010)에 따르면, "아이젠하워는 1953년 비밀리에 이란 정부를 전복시키고, 1954년에는 민주 절차를 거쳐 선출된 과테말라 정권을 무너뜨리면서도 국민을 기만한 채 미국이 어떤 일을 벌이고 있는지 아무런 언급을 하지 않았습니다. 이후에도 그는 U-2 정찰기가 소련 영공을 침범한 사실에도 국민에게 거짓말을 늘어놓았습니다."(Zinn & Macedo 2008)

흐루쇼프의 UN총회 연설

U-2기 사건으로 실추된 미국의 명예에 또 한번 일격을 가하겠다는 듯, 니키타 흐루쇼프는 1960년 10월 유엔총회에서 행한 연설을 통해 "모든 식민 지배의 피지배국과 그 국민들에게 즉각적인 독립을 허용할 것"을 촉구하는 강력한 메시지를 전했다. 그는 연단을 구두로 내리치는 해프닝까지 벌이기도 했다. 흐루쇼프의 선언은 아프리카와 아시아 국가들의 발의에 의해 유엔총회결의안 제1514호로 채택되었다. 이 에

피소드는 "소련이 반식민주의와 반제국주의의 수사(修辭)로, 향후 20여 년간 제3세계를 미국을 위시한 서방세계로부터 격리시키고 소련 진영으로 끌어들이는 소련의 제3세계 정책의 기조를 예고한 것이었다."(Jackson 1983)

소련은 1960년 11월 파리에서 개최된 제11차 유네스코총회에서도 유네스코 토의사항에 '모든 식민 피지배국가와 국민들에게 독립을 허용하는 선언'에 대한 논의를 삽입할 것을 제안하였다. 이 제안은 흐루쇼프 선언이었던 유엔결의안 1514호에 대한 유네스코의 지지를 끌어내기 위한 것으로 교육, 과학 및 문화의 영역에 있어서도 식민시대의 잔재를 청산하겠다는 의지를 표명한 것이었다. 이에 미국은 유네스코에서 정치적 논의를 배제할 것을 주장했다. 미국 대표단장 로버트 테이어(Robert H. Thayer, 1901~1984)는 제11차 총회에서 이렇게 경고했다.

"만약 이 총회에 참석한 모든 대표들이 정치적 결의안을 제출하고 정치적 연설을 하며 정치 이데올로기와 프로파간다를 퍼뜨리는 행위에 반대하는 단합된 노력을 하지 않는다면, 그리고 모든 대표들이 이러한 목표를 달성하기 위해 헌신하지 않는다면 유네스코는 또 하나의 냉전의 격전지가 되고 말 것이며, 유네스코헌장에 명시되어 있는 높은 이상과 목적에 충실코자 하는 전 세계 국가들의 재정적 및 지적 지원을 잃게 될 것이다."(Thayer 1960)

그러나 미국의 목소리는 소련과 제3세계의 단합된 노력에 압도되고 말아, 제11차 총회는 식민주의와 전쟁 프로파간다를 금지하는 모종의 조치가 취해져야 한다는 결의안을 채택하였으며, 군비축소를 추

1960년 유엔총회에 참석한 흐루쇼프는 "식민 지배로부터 피지배국가의 독립을 허용할 것"을 강력히 촉구했다. ⓒ Warren K. Leffler

구하는 유엔의 노력을 지지하였다. 유네스코를 통해 문화적 독립을 이룩하려는 제3세계의 노력은 비동맹운동으로부터 지원을 받게 된다.

국제관계에서도 1960년대는 1950년대와 다른 모습을 보일 것임을 시사한다. 새로 출범하는 케네디 행정부는 제3세계의 새로운 도전에 '뉴 프런티어(New Frontier)' 정책으로 대응한다. 미국에서 아이젠하워의 1950년대가 조용하고 보수적이고 무관심한 시절이었다면, 케네디의 1960년대 초반은 행동주의와 개혁의 이미지를 강하게 풍긴 시절이다. 사실 퀴즈쇼 스캔들은 아이젠하워 시대의 특성을 반영한 것이기도 했다. 풍요롭기 때문에 고독해지는, 그래서 더욱 강한 자극을 요구하는 미국인들은 이제 1960년대를 맞아 새로운 역동성에 눈을 뜨게 된다.

"아메리칸 드림에 무슨 일이 일어났는가"

본격적인 1960년대 미국사 산책에 나서기 전에 역사가 대니얼 부어스틴(Daniel J. Boorstin, 1914~2004)이 출간한 『이미지: 아메리칸 드림에 무슨 일이 일어났는가(The Image: Or, What Happened to the American Dream)』(1961)를 미리 소개하고 넘어가는 게 좋겠다. 하나의 가설일 뿐이지만, 이 책은 '인식론의 혁명'을 주장하고 있기 때문이다. 즉 1950년대와 1960년대의 차이는 실제로 일어난 일들의 차이일 수도 있지만, 우리가 세상을 바라보고 이해하는 방식의 차이에서 비롯된 것일 수도 있다는 뜻이다. 따라서 아메리칸 드림의 성격이나 이해 방식도 변화되었다고 볼 수 있다.

이 책은 1964년 페이퍼백으로 재출간되면서 부제를 '미국에서의 의사(擬似)사건에 관한 지침(A Guide to Pseudo-Events in America)'으로 바꾸었는데, 이는 앞서(5권 4장) 소개한 바 있는 부어스틴의 독보적 개념이라 할 '의사사건(pseudo-event)'을 강조하기 위한 것으로 보인다. 부어스틴은 인쇄술에서 컬러텔레비전에 이르기까지 모든 커뮤니케이션 테크놀로지의 발전을 '그래픽 혁명'이라고 부르면서, 그래픽 혁명은 모든 경험을 상품으로 만든다고 주장하는데, '의사사건'은 바로 그런 상품화 과정의 일부인 셈이다.

부어스틴은 리프먼이 『여론(Public Opinion)』(1922)이란 책을 쓴 1920년대는 전자미디어가 힘을 발휘하기 전이라는 점을 상기시키면서 오늘날엔 리프먼이 상상할 수 없을 정도로 '의사사건'들이 난무하고 있다고 말한다. 그의 견해에 따르면 특히 텔레비전은 전적으로 '의사사건'에 의존하는 '의사사건의 미디어'다.

부어스틴은 '의사사건'이 '사실의 세계'에 관한 것이라면, 이미지는 '가치의 세계'에 관한 것이라고 말한다. 그런 의미에서 이미지는 '의사 이상(pseudo-ideal)'이다. 그는 이미지가 이상을 대체하고 있다고 말한다. 그래픽 혁명 이전의 사고방식은 '이상 사고(ideal-thinking)' 였는데, 그래픽 혁명 이후의 사고방식은 '이미지 사고(image-thinking)' 라는 것이다.

자동차가 폭증하고 고속도로가 건설되면서 입간판이 우후죽순처럼 나타났다. 이 입간판의 절대적 사명은 빨리 달리는 사람들의 눈길을 빨리 잡아 입간판의 이미지를 사람들의 기억에 남기는 것이다. 이와 같은 기술은 모든 미디어의 생존에 절대적으로 중요한 것이 되었다. 결국 미디어의 폭발은 이미지의 폭발로 이어졌으며, 그로 인해 '이미지 사고'가 확산되었다는 것이다.

부어스틴은 이미지라는 단어의 어원이 라틴어 이마고(imago)이며, 동사형인 이미타리(imitari)는 '모방하다(imitate)'라는 뜻을 갖고 있다고 말한다. 따라서 이미지는 "어느 대상, 특히 사람의 외적 형태의 인조적 모방 또는 재현"이라고 정의할 수 있다. 그런데 그런 이미지가 이상을 대체한다면 이는 의미심장한 일이 아닐 수 없다.

이상은 '추구하는 것'이지만, 이미지는 '들어맞는 것'이다. 이상은 목표지만 이미지는 수단이다. 사람들은 이상을 실현하지 못하고 현실에 굴복하기도 하지만 이상을 다른 것으로 바꾸지는 않는다. 그러나 이미지는 다르다. 사람들은 어떤 이미지가 좋지 않으면 그걸 내던지고 다른 것으로 바꿀 수가 있다.

부어스틴은 이미지의 확산이 획일성의 확산을 가져온다고 주장한다. 그는 미국이 '사회적 자아도취'에 빠져 있는 나라이며, 국민들 또한 그렇다고 말한다. 미국 국민들은 환상이 현실보다 더 현실적이고 이미지가 대상 자체보다 더 품위를 지니고 있는 세계에 살고 있으며, 더 나아가 미국인들은 서로를 비추는 거울 역할을 하면서 그들 자신이 만든 이미지와의 사랑에 빠져 있다는 것이다. 어디 미국인들만 그렇겠는가? '이미지와의 사랑'은 모든 현대인의 운명인지도 모른다. 다만 이제 곧 전개될 케네디 시대는 그런 '이미지와의 사랑'이 미국사상 최초는 아닐망정 본격적으로 이루어진 때라는 것을 염두에 둘 필요가 있겠다.

참고문헌 Adiseshiah 1961, Ambrose 1996, Boorstin 1964, Chafe 1986, Gjesdal 1970, Jackson 1983, Osakwe 1972, Singham & Dinh 1976, Thayer 1960, Zinn & Macedo 2008, 권홍우 2010, 박인숙 1998, 송기도·강준만 1996, 이철희 2008-2009

John G. Adams, 『Without Precedent: The Story of the Death of McCarthyism』, New York: W. W. Norton & Co Inc: 1983.
Malcolm S. Adiseshiah, 「The 11th General Conference of Unesco」, 『School and Society』, 89(11 March 1961), pp.124~128.
Frederick Lewis Allen, 『Only Yesterday: An Informal History of the Nineteen-Twenties』, New York: Bantam Books, 1931.
F. L. 알렌(Frederick Lewis Allen), 박진빈 옮김, 『원더풀 아메리카』, 앨피, 2006.
F. L. 알렌(Frederick Lewis Allen), 박진빈 옮김, 『빅 체인지』, 앨피, 2008.
Robert C. Allen & Douglas Gomery, 『Film History: Theory and Practice』, New York: Alfred A. Knopf, 1985.
로버트 C. 앨런(Robert C. Allen) & 더글러스 고메리(Douglas Gomery), 유지나 · 김혜련 옮김, 『영화의 역사: 이론과 실제』, 까치글방, 1998.
케이티 앨버드(Katie Alvord), 박웅희 옮김, 『당신의 차와 이혼하라』, 돌베개, 2004.
스티븐 E. 앰브로즈(Stephen E. Ambrose), 권만학 옮김, 『국제질서와 세계주의: 현대 미국 외교사』, 을유문화사, 1996.
James Aronson, 「Interpretive Reporting」, 『Nation』, May 1, 1982, p.532.
벤자민 R. 바버(Benjamin R. Barber), 박의경 · 이진우 옮김, 『지하드 대 맥월드』, 문화디자인, 2003.
Steve M. Barkin, 「Eisenhower's Television Planning Board: An Unwritten Chapter in the History of Political Broadcasting」, 『Journal of Broadcasting』, 27:4(Fall 1983), pp.319~331.
스티브 M. 바킨(Steve M. Barkin), 김응숙 옮김, 『미국 텔레비전 뉴스』, 커뮤니케이션북스, 2004.
제롬 A. 배런(Jerome A. Barron), 김병국 옮김, 『누구를 위한 언론자유인가』, 고시계, 1989.

Barnet Baskerville, 「Joe McCarthy, Brief-Case Demagogue」, 『Today's Speech』, 2(September) 1954.

장 보드리야르(Jean Baudrillard), 이상률 옮김, 『소비의 사회: 그 신화와 구조』, 문예출판사, 1992.

장 보드리야르(Jean Baudrillard), 하태환 옮김, 『시뮬라시옹』, 민음사, 2001.

James L. Baughman, 「'See It Now' and Television's Golden Age, 1951~1958」, 『Journal of Popular Culture』, 15(1981), pp.106~115.

James L. Baughman, 「The Strange Birth of CBS Report's Revisited」, 『Historical Journal of Film, Radio and Television』, 2:1(1982), pp.27~38.

James L. Baughman, 「American Broadcasting History: a comment」, 『Historical Journal of Film, Radio, and Television』, 2(October 1982a), pp.195~198.

James L. Baughman, 「The National Purpose and the Newest Medium: Liberal Critics of Television, 1958-60」, 『Mid-America』, 64(1983), pp.41~55.

James L. Baughman, 「ABC and the Destruction of American Television, 1953-1961」, 『Business and Economic History』, 12(1983a), pp.56~73.

James L. Baughman, 『Television's Guardians: The FCC and the Politics of Programming 1958~1969』, Knoxville: Univ. of Tennessee Press, 1985.

James L. Baughman, 「Television in the Golden Age: An Entrepreneurial Experiment」, 『Historian』, 47(February 1985a), pp.175~195.

Edwin R. Bayley, 『Joe McCarthy and the Press』, New York: Pantheon Books, 1981.

잭 비어티(Jack Beatty), 유한수 옮김, 『거상: 대기업이 미국을 바꿨다』, 물푸레, 2002.

Daniel Bell, 『The Cultural Contradictions of Capitalism』, New York: Basic Books, 1976.

다니엘 벨(Daniel Bell), 김진욱 옮김, 『자본주의의 문화적 모순』, 문학세계사, 1990.

발터 벤야민(Walter Benjamin), 반성완 편역, 『발터 벤야민의 문예이론』, 민음사, 1983.

Laurence Bergreen, 『Look Now, Pay Later: The Rise of Network Broadcasting』, New York: New American Library, 1980.

Carroll Binder, 「Freedom of Information and the United Nations」, 『International Organization』, 6(1952), pp.210~226.

Margaret A. Blanchard, 『Exporting the First Amendment: The Press-Government Crusade of 1945-1952』, New York: Longman, 1986.

A. William Bluem, 『Documentary in American Television: Form Function Method』, New York: Hastings House, 1965.

Daniel J. Boorstin, 『The Image: A Guide to Pseudo-Events in America』, New York: Atheneum, 1964.

Daniel J. Boorstin, 「Democracy's Secret Virtue」, 『U.S. News & World Report』, January 6, 1986a, pp.22~25.

Philippe Braillard & Mohammad-Reza Djalili, 『The Third World and International Relations』, Boulder, Colo.: Lynne Rienner, 1984.

앨런 브링클리(Alan Brinkley), 황혜성 외 공역, 『미국인의 역사(전3권)』, 비봉출판사, 1998.
데이비드 브룩스(David Brooks), 형선호 옮김, 『보보스: 디지털 시대의 엘리트』, 동방미디어, 2001.
데이비드 브룩스(David Brooks), 김소희 옮김, 『보보스는 파라다이스에 산다』, 리더스북, 2008.
Les Brown, 『Les Brown's Encyclopedia of Televisions』, New York: Zoetrope, 1982.
빌 브라이슨(Bill Bryson), 정경옥 옮김, 『빌 브라이슨 발칙한 영어산책: 엉뚱하고 발랄한 미국의 거의 모든 역사』, 살림, 2009.
John H. Bunzel, 『Anti-Politics in America: Reflections on the Anti-Political Temper and Its Distortions of the Democratic Process』, New York: Vintage Books, 1967.
대니얼 버스타인(Daniel Burstein) & 데이비드 클라인(David Kline), 김광진 옮김, 『정보고속도로의 꿈과 악몽』, 한국경제신문사, 1996.
Neil Campbell & Alasdair Kean, 정정호 외 공역, 『미국문화의 이해』, 학문사, 2002.
엘리스 캐시모어(Ellis Cashmore), 정준영 옮김, 『스포츠, 그 열광의 사회학』, 한울아카데미, 2001.
Harry Castleman & Walter J. Podrazik, 『Watching TV: Four Decades of American Television』, New York: McGraw-Hill, 1982.
Douglas Cater, 『The President and the Press』, Donald Bruce Johnson & Jack L. Walker eds., 『The Dynamics of the American Presidency』, New York: John Wiley & Sons, 1964, pp.276~283.
William H. Chafe, 『The Unfinished Journey: America Since World War II』, New York: Oxford University Press, 1986.
Marquis William Childs, 『Eisenhower: Captive Hero』, New York: Harcourt, Brace, 1958.
노암 촘스키(Noam Chomsky) & 데이비드 바사미언(David Barsamian), 강주헌 옮김, 『촘스키, 세상의 권력을 말하다(전2권)』, 시대의창, 2004.
워렌 코헨(Warren I. Cohen), 하세봉·이수진 옮김, 『미국은 동아시아를 어떻게 바라보는가』, 문화디자인, 2003.
Peter Collier & David Horowitz, 『McCarthyism: The Last Refuge of the Left』, 『Commentary』, 85:1(January) 1988.
Commonweal, 『Catholics, Non-Catholics, and Senator McCarthy』, 『Commonweal』, April 2, 1954, p.639.
Commonweal, 『Catholics and McCarthy』, 『Commonweal』, December 10, 1954a, pp.276~277.
타일러 코웬(Tyler Cowen), 이은주·임재서 옮김, 『상업문화예찬』, 나누리, 2003.
데이비드 크로토우(David Croteau) & 윌리엄 호인스(William Hoynes), 전석호 옮김, 『미디어 소사이어티: 산업·이미지·수용자』, 사계절, 2001.
David Culbert, 『Television's Nixon: The Politician and His Image』, John E. O'Connor,

ed., 『American History/American Television: Interpreting the Video Past』, New York: Frederick Ungar, 1983, pp.184~207.
브루스 커밍스(Bruce Cumings), 김동노 외 옮김, 『브루스 커밍스의 한국현대사』, 창작과비평사, 2001.
브루스 커밍스(Bruce Cumings) & 존 할리데이(Jon Halliday), 양동주·차성수 옮김, 『한국전쟁의 전개과정』, 태암, 1989.
Current Biography, 「Erikson, Erik」, 『Current Biography』, 1971.
엘리자베스 커리드(Elizabeth Currid), 최지아 옮김, 『세계의 크리에이티브 공장 뉴욕』, 쌤앤파커스, 2009.
R. P. 쿠조르트(Ray P. Cuzzort) & E. W. 킹(Edith W. King), 한승홍 옮김, 『20세기 사회사상』, 나눔사, 1991.
데이비드 달튼(David Dalton), 윤철희 옮김, 『제임스 딘: 불멸의 자이언트』, 미다스북스, 2003.
케네스 C. 데이비스(Kenneth C. Davis), 이순호 옮김, 『미국에 대해 알아야 할 모든 것, 미국사』, 책과함께, 2004.
밥 돌(Bob Dole), 김병찬 옮김, 『대통령의 위트: 조지 워싱턴에서 부시까지』, 아테네, 2007.
피터 F. 드러커(Peter F. Drucker), 이상두·최혁순 옮김, 『방관자의 시대』, 범우사, 1979.
Erick Eckermann, 오성모 옮김, 『자동차 발달사』, MJ미디어, 2004.
Dwight D. Eisenhower, 『The Eisenhower Diaries』, ed. Robert H. Ferrell , New York: W.W. Norton, 1981.
Marc Eliot, 『American Television: The Official Art of the Artificial』, Garden Ciry, NY: Anchor Press, 1981.
마크 엘리어트(Marc Eliot), 원재길 옮김, 『월트 디즈니: 할리우드의 디즈니 신화』, 우리문학사, 1993.
Michael Emery & Edwin Emery, 『The Press and America: An Interpretive History of the Mass Media』, 8th ed., Boston, Mass.: Allyn and Bacon, 1996.
질비아 엥글레르트(Sylvia Englert), 장혜경 옮김, 『상식과 교양으로 읽는 미국의 역사』, 웅진지식하우스, 2006.
Stuart Ewen, 『Captains of Consciousness: Advertising and the Social Roots of the Consumer Culture』, New York: McGraw-Hill, 1976.
James J. Farrell, 「The Crossroads of Bikini」, 『Journal of American Culture』, 10:2(Summer 1987), pp.55~66.
Robert E. Farrell, 「The Journalist Who Led the National Dialogue」, 『Business Week』, September 22, 1980, p.15.
펠리프 페르난데스-아메스토(Felipe Fernández-Armesto), 허종열 옮김, 『밀레니엄: 지난 1000년의 인류 역사와 문명의 흥망(전2권)』, 한국경제신문사, 1997.
Gilbert C. Fite, 『American Farmers: The New Minority』, Bloomington: Indiana University Press, 1981.
리처드 플로리다(Richard Florida), 이길태 옮김, 『창조적 변화를 주도하는 사람들』, 전자신문사, 2002.
에릭 포너(Eric Foner), 박광식 옮김, 『에릭 포너의 역사란 무엇인가』, 알마, 2006.
Richard Wightman Fox, 「Detachment, Democracy & Dissent」, 『Commonweal』, November 17, 1980.
Morris Freedman, 『Confessions of a Conformist』, New York: W.W. Norton & Co., 1961.
Fred W. Friendly, 『Due to Circumstances Beyond Our Control』, New York: Vintage Books, 1967.
사이먼 프리스(Simon Frith), 권영성·김공수 옮김, 『사운드의 힘: 록 음악의 사회학』, 한나래, 1995.
존 루이스 개디스(John Lewis Gaddis), 박건영 옮김, 『새로 쓰는 냉전의 역사』, 사회평론, 2002.
John Kenneth Galbraith, 『The Affluent Society』, Boston, Mass.: Houghton Mifflin, 1958.
John Kenneth Galbraith, 『Economics, Peace and Laughter』, New York: New American Library, 1971.
John Kenneth Galbraith, 『Economics & the Public Purpose』, New York: New American Library, 1975.
John Kenneth Galbraith, 『The Affluent Society』, 3rd ed., New York: New American Library, 1976.
존 케네스 갤브레이스(John Kenneth Galbraith), 조규하 옮김, 『경제사 여행』, 고려원, 1994.
Gunnar Garbo, 『The International Distribution of Information: The Media and Developing Countries』, Paris: UNESCO, 1985.
하워드 가드너(Howard Gardner), 이종인 옮김, 『20세기를 움직인 11인의 휴먼 파워』, 살림, 1997.
한스 디터 겔페르트(Hans-Dieter Gelfert), 이미옥 옮김, 『전형적인 미국인: 미국과 미국인 제대로 알기』, 에코리브르, 2003.
데이비드 거겐(David Gergen), 서율택 옮김, 『CEO 대통령의 7가지 리더십: 리처드 닉슨에서부터 빌 클린턴까지』, 스테디북, 2002.
L. 자네티(Louis Giannetti), 김진해 옮김, 『영화의 이해: 이론과 실제』, 현암사, 1990.
헨리 지루(Henry A. Giroux), 성기완 옮김, 『디즈니 순수함과 거짓말』, 아침이슬, 2001.
Tor Gjesdal, 「Unesco's Programme in Space Communication」, 『Unesco Chronicle』, 16:11(November 1970), pp.439~452.
로버트 골드버그(Robert Goldberg) & 제럴드 제이 골드버그(Gerald Jay Goldberg), 박성범 옮김, 『보도뉴스의 마술사 앵커맨』, 고려원, 1992.
D. M. 고든(David M. Gordon) 외, 고병웅 옮김, 『분절된 노동 분할된 노동자: 미국노동의 역사적 변형』, 신서원, 1998.
Thomas F. Gossett, 『Race: The History of an Idea in America』, New York: Schocken Books, 1965.

조지프 굴든(Joseph C. Goulden), 김쾌상 옮김, 『한국전쟁: 알려지지 않은 이야기』, 일월서각, 1982.

William Graebner, 「The Unstable World of Benjamin Spock: Social Engineering in a Democratic Culture, 1917-1950」, 『The Journal of American History』, 67:3(December 1980), pp.612~659.

존 더 그라프(John de Graaf), 데이비드 왠(David Wann), 토머스 네일러(Thomas Naylor), 박웅희 옮김, 『어플루엔자: 풍요의 시대, 소비중독 바이러스』, 한숲, 2002.

캐서린 그레이엄(Katharine Graham), 뉴스위크한국판뉴스팀 옮김, 『캐서린 그레이엄 자서전: 워싱턴 포스트와 나의 80년』, 중앙M&B, 1997.

Mark Green, 「Amiable of Chronic Liar?: And Why the Press Lets Him Get Away With It」, 『Mother Jones』, June/July 1987, pp.9~17.

Fred I. Greenstein, 「Eisenhower as an Activist President: A Look at New Evidence」, 『Political Science Quarterly』, 94:4(Winter 1979-80), pp.575~599.

Fred I. Greenstein, 『The Hidden-Hand Presidency: Eisenhower as Leader』, New York: Basic Books, 1982.

프레드 그린슈타인(Fred I. Greenstein), 김기휘 옮김, 『위대한 대통령은 무엇이 다른가』, 위즈덤하우스, 2000.

Fred I. Greenstein & Robert Wright, 「Reagan…Another Ike?」, 『Public Opinion』, December/January 1981, pp.51~55.

윌리엄 그레더(William Greider), 「제국의 끝」, 이그나시오 라모네(Ignacio Ramonet) 외, 최병권·이정옥 엮음, 『아메리카: 미국, 그 마지막 제국』, 휴머니스트, 2002, 85~95쪽.

존 하워드 그리핀(John Howard Griffin), 하윤숙 옮김, 『블랙 라이크 미: 흑인이 된 백인 이야기』, 살림, 2009.

안드레이 그로미코(Andrei Gromyko), 박형규 옮김, 『그로미코 회고록』, 문학사상사, 1990.

Peter Guralnick, 『Lost Highway: Journeys & Arrivals of American Musicians』, New York: Vintage Books, 1979.

Bernard Gwertzman, 「Papers Show U.S. Considered Ousting Rhee in Korean War」, 『New York Times』, August 4, 1975, p.1.

Frederick W. Haberman, 「The Election of 1952: A Symposium」, 『Quarterly Journal of Speech』, 38(1952), pp.397~414.

Frederick W. Haberman et al., 「Views on the Army-McCarthy Hearings」, 『Quarterly Journal of Speech』, 41:1(February) 1955.

David Halberstam, 『The Powers That Be』, New York: Dell, 1979.

데이비드 핼버스탬(David Halberstam), 김지원 옮김, 『데이비드 핼버스탬의 1950년대 아메리카의 꿈』, 세종연구원, 1996.

Hornell Hart, 「McCarthyism versus Democracy」, 『New Republic』, February 25, 1952.

Jeffrey Peter Hart, 『When the Going Was Good!: American Life in the Fifties』, New York: Crown, 1982.

데이빗 히넌(David A. Heenan) & 워렌 베니스(Warren Bennis), 최경규 옮김, 『위대한 이인자들』, 좋은책만들기, 2000.

John W. Henderson, 『The United States Information Agency』, New York: Frederick A. Praeger, 1969.

에릭 홉스봄(Eric Hobsbawm), 이용우 옮김, 『극단의 시대: 20세기 역사(전2권)』, 까치, 1997.

Eric Hoffer, 『The True Believer: Thoughts on the Nature of Mass Movements』, New York: Harper & Row, 1951.

에릭 호퍼(Eric Hoffer), 방대수 옮김, 『에릭 호퍼 자서전』, 이다미디어, 2003.

John Hohenberg, 『A Crisis for the American Press』, New York: Columbia University Press, 1978.

Jon Halliday, 「Anti-Communism and the Korean War(1950-1953)」, 『The Socialist Register』, Ralph Miliband et al eds. London: Merlin, 1984.

조안 홀로우즈(Joanne Hollows), 「제1장 대중문화 이론과 정치경제」, 조안 홀로우즈(Joanne Hollows) & 마크 얀코비치(Mark Jancovich) 엮음, 『왜 대중영화인가』, 한울, 1999, 33~64쪽.

Emmet John Hughes, 『The Ordeal of Power』, New York: Atheneum, 1963.

Samuel P. Huntington, 『The Clash of Civilizations and the Remaking of World Order』, New York: Simon & Schuster, 1996.

새뮤얼 헌팅턴(Samuel P. Huntington), 장원석 옮김, 『미국정치론: 부조화의 패러다임』, 오름, 1999.

Michael T. Isenberg, 「Toward an Historical Methodology for Film Scholarship」, 『Rocky Mountain Social Science Journal』, 12:1(January) 1975.

Richard L. Jackson, 『The Non-Aligned the UN and the Superpowers』, New York: Praeger, 1983.

Travis B. Jacobs, 「Dwight D. Eisenhower's Presidency of Columbia University」, 『Presidential Studies Quarterly』, Summer 1985, pp.555~560.

Russell Jacoby, 「The Decline of American Intellectuals」, Ian Angus & Sut Jhally, eds., 『Cultural Politics in Contemporary America』, New York: Routledge, 1989, pp.271~281.

올리버 제임스(Oliver James), 윤정숙 옮김, 『어플루엔자』, 알마, 2009.

Anthony James Joes, 「Eisenhower Revisionism: The Tide Comes In」, 『Presidential Studies Quarterly』, Summer 1985, pp.561~571.

폴 존슨(Paul Johnson), 왕수민 옮김, 『영웅들의 세계사』, 웅진지식하우스, 2009.

Richard J. H. Johnston, 「Rhee Views Korea as in Front Lines」, 『New York Times』, August 15, 1949, p.9.

Garth Jowett, 「An Analysis of the Films Made in the Period 1950-1961」, 『Journal of Popular Culture』, 3:4(Spring 1970), pp.799~813.

Garth Jowett & James M. Linton, 『Movies as Mass Communication』, Beverly Hills,

Ca.: Sage, 1980.
카트린 칼바이트(Cathrin Kahlweit) 외, 장혜경 옮김, 『20세기 여인들: 성상, 우상, 신화』, 여성신문사, 2001.
Burton I. Kaufman, 『The Korean War: Challenge in Crisis, Credibility, and Command』, Philadelphia: Temple University Press, 1986.
잭 케루악(Jack Kerouac), 이만식 옮김, 『길 위에서(전2권)』, 민음사, 2009.
조 킨첼로(Joe L. Kincheloe), 성기완 옮김, 『버거의 상징: 맥도널드와 문화권력』, 아침이슬, 2004.
Stephen Kline, 「Limits to the Imagination: Marketing and Children's Culture」, Ian Angus & Sut Jhally, eds., 『Cultural Politics in Contemporary America』, New York: Routledge, 1989, pp.299~316.
윌리엄 카노크(William Knoke), 황태호·최기철 옮김, 『21세기 쇼크』, 경향신문사, 1996.
귀도 크노프(Guido Knopp), 이동준 옮김, 『광기와 우연의 역사 2』, 자작나무, 1996.
Arthur Kroker, 「Economic McCarthyism」, 『Canadian Journal of Political and Social Theory』, 6:3(Fall 1982), pp.5~10.
폴 크루그먼(Paul Krugman), 주명건 옮김, 『폴 크루그먼의 불황경제학』, 세종서적, 1999.
Dan Lacy, 『Freedom and Communications』, Urbana: University of Illinois Press, 1965.
월터 레이피버(Walter Lafeber), 이정엽 옮김, 『마이클 조던, 나이키, 지구 자본주의』, 문학과지성사, 2001.
Robert E. Lane & David O. Sears, 『Public Opinion』, Englewood Cliffs, N.J.: Prentice-Hall, 1964.
Daniel J. Leab, 「See It Now: A Legend Reassessed」, John E. O'Connor, ed., 『American History/American Television: Interpreting the Video Past』, New York: Frederick Ungar, 1983, pp.1~32.
Laurence Leamer, 『The Kennedy Men 1901-1963: The Laws of the Father』, New York: William Morrow, 2001.
T. J. Jackson Lears, 「From Salvation to Self-Realization: Advertising and the Therapeutic Roots of the Consumer Culture, 1880-1930」, Richard Wightman Fox and T. J. Jackson Lears, eds., 『The Culture of Consumption: Critical Essays in American History, 1880-1980』, New York: Pantheon Books, 1983, pp.1~38.
베르나르 앙리 레비(Bernard-Henri Lévy), 김병욱 옮김, 『아메리칸 버티고』, 황금부엉이, 2006.
Emanuel Levy, 「Social Attributes of American Movie Stars」, 『Media, Culture and Society』, 12(1990), pp.247~267.
수전 린(Susan Linn), 김승욱 옮김, 『TV 광고 아이들: 우리 아이들을 위협하는 키즈마케팅』, 들녘, 2006.
데이비드 로웬덜(David Lowenthal), 김종원·한명숙 옮김, 『과거는 낯선 나라다』, 개마고원, 2006.

루터 S. 루드케(Luther S. Luedtke), 「미국 국민성의 탐색」, 루터 S. 루드케 편, 고대영미문학연구소 옮김, 『미국의 사회와 문화』, 탐구당, 1989, 13~45쪽.

존 루카치(John Lukacs), 『세계의 운명을 바꾼 1940년 5월 런던의 5일』, 홍수원 옮김, 중심, 2000.

Peter Lyon, 『Eisenhower: Portrait of the Hero』, Boston, Mass.: Little, Brown and Co., 1974.

Callum A. MacDonald, 『Korea: The War before Vietnam』, New York: Free Press, 1986.

J. Fred MacDonald, 『Television and the Red Menace: The Video Road to Vietnam』, New York: Praeger, 1985.

크리스타 메르커(Christa Maerker), 이은희 옮김, 『섹스와 지성: 마릴린 먼로와 작가 아서 밀러』, 한길사, 1999.

F. B. Marbut, 『News from the Capital: The Story of Washington Reporting』, Carbondale: Southern Illinois University Press, 1971.

Gina Marchetti, 「Action-Adventure as Ideology」, Ian Angus & Sut Jhally, eds., 『Cultural Politics in Contemporary America』, New York: Routledge, 1989, pp.182~197.

데이비드 마크(David Mark), 양원보·박찬현 옮김, 『네거티브 전쟁: 진흙탕 선거의 전략과 기술』, 커뮤니케이션북스, 2009.

Charles Lowell Marlin, 「Eisenhower Before the Press」, 『Today's Speech』, 9(April 1961), pp.23~25.

Barbara Matusow, 『The Evening Stars: The Making of the Network News Anchor』, New York: Ballantine, 1983.

Mary S. McAuliffe, 「Commentary/Eisenhower, the President」, 『The Journal of American History』, 68:3(December 1981), pp.625~632.

폴 맥도널드(Paul McDonald), 「제4장 스타 연구」, 조안 홀로우즈(Joanne Hollows) & 마크 얀코비치(Mark Jancovich) 엮음, 문재철 옮김, 『왜 대중영화인가』, 한울, 1999, 121~149쪽.

Wilson Carey McWilliams, 「The Machiavellian as Moralist」, 『Democracy』, 2:1(January), 1982.

하워드 민스(Howard Means), 황진우 옮김, 『머니 & 파워: 지난 천 년을 지배한 비즈니스의 역사』, 경영정신, 2002.

Joan Mellen, 『Big Bad Wolves: Masculinity in the American Film』, New York: Pantheon, 1978.

Russell L. Merritt, 「The Bashful Hero in American Film of the Nineteen Forties」, 『Quarterly Journal of Speech』, 61(April 1975), pp.129~139.

Arthur Miller, 『Death of a Salesman』, New York: Penguin Books, 1976.

Arthur Miller, 『The Crucible』, New York: Penguin Books, 1976a.

C. W. 밀스(C. Wright Mills), 진덕규 옮김, 『파워엘리트』, 한길사, 1979.

에드가 모랭(Edgar Morin), 이상률 옮김, 『스타』, 문예출판사, 1992.

Frank Luther Mott, 『American Journalism: A History 1690-1960』, 3rd ed. New York: Macmillan, 1962.

Michael D. Murray, 「Persuasive Dimensions of See It Now's 'Report on Senator Joseph R. McCarthy'」, 『Today's Speech』, 23(Fall 1975).

조너선 닐(Jonathan Neale), 정병선 옮김, 『미국의 베트남 전쟁: 미국은 어떻게 베트남에서 패배했는가』, 책갈피, 2004.

Richard E. Neustadt, 『Presidential Power: The Politics of Leadership』, New York: John Wiley & Sons, 1960.

리처드 E. 뉴스타트(Richard E. Neustadt), 이병석 옮김, 『대통령과 권력』, 효형출판, 1995.

New York Times, 「Editorial: The Korean Prisoners」, 『New York Times』, June 19, 1953, p.20.

New York Times, 「Rhee Emphasized Strong Executive」, 『New York Times』, April 23, 1960, p.2.

Newsweek, 「Libel Landmark」, 『Newsweek』, March 23, 1964, p.74.

Richard M. Nixon, 『The Memoirs of Richard Nixon』, New York: Grosset & Dunlap, 1978.

헬레나 노르베르-호지(Helena Norberg-Hodge), 이민아 옮김, 『허울뿐인 세계화』, 따님, 2000.

돈 오버도퍼(Don Oberdorfer), 뉴스위크한국판뉴스팀 옮김, 『두 개의 코리아: 북한국과 남조선』, 중앙일보, 1998.

Michael O'Brien, 「Robert Fleming, Senator McCarthy and the Myth of the Marine Hero」, 『Jouranlism Quarterly』, 50(1974).

John E. O'Connor, 「Introduction: Television and the Historian」, John E. O'Connor, ed., 『American History/American Television: Interpreting the Video Past』, New York: Frederick Ungar, 1983, pp.xiii~xliii.

Michael Omi, 「In Living Color: Race and American Culture」, Ian Angus & Sut Jhally, eds., 『Cultural Politics in Contemporary America』, New York: Routledge, 1989, pp.111~122.

Chris Osakwe, 『The Participation of the Soviet Union in Universal International Organizations』, Netherlands: A. W. Sijthoff Leiden, 1972.

리처드 오버리(Richard J. Overy), 류한수 옮김, 『스탈린과 히틀러의 전쟁』, 지식의풍경, 2003.

찰스 패너티(Charles Panati), 이용웅 옮김, 『문화와 유행상품의 역사(전2권)』, 자작나무, 1997.

라즈 파텔(Raj Patel), 유지훈 옮김, 『식량전쟁: 배부른 제국과 굶주리는 세계』, 영림카디널, 2008.

토머스 패터슨(Thomas E. Patterson), 미국정치연구회 옮김, 『미디어와 미국선거: 이미지 정치의 명암』, 오름, 1999.

Willard H. Pedrick, 「Senator McCarthy and the Law of Libel: A Study of Two Campaign Speeches」, 『Northwestern University Law Review』, May-June 1953,

pp.135~184.
Don R. Pember, 「Mass Media Law」 3rd ed. Dubuque, Iowa: Wm.C.Brown, 1984.
John Perkins, 「The Secret History of the American Empire」, New York: Dutton, 2007.
James E. Pollard, 「Eisenhower and the Press: The First Two Years」, 「Journalism Quarterly」, 32(1955), pp.285~300.
James E. Pollard, 「Eisenhower and the Press: The Partial News Vacuum」, 「Journalism Quarterly」, 33(1956), pp.3~8.
James E. Pollard, 「Eisenhower and the Press: The Final Phase」, 「Journalism Quarterly」, 38(1961), pp.181~186.
A. C. Powell, 「My Mission to Bandung: How Washington Blundered」, 「Nation」, 28 May 1955, pp.455~456.
James W. Pratt, 「An Analysis of Three Crisis Speeches」, 「Western Speech」, 34(Summer 1970), pp.194~203.
Michael Pye & Lynda Myles, 「The Movie Brats: How the Film Generation Took Over Hollywood」, New York: Holt, Rinehart and Winston, 1979.
Saunders Redding, 「The Meaning of Bandung」, 「American Scholar」, 25:4(Autumn 1956).
로버트 라이시(Robert B. Reich), 형선호 옮김, 「슈퍼 자본주의」, 김영사, 2008.
Gary W. Reichard, 「Eisenhower as President: The Changing View」, 「South Atlantic Quarterly」, 77(1978), pp.265~281.
윌리엄 라이딩스 2세(William J. Ridings, Jr.) & 스튜어트 매기버(Stuart B. McIver), 김형곤 옮김, 「위대한 대통령 끔찍한 대통령」, 한·언, 2000.
D. 리스먼(David Riesman) 외, 권오석 옮김, 「고독한 군중」, 홍신문화사, 1994.
제러미 리프킨(Jeremy Rifkin), 이희재 옮김, 「소유의 종말」, 민음사, 2001.
제레미 리프킨(Jeremy Rifkin), 신현승 옮김, 「육식의 종말」, 시공사, 2002.
조지 리처(George Ritzer), 김종덕 옮김, 「맥도날드 그리고 맥도날드화: 유토피아인가, 디스토피아인가」, 시유시, 1999.
칼 롤리슨(Carl E. Rollyson, Jr.), 이지선 옮김, 「세상을 유혹한 여자 마릴린 먼로」, 예담, 2003.
윌리엄 D. 로마노프스키(William D. Romanowski), 신국원 옮김, 「대중문화전쟁: 미국문화속의 종교와 연예의 역할」, 예영커뮤니케이션, 2001.
Clinton Rossiter, 「The American Presidency」, New York: Harcourt, Brace & World, 1960.
Thomas Rosteck, 「Irony, Argument, and Reportage in Television Documentary: 'See It Now' versus Senator McCarthy」, 「Quarterly Journal of Speech」, 75:3(August 1989), pp.277~298.
더글라스 러슈코프(Douglas Rushkoff), 홍욱희 옮김, 「당신의 지갑이 텅 빈 데는 이유가 있다: 디지털 시대에도 예외가 아닌 대기업의 교묘한 마케팅 전략」, 중앙M&B, 2000.
Robert A. Rutland, 「President Eisenhower And His Press Secretary」, 「Journalism

Quarterly』, 34(1957), pp.452~456.
지아우딘 사다르(Ziauddin Sardar) & 메릴 윈 데이비스(Merryl Win Davies), 장석봉 옮김, 『증오 바이러스, 미국의 나르시시즘』, 이제이북스, 2003.
Larry Sawers & William K. Tabb, 『Sunbelt Snowbelt: Urban Development and Regional Restructuring』, New York: Oxford University Press, 1984.
Arthur M. Schlesinger, Jr., 「When the Movies Really Counted」, 『Show』, 3(April 1963), pp.77~78, 125.
Arthur M. Schlesinger, Jr., 「Foreword」, John E. O'Connor & Martin A. Jackson eds., 『American History/American Film: Interpreting the Hollywood Image』, New York: Frederick Ungar, 1979, pp.ix~xiii.
에릭 슐로서(Eric Schlosser), 김은령 옮김, 『패스트푸드의 제국』, 에코리브르, 2001.
Karen Schoemer, 「꺼지지 않는 '사랑의 불꽃'」, 『뉴스위크』(한국판), 1997년 8월 27일, 64면.
David Schoenbrun, 『America Inside Out: At Home and Abroad from Roosevelt to Reagan』, New York: McGraw-Hill, 1984.
George Seldes, 「New War on the Press: 'Reform' from the Right」, 『Nation』, February 5, 1955, p.114.
로버트 서비스(Robert Service), 윤길순 옮김, 『스탈린, 강철 권력』, 교양인, 2007.
Stephen Sestanovich, 「The Third World in Soviet Foreign Policy, 1955-1985」, Andrzej Korbonski and Francis Fukuyama, eds., 『The Soviet Union and the Third World: The Last Three Decades』, Ithaca, N.Y.: Cornell University Press, 1987.
James P. Sewell, 『UNESCO and World Politics: Engaging in International Relations』, Princeton, N.J.: Princeton University Press, 1975.
Robert Sherrill, 「The Trajectory of a Bumbler」, 『New York Times Book Review』, June 5, 1983, p.30.
로이 셔커(Roy Shuker), 이정엽 · 장호연 옮김, 『대중음악사전』, 한나래, 1999.
A. W. Singham & Tran Van Dinh, 『From Bandung to Colombo: Conferences of the Non-Aligned Countries, 1955-1975』, New York: Third Press Review, 1976.
Craig R. Smith, 「Zeal as a Function of Danger」, 『Today's Speech』, 16(February 1968a).
Desmond Smith, 「The Seven O'Clock Superman」, 『Nation』, March 18, 1968, pp.375~377.
기 소르망(Guy Sorman), 박선 옮김, 『열린 세계와 문명창조』, 한국경제신문사, 1998.
John Spanier, 『Games Nations Play: Analyzing International Politics』, New York: Praeger, 1972.
도널드 스포토(Donald Spoto), 정영목 옮김, 『반항아 제임스 딘』, 한길아트, 1999.
Ronald Steel, 『Walter Lippmann and the American Century』, Boston, Mass.: Little, Brown, 1980.
John Storey, 박만준 옮김, 『대중문화와 문화연구』, 경문사, 2002.
윌리엄 스툭(William Stueck), 김형인 외 옮김, 『한국전쟁의 국제사』, 푸른역사, 2001.

앤터니 서머스(Anthony Summers), 정형근 옮김, 『조작된 신화: 존 에드거 후버(전2권)』, 고려원, 1995.

크리스토퍼 실베스타(Christopher Sylvester) 편저, 서지영·변원미 옮김, 『인터뷰』, 현일사, 1994.

Robert H. Thayer, 「U. S. Opposes Use of UNESCO as a Platform of the Cold War」, 『U. S. Department of State Bulletin』, 19 Dec. 1960, p.944.

Charles A. Thomson & Walter H. C. Laves, 『Cultural Relations and U. S. Foreign Policy』, Bloomington: Indiana University Press, 1963.

레스터 C. 서로우(Lester C. Thurow), 이근창 옮김, 『세계경제전쟁』, 고려원, 1992.

A. V. 토르쿠노프(Anatory Vasilievich Torkunov), 구종서 옮김, 『한국전쟁의 진실과 수수께끼』, 에디터, 2003.

제임스 트라웁(James Traub), 이다희 옮김, 『42번가의 기적: 타임스퀘어의 몰락과 부활』, 이후, 2007.

Jeremy Tunstall, 『The Media Are American: Anglo-American Media in the World』, New York: Columbia University Press, 1977.

셰리 터클(Sherry Turkle), 최유식 옮김, 『스크린 위의 삶: 인터넷과 컴퓨터 시대의 인간』, 민음사, 2003.

Frederick Jackson Turner, 「The Significance of the Frontier in American History」, Richard N. Current & John A. Garraty, eds., 『Words That Made American History: The 1870's to the Present』, Boston, Mass.: Little, Brown and Co., 1962, pp.42~65.

그래엄 터너(Graeme Turner), 임재철 외 옮김, 『대중영화의 이해』, 한나래, 1994.

제임스 B. 트위첼(James B. Twitchell), 최기철 옮김, 『럭셔리 신드롬: 사치의 대중화, 소비의 마지막 선택』, 미래의창, 2003.

래리 타이(Larry Tye), 송기인 외 옮김, 『여론을 만든 사람, 에드워드 버네이즈: 'PR의 아버지'는 PR을 어떻게 만들었나?』, 커뮤니케이션북스, 2004.

Parker Tyler, 『Magic and Myth of the Movies』, New York: Henry Holt, 1947.

Tim Vanderbilt & Scott Sherman, 「America Needs Another McCarthy, Followers Say」, 『The Daily Cardinal』, May 4, 1987, p.8.

소스타인 베블런(Thorstein Veblen), 이완재·최세양 옮김, 『한가한 무리들』, 동인, 1995.

Seymour M. Vinocour, 「Syngman Rhee: Spokesman for Korea(June 23, 1951-October 8, 1952) A Case Study in International Speaking」, Ph.D. Dissertation, Pennsylvania State University, 1953.

드미트리 안토노비치 볼코고노프(D. Volkogonov), 김일환 외 옮김, 『크렘린의 수령들: 레닌에서 고르바초프까지(전2권)』, 한송, 1996.

Andrew Wernick, 「Vehicles for Myth: The Shifting Image of the Modern Car」, Ian Angus & Sut Jhally, eds., 『Cultural Politics in Contemporary America』, New York: Routledge, 1989, pp.198~216.

Robert B. Westbrook, 「Politics as Consumption: Managing the Modern American Election」, Richard Wightman Fox and T. J. Jackson Lears, eds., 『The Culture of Consumption: Critical Essays in American History, 1880-1980』, New York: Pantheon Books, 1983, pp.143~173.
Robert H. L. Wheeler, 「American Advertising: The Perils of Abundance」, 『The Yale Review』, 48(Autumn 1958), pp.125~130.
마리나 휘트먼(Marina Whitman), 조명현 옮김, 『변화하는 미국경제, 새로운 게임의 룰』, 세종서적, 2001.
Gary Wills, 『Nixon Agonistes: The Crisis of the Self-Made Man』, New York: New American Library, 1969.
Wisconsin State Journal, 「Side Form over Removal of Joseph McCarthy Bust」, 『Wisconsin State Journal』, July 12, 1986, p.4.
Robert Wright, 「Eisenhower's Fifties」, 『The Antioch Review』, 38(Summer 1980), pp.277~290.
알렉산더 야코플레프(Alexander Yakovlev), 전원하 옮김, 『성조기와 폭력』, 밝은글, 1989.
하워드 진(Howard Zinn), 조선혜 옮김, 『미국민중저항사(전2권)』, 일월서각, 1986.
하워드 진(Howard Zinn), 이아정 옮김, 『오만한 제국: 미국의 이데올로기로터 독립』, 당대, 2001a.
하워드 진(Howard Zinn), 문강형준 옮김, 『권력을 이긴 사람들』, 난장, 2008.
하워드 진(Howard Zinn) & 도날도 마세도(Donaldo Macedo), 김종승 옮김, 『하워드 진, 교육을 말하다』, 궁리, 2008.
하워드 진(Howard Zinn) & 레베카 스테포프(Rebecca Stefoff), 김영진 옮김, 『하워드 진 살아 있는 미국역사』, 추수밭, 2008.
강인철, 『한국기독교회와 국가·시민사회 1945~1960』, 한국기독교역사연구소, 1996.
강인철, 「한국전쟁과 사회의식 및 문화의 변화」, 한국정신문화연구원 편, 『한국전쟁과 사회구조의 변화』, 백산서당, 1999.
강정구, 「미국과 한국전쟁」, 『역사비평』, 제21호(1993년 여름).
강준만 외, 『시사인물사전(전20권)』, 인물과사상사, 1999~2003.
강찬호, 「엘비스 '로큰롤 황제' 등극」, 『중앙일보』, 1999년 9월 3일, 21면.
강희, 『윌리엄 포크너: 삶과 문학세계』, 건국대학교출판부, 1994.
고종석, 「로자 파크스-인간의 존엄을 향한 여정」, 『한국일보』, 2009년 7월 20일자.
구정은, 「어제의 오늘」, 『경향신문』, 2009년 6월 24일~10월 28일자.
구정은, 「[어제의 오늘]1947년 '미국의 소리' 소련에 러시아어 방송」, 『경향신문』, 2010년 2월 17일자.
국민일보, 「'마돈나, 20세기 패션에 가장 큰 영향'」, 『국민일보』, 1997년 5월 7일, 18면.
권영진, 「'6·25 살상' 다시 본다」, 『역사비평』, 제8호(1990년 봄).
권용립, 『미국의 정치문명』, 삼인, 2003.
권정생, 「영원히 부끄러울 전쟁」, 『역사비평』, 제29호(1995년 여름).

권홍우, 『99%의 롤모델: 오늘의 부족한 1%를 채우는 역사』, 인물과사상사, 2010.
김관욱, 『굿바이 니코틴홀릭』, 북카라반, 2010.
김규원, 「여전히 건재한 '록의 화신'」, 『한겨레신문』, 1996년 5월 18일, 15면.
김덕호·원용진, 「미국화, 어떻게 볼 것인가」, 김덕호·원용진 엮음, 『아메리카나이제이션』, 푸른역사, 2008, 10~45쪽.
김동섭, 「미국의 '6·25 휴전 기념일'」, 『조선일보』, 2009년 7월 27일자.
김동춘, 『전쟁과 사회: 우리에게 한국전쟁은 무엇이었나?』, 돌베개, 2000.
김명곤, 「'세일즈맨의 죽음'을 다시 본다」, 『부산일보』, 1999년 3월 29일, 19면.
김문환, 『신용카드 이야기』, 한국경제신문사, 1989.
김봉선, 「로자 파크스」, 『경향신문』, 2009년 1월 6일자.
김봉중, 『미국은 과연 특별한 나라인가?: 미국의 정체성을 읽는 네 가지 역사적 코드』, 소나무, 2001.
김봉중, 『카우보이들의 외교사: 먼로주의에서 부시 독트린까지 미국의 외교전략』, 푸른역사, 2006.
김성수, 『오바마의 신화는 눈물이었다: 오바마 신화의 탄생, 현장 100일의 리포트』, 열린책들, 2009.
김성진, 『한국정치 100년을 말한다』, 두산동아, 1999.
김원일, 『불의 제전 4』, 문학과지성사, 1997.
김재중, 「흑인 변장한 백인 39일간 겪은 차별」, 『경향신문』, 2009a년 2월 14일자.
김정자, 「한국 기지촌 소설의 기법적 연구」, 김정자 외, 『한국현대문학의 성과 매춘연구』, 태학사, 1996.
김지영, 「책갈피속의 오늘/1953년 NYT 기사서 '체제선전': "소련인은 아메리카를 꿈꾼다"」, 『동아일보』, 2006년 9월 29일, A29면.
김진국·정창현, 『www.한국현대사.com』, 민연, 2000.
김진웅, 『냉전의 역사, 1945~1991』, 비봉출판사, 1999.
김창수, 「한미상호방위조약과 한미행정협정」, 『역사비평』, 제54호(2001년 봄).
김창훈, 『한국외교 어제와 오늘』, 다락원, 2002.
김철규, 「제2부 제5장 소비자운동」, 김덕호·김연진 엮음, 『현대 미국의 사회운동』, 비봉출판사, 2001, 360~391쪽.
김학순, 「영원한 섹스심벌 먼로/내달 2일 30주기 재조명 한창」, 『경향신문』, 1992년 7월 27일, 6면.
김학준, 『한국전쟁: 원인·과정·휴전·영향』, 박영사, 2003.
김형국, 『미국의 거장들』, 살림, 2004.
김흥수, 「갈홍기: 이승만 정부의 충실한 이념적 대변인」, 반민족문제연구소, 『청산하지 못한 역사 2: 한국현대사를 움직인 친일파 60』, 청년사, 1994.
김흥수, 『한국전쟁과 기복신앙확산연구』, 한국기독교역사연구소, 1999.
나윤도, 「미국의 대통령 문화(21회 연재)」, 『서울신문』, 1997년 11월 22일~1998년 5월 7일자.
네이 마사히로, 「풍요한 사회」, 이균 역, 『세계를 움직인 경제학 명저 88』, 한국경제신문사,

1998, 257~258쪽.
도진순, 『분단의 내일 통일의 역사』, 당대, 2001.
리영희, 『새는 '좌·우'의 날개로 난다: '전환시대의 논리' 그후』, 두레, 1994.
리영희, 『반세기의 신화: 휴전선 남·북에는 천사도 악마도 없다』, 삼인, 1999.
문원택 외, 『헨리 포드에서 정주영까지』, 한·언, 1998.
문화일보, 「지금 미국은 '프레슬리 熱風'」, 『문화일보』, 1997년 8월 12일, 16면.
민병두, 「'바비 공화국'과 '술집 공화국'」, 『문화일보』, 2001a년 12월 11일, 7면.
박건식, 「우리는 6·25때 일본이 한 일을 알고 있다」, 한국언론정보학회 편, 『이제는 말할 수 있다』, 커뮤니케이션북스, 2002, 258~282쪽.
박경재, 『미국 대통령 이야기(전2권)』, 이가책, 1995.
박보균, 『살아 숨쉬는 미국역사』, 랜덤하우스중앙, 2005.
박세길, 『다시 쓰는 한국현대사 1』, 돌베개, 1988.
박완서, 『그 산이 정말 거기 있었을까』, 웅진닷컴, 2003.
박은봉, 『개정판 한국사 100장면』, 실천문학사, 1997.
박은주, 「'호밀밭의 파수꾼'을 금하라, 허하라」, 『조선일보』, 2010년 1월 30일자.
박인숙, 「1950년대의 미국 외교(1953-1960)」, 최영보 외, 『미국현대외교사: 루즈벨트 시대에서 클린턴 시대까지』, 비봉출판사, 1998, 247~274쪽.
박형준·주성하, 「디즈니랜드 50돌 놀이동산서 드림랜드로」, 『동아일보』, 2005년 5월 5일, 13면.
배금자, 「보도와 명예훼손, 대안적 검토: 한·미간 비교를 중심으로」, 『언론중재』, 통권 72호 (1999년 가을).
백선엽, 『군과 나: 백선엽 회고록』, 대륙연구소 출판부, 1989.
백승찬, 「어제의 오늘」, 『경향신문』, 2009년 5월 1일~2009년 11월 13일자.
사루야 가나메, 남혜림 옮김, 『검증, 미국사 500년의 이야기』, 행담출판, 2007.
서병후, 「영원한 Superstar Elvis와 그를 왕으로 떠받드는 McDowell의 'Way Down' & 'The King Is Gone'」, 『시사영어연구』, 1978년 2월호, 114~115쪽.
서영찬, 「[어제의 오늘]1959년 소련 '달의 이면' 사진 첫 공개」, 『경향신문』, 2009년 10월 26일자.
서주석, 「한국전쟁과 남한의 국가형성: 재정분석을 통한 역사사회학적 이해」, 한국전쟁연구회 편, 『탈냉전시대 한국전쟁의 재조명』, 백산서당, 2000.
서중석, 「이승만과 북진통일: 1950년대 극우반공독재의 해부」, 『역사비평』, 제29호(1995년 여름).
서중석, 『조봉암과 1950년대 (상): 조봉암의 사회민주주의와 평화통일론』, 역사비평사, 1999.
서중석, 『비극의 현대지도자: 그들은 민족주의자인가 반민족주의자인가』, 성균관대학교 출판부, 2002.
세광출판사 편집국, 『팝아티스트 대사전』, 세광음악출판사, 1995.
소에지마 다카히코, 신동기 옮김, 『누가 미국을 움직이는가』, 들녘, 2001.
손대범, 『농구의 탄생: 그 역사와 에피소드』, 살림, 2007.
손세호, 『하룻밤에 읽는 미국사』, 랜덤하우스, 2007.
손호철, 『현대 한국정치: 이론과 역사 1945-2003』, 사회평론, 2003.
송기도·강준만, 『콜롬버스에서 후지모리까지: 중남미의 재발견』, 개마고원, 1996.

심지연, 『남북한 통일방안의 전개와 수렴 1948~2001』, 돌베개, 2001.
아루가 나츠키·유이 다이자부로, 양영철 옮김, 『상식으로 꼭 알아야 할 미국의 역사』, 삼양미디어, 2008.
안수찬, 「'한국전쟁 본질은 인종말살정책': '코리아 국제전범재판' 램지 클라크 수석검사」, 『한겨레』, 2001년 6월 26일, 35면.
안용현, 『한국전쟁비사』, 경인문화사, 1992.
연동원, 『영화 대 역사: 영화로 본 미국의 역사』, 학문사, 2001.
염규호, 「공직자와 명예훼손: 미국 언론법의 '현실적 악의'를 중심으로」, 『언론중재』, 통권 73호(1999년 겨울).
염규호, 「설리번판결과 미국의 언론자유: '현실적 악의' 원칙의 40주년을 맞으면서」, 『언론중재』, 통권91호(2004년 여름).
오재완, 「국제적 냉전체제와 분단정권의 수립」, 한배호 편, 『한국현대정치론 I: 제1공화국의 국가형성, 정치과정, 정책』, 나남, 1990.
오치 미치오, 곽해선 옮김, 『와스프: 미국의 엘리트는 어떻게 만들어지는가』, 살림, 1999.
온창일, 「한국전쟁과 한미상호방위조약」, 한국전쟁연구회 편, 『탈냉전시대 한국전쟁의 재조명』, 백산서당, 2000.
와다 하루끼, 서동만 옮김, 『한국전쟁』, 창작과비평사, 1999.
요미우리 신문사 엮음, 이종주 옮김, 『20세기의 드라마(전3권)』, 새로운 사람들, 1996.
우태희, 『오바마 시대의 세계를 움직이는 10대 파워』, 새로운제안, 2008.
원용진, 『대중문화의 패러다임』, 한나래, 1996.
유신모, 「어제의 오늘」, 『경향신문』, 2009년 1월 2일~2009년 8월 29일자.
유재일, 「한국전쟁과 반공이데올로기의 정착」, 『역사비평』, 제16호(1992년 봄).
유재현, 『거꾸로 달리는 미국: 유재현의 미국사회 기행』, 그린비, 2009.
육정수, 「잊혀진 7월 27일」, 『동아일보』, 2009년 7월 27일자.
윤근식·김운태, 「제4장 한국현대정치의 전개과정」, 김운태 외, 『한국정치론』, 박영사, 2004.
윤재설 외, 『교과서도 위인전도 알려주지 않는 세계의 사회주의자들』, 펜타그램, 2009.
이대근, 「한국전쟁과 세계 자본주의의 부흥」, 『역사비평』, 제9호(1990년 여름).
이대근, 『해방후·1950년대의 경제: 공업화의 사적 배경 연구』, 삼성경제연구소, 2002.
이동연, 『문화부족의 사회: 히피에서 폐인까지』, 책세상, 2005.
이동현, 「정전협정 50년: 52년 수풍댐 폭격맞자 북지도부 '공황'」, 『중앙일보』, 2003년 7월 25일, 19면.
이문재, 「20세기 유니폼 청바지 '소비 민주주의' 완성」, 『시사저널』, 1995년 10월 12일, 70~72면.
이미숙, 「'비트' 운동 반세기: 다양한 회고 행사」, 『문화일보』, 1994년 6월 2일, 7면.
이삼성, 『세계와 미국: 20세기의 반성과 21세기의 전망』, 한길사, 2001.
이새샘, 「북&링크]체 게바라의 배낭 속에는 총보다 강한 詩가 있었네」, 『동아일보』, 2009년 6월 27일자.
이성호, 「미국 공교육의 형성과 전개」, 미국학연구소 편, 『미국사회의 지적 흐름: 정치·경제·사회·문화』, 서울대학교출판부, 1998, 407~433쪽.

이신행, 「제2부 제1장 민권운동」, 김덕호·김연진 엮음, 『현대 미국의 사회운동』, 비봉출판사, 2001, 193~238쪽.
21세기연구회, 홍성철·김주영 옮김, 『진짜 세계사, 음식이 만든 역사』, 베스트홈, 2008.
이영경, 「천국 지키러 간 '호밀밭의 파수꾼'」, 『경향신문』, 2010년 1월 30일자.
이영미, 『한국 대중가요사』, 시공사, 1998.
이영미, 『흥남부두의 금순이는 어디로 갔을까』, 황금가지, 2002.
이영석, 『야당 40년사』, 인간사, 1987.
이영옥, 「미국문학의 미국적 특성」, 김형인 외, 『미국학』, 살림, 2003, 101~134쪽.
이완범, 『한국전쟁: 국제전적 조망』, 백산서당, 2000.
이왕구, 「"몰라, 그냥 헤매는 거야" 美 비트세대의 방황」, 『한국일보』, 2009년 11월 14일자.
이재광·김진희, 『영화로 쓰는 20세기 세계경제사』, 혜윰, 1999a.
이종호, 『세기의 악당: 악인은 왜 매력적일까』, 북카라반, 2010.
이주영, 『미국사』, 대한교과서, 1995.
이진경, 「1강 근대 이후의 근대, 혹은 포스트모던 어드벤처」, 이진경 편저, 『문화정치학의 영토들: 현대문화론 강의』, 그린비, 2007, 15~56쪽.
이진구, 「한국 개신교와 친미 반공 이데올로기」, 『아웃사이더: 한국 개신교 다시 보기』, 제12권(2003년 4월).
이철희, 「책갈피 속의 오늘」, 『동아일보』, 2008년 9월 30일~2009년 3월 19일자.
이한구, 『한국재벌형성사』, 비봉출판사, 1999.
이호재, 『한국외교정책의 이상과 현실: 이승만외교와 미국정책의 반성』, 법문사, 2000.
이호철, 『문단골 사람들: 이호철의 문단일기』, 프리미엄북스, 1997.
이희진·오일환, 『한국전쟁의 수수께끼』, 가람기획, 2000.
임대식, 「원용덕: 이승만의 오른팔이 된 일제 만주국 군의」, 반민족문제연구소, 『청산하지 못한 역사 1: 한국현대사를 움직인 친일파 60』, 청년사, 1994, 211~219쪽.
임진모, 「로큰롤 황제 '환생' 하다」, 『시사저널』, 1997년 9월 11일, 124면.
장학만, 「미(美) 최대노조 AFL-CIO 분열 위기」, 『한국일보』, 2005년 6월 14일, 17면.
장호순, 『미국 헌법과 인권의 역사: 민주주의와 인권을 신장시킨 명판결』, 개마고원, 1998.
전성원, 「사무엘 제머리: 바나나공화국의 과거사 청산과 세계 최대의 과일기업 치키타」, 월간 『인물과 사상』, 제141호(2010년 1월), 97~123쪽.
전완길 외, 『한국생활문화 100년: 1894-1994』, 장원, 1995.
전쟁기념사업회, 『한국전쟁사』, 행림출판, 1992.
정규섭, 『북한외교의 어제와 오늘』, 일신사, 1997.
정명환 외, 『프랑스 지식인들과 한국전쟁』, 민음사, 2004.
정태영, 「조봉암 사형, 미국은 왜 침묵을 지켰나」, 『역사비평』, 제11호(1990년 겨울).
정해구, 「한국전쟁과 북한 사회주의」, 최장집 편, 『한국전쟁연구: 한국현대사의 이해 I』, 태암, 1990.
정희준, 「스포츠를 통한 일상의 지배: 올바름의 조작 그리고 질서의 창조」, 정희준·서현석 외, 『미국 신보수주의와 대중문화 읽기: 람보에서 마이클 조든까지』, 책세상, 2007, 35~

83쪽.
조선일보 문화부 편, 『아듀 20세기(전2권)』, 조선일보사, 1999.
조선일보사, 『조선일보 칠십년사 제1권』, 조선일보사, 1990.
조지형, 「제2부 제2장 대항문화」, 김덕호·김연진 엮음, 『현대 미국의 사회운동』, 비봉출판사, 2001, 239~277쪽.
주성하, 「먼로 서랍식묘 윗자리 값은 얼마?」, 『동아일보』, 2009년 8월 20일자.
중앙일보, 「한국선 잊혀지고, 미국선 조명받는 한국전쟁(사설)」, 『중앙일보』, 2009년 7월 28일자.
진덕규, 『한국 현대정치사 사설』, 지식산업사, 2000.
진방식, 『분단한국의 매카시즘』, 형성사, 2004.
진인숙, 『영어 단어와 숙어에 담겨진 이야기』, 건국대학교 출판부, 1997.
최명·백창재, 『현대 미국정치의 이해』, 서울대학교 출판부, 2000.
최상연, 「잊혀지는 한국전쟁…미국선 "잊지 말자"」, 『중앙일보』, 2009년 7월 28일자.
최진섭, 『한국언론의 미국관』, 살림터, 2000.
최현식, 「샐비어」, 『정통한국 문학대계: 이채우·정구창·최현식·현재훈』, 어문각, 1994.
최희진, 「어제의 오늘」, 『경향신문』, 2009년 11월 3일~2009년 12월 1일자.
한겨레신문 문화부 편, 『20세기 사람들(전2권)』, 한겨레신문사, 1995.
한상준, 「아이젠하워 시대의 미국 영화」, 『필름 컬쳐』, 1:1(1998), 20~47쪽.
한수영, 『문학과 현실의 변증법: 한수영 문학평론집』, 새미, 1997.
한용원, 「군부의 제도적 성장과 정치적 행동주의」, 한배호 편, 『한국현대정치론 I: 제1공화국의 국가형성, 정치과정, 정책』, 나남, 1990.
한표욱, 『이승만과 한미외교』, 중앙일보사, 1996.
한홍구, 『대한민국사: 단군에서 김두한까지』, 한겨레신문사, 2003.
홍성욱, 『네트워크 혁명, 그 열림과 닫힘: 지식기반사회의 비판과 대안』, 들녘, 2002.
홍성원, 『남과 북 6』, 문학과지성사, 2000.
홍용표, 「한국전쟁이 남북한관계에 미친 영향: 김일성의 반미의식과 이승만의 반공의식 변화를 중심으로」, 한국전쟁연구회 편, 『탈냉전시대 한국전쟁의 재조명』, 백산서당, 2000.
홍용표, 「전쟁 전개과정에서의 한·미 간의 갈등: 이승만의 북진통일론과 미국의 대응을 중심으로」, 한국전쟁연구회 편, 『탈냉전시대 한국전쟁의 재조명』, 백산서당, 2000a.
황성환, 『미 정부 비밀 해제 문건으로 본 미국의 실체』, 소나무, 2006.
히로세 다카시, 박승오 옮김, 『미국의 경제지배자들』, 동방미디어, 2000.

찾아보기

CIA 145, 203, 205, 206, 211, 271, 322
RCA 51, 58, 59
U-2기 격추사건 321, 322, 324

갤브레이스, 존 케네스 298~300
『고독한 군중』 12, 14~16, 229
공보원(USIA) 149, 150
그레이엄, 캐서린 42, 155, 167
그레이엄, 필립 167, 315, 316
그로미코, 안드레이 121
그루엔 전이 265
그루엔, 빅토르 258, 260, 265
그리핀, 존 하워드 194, 195
긴즈버그, 앨런 28, 30, 31
『길 위에서』 30, 31
김일성 88, 108, 109, 273

나세르, 가말 208, 274~276, 278
네루, 자와할랄 81, 125, 126, 207, 208, 274
농산물상거래개발 및 지원특별법(PL-480) 153
닉슨, 리처드 34, 35, 37, 40, 126, 127, 181, 279, 286, 294~296, 311, 312, 314

덜레스, 앨런 205, 206, 320
덜레스, 존 포스터 46, 85, 93, 100, 101, 103, 127, 156, 210
도렌, 찰스 반 308~310
동남아시아조약기구 206

듀이, 토머스 34, 41
디마지오, 조 67, 69, 70
디즈니, 월트 218~221
디즈니랜드 217~225, 227
딘, 제임스 29, 238, 240~244

라몬, 시거드 39
라이카 287, 288
러빙, 리처드 193
러빙, 밀드레드 193
러스트, 존 대니얼 187
레넌, 존 29, 253
레빗타운 9, 10
로빈슨, 재키 187
로이드, 얼 187, 188
로큰롤 244~249, 251, 253, 310
루스, 헨리 42
루스벨트, 엘리너 162
루스벨트, 프랭클린 40, 43, 281, 291, 314, 315
리스먼, 데이비드 12, 13, 229
리프먼, 월터 24, 44, 312~316, 328

마셜, 조지 155
매카시, 조지프 40~42, 70, 75, 154~181, 291
『매카시와 언론』 178
매카시즘 40, 41, 55, 76, 154, 156, 157, 162, 163, 174, 178~180, 291
매캐런-월터법 16

매클리시, 아치볼드 41
맥도널드 221, 227, 230~233, 236, 261
맥도널드, 딕 230
맥도널드, 모리스 230
맥도널드, 토머스 227~229
맥도널드화 232
머로, 에드워드 53, 59, 157~159, 312
먼로, 메릴린 62~65, 67~74, 76, 77, 243
메를로퐁티, 모리스 36
몰 오브 아메리카 263, 264, 266
무솔리니, 베니토 167
미국의 소리(VOA) 149, 150, 271
밀러, 아서 62, 70, 71, 74~77
밀스, C. 라이트 17~20

바비인형 301~306
반둥회의 206~213, 273
반미국적활동조사위원회 70, 164
뱅가드 290, 292, 293
버네이스, 에드워드 205
버로스, 윌리엄 28
버치, 존 291
베이비붐 10, 247
베일리, 에드윈 178
〈보난자〉 309
보드리야르, 장 222~225
보부아르, 시몬 드 36
볼, 루실 58
부어스틴, 대니얼 327~329
브라운 대 토피카 사건 182, 184, 185
브라운, 베르너 폰 292, 293
브라운, 올리버 183, 184
브레넌, 윌리엄 200
『블랙 라이크 미』 195
블루밍데일, 앨프리드 262
비키니 실험 90, 151
비트니크 30
비트세대 27, 28, 30, 31

사르트르, 장 폴 36, 75, 320
사우스데일 몰 259
38선 105, 108
샌프란시스코 평화조약 121
샐린저, J. D. 28, 29
샤인, G. 데이비드 154, 160

서머스비, 케이 45, 46
설리번 판결 201, 202
설리번, 에드 249~251
『세일즈맨의 죽음』 74
수카르노 207, 211
『숨겨진 설득자』 296
슐레진저, 아서 41, 74
'스모그 사건' 47, 49, 50
스웨이즈, 존 캐머런 51
스탈린, 이오시프 86~88, 92, 98, 118, 148, 269, 270, 273
스트라우스, 레비 241
스티븐슨, 애들라이 33, 34, 38, 39, 41~43, 156, 170, 280
스푸트니크 287~289, 292, 293, 296
슬론, 앨프리드 229
시내트라, 프랭크 71, 256, 310
시추에이션 코미디 55~57
『신봉자』 77, 281

아르벤스, 하코보 203~205
아벨, 루돌프 324
아시아·아프리카 회의(→반둥회의)
아이젠하워, 드와이트 20, 34, 35, 38~46, 82~86, 90, 93, 94, 100~102, 105, 106, 126, 127, 148, 153, 155~157, 160, 163, 184, 203, 228, 229, 272, 276, 280~283, 291~293, 309, 314, 321, 324, 326, 327
아인슈타인, 알베르트 70
애치슨, 딘 117
앵커맨 51, 52, 312
에그헤드 42
〈에덴의 동쪽〉 238, 240
에릭슨, 에릭 25, 26
에버레디 작전 100
연방통신위원회(FCC) 56~59, 168
'연좌운동' 196
오펜하이머, J. 로버트 152
와스프(WASP) 181
〈왈가닥 루시〉 56, 57
요시다 시게루 118, 121
워런, 얼 193
웨인, 존 243
웰치, 로버트 291
웰치, 조지프 160, 161

윌슨, 슬론 17, 18
윌슨, 찰스 어윈 46, 47, 229
윌슨, 케먼스 233, 235
유엔결의안 1514호 324, 325
육군 매카시 청문회 160
〈6만 4000달러 퀘스천〉 307, 308
의사사건 327, 328
〈이것이 한국이다!〉 114
이승만 37, 82~85, 92~95, 97, 98, 100~108, 124~132, 211, 212, 272, 273, 277
'21년간의 반역' 155
〈이유 없는 반항〉 29, 238, 241, 242, 244

〈**자**이언트〉 40
저우언라이 88, 89, 93, 207, 208
전미유색인지위향상협회(NAACP) 184, 190
'정체성 위기' 25
『조직인간』 17, 21
존버치협회 164, 291
주간고속도로법 228, 229
〈지금 봅시다〉 53, 59, 157, 312

체커스 연설 37, 40

카스트로, 라울 318
카스트로, 피델 318~320
카잔, 엘리아 29, 70, 75
케네디, 로버트 286
케네디, 존 F. 71, 152, 162, 163, 181, 229, 286, 309, 312, 314, 326, 327, 329
케루악, 잭 28, 30
케포버, 에스테스 33, 55
코스텔로, 프랭크 54
콘, 로이 154, 160, 175
쿠바 혁명 317, 320
크록, 레이 221, 230~232
크롱카이트, 월터 52
『크루서블』 75
크루진 237, 238
클라크, 마크 84, 97, 101, 103, 108, 109
킨제이, 앨프리드 66
킹, 마틴 루서 190~192, 196, 198, 199, 285

터커, 프레스턴 토머스 47~49
테일러, 맥스웰 86, 100, 101

트루먼, 해리 33, 40, 43, 93, 196, 203, 281
〈트웬티원〉 308, 310
틴 팬 앨리 247
틸, 에미트 185

『**파**워 엘리트』 17, 19
파워스, 프랜시스 게리 322, 324
파크스, 로사 190, 192, 193, 196~198
패커드, 밴스 296, 297, 299
퍼니스, 베티 261, 262
펑더화이 108
페이올라 310
펙, 그레고리 18
포드, 존 114
포드, 헨리 47, 221
포브스, 오발 282~284
포크너, 윌리엄 13
포터, 데이비드 17
풀브라이트 프로그램 150
『풍요의 국민』 17
프레슬리, 엘비스 애런 242, 244, 246, 249, 251, 252, 256, 257
프렌들리, 프레드 157, 158, 313
프리드, 앨런 245
플랜더스, 랠프 157
『플레이보이』 65, 66, 73, 180
피비 석세스 203
필립스, 샘 245, 248

하겐스미트, A. J. 49
한국전쟁 12, 35~37, 53~55, 88, 110~113, 116~123, 139, 208, 291
한미상호방위조약 93, 94, 97, 100, 101, 105, 106, 124, 125, 128~130
해거티, 제임스 280
핸들러, 루스 302, 304
허친스, 로버트 18
허친스위원회 166
헤밍웨이, 어니스트 320
헤프너, 휴 65, 66, 73
헵번, 오드리 63, 64
『호밀밭의 파수꾼』 28, 29
호파, 제임스 리들 285~287
호퍼, 에릭 77, 281
호프스태터, 리처드 21, 174

홀리데이 인 235, 236
화이트, 윌리엄 17, 21~23
『화이트칼라』 17, 19
『회색 플란넬 양복을 입은 남자』 17
후버, 존 에드거 41, 42, 44, 45
훌라후프 301
흐루쇼프, 니키타 269, 270, 272, 273, 276, 294~296, 314, 321, 324, 325
흑인민권운동 191, 196, 198
히스, 앨저 34
히틀러, 아돌프 147, 166, 167, 227, 228
힙스터 30